Bernard Lievegoed · Lebenskrisen – Lebenschancen

Bernard Lievegoed

Lebenskrisen – Lebenschancen

Die Entwicklung des Menschen zwischen Kindheit und Alter

Kösel-Verlag München

Übersetzung aus dem Holländischen: Gerlind Wild-Wülker, M. A.,
Bonn-Bad Godesberg.
Die Originalausgabe erschien unter dem Titel
»De levensloop van de mens«
bei Lemniscaat, Rotterdam.

10. Auflage 1994, 34.–36. Tausend

Gesamtherstellung: Kösel, Kempten.
Umschlag: Graupner & Partner, München.
ISBN 3-466-34015-2

10 11 12 13 · 98 97 96 95 94

Inhalt

Vorwort

Dies Buch ist aus Gesprächen entstanden, die ich im Lauf der Jahre mit den verschiedensten Menschen geführt habe, mit Menschen, die den eigenen Lebensweg oder auch den Lebensweg anderer besser verstehen lernen wollten.
Populärwissenschaftliche Darstellungen in Zeitungen und Zeitschriften, vor allem aber in Radio und Fernsehen, haben viele Menschen zumeist unsystematisch mit den gegensätzlichsten Ansichten über das Wesen des Menschen, über das sich die verschiedenen psychologischen und psychiatrischen Richtungen streiten, konfrontiert.
Schon der Versuch, in dieses Chaos von Ideen Ordnung zu bringen, kann befreiend wirken. Dies geschieht hier auf der Grundlage einer personalistischen Auffassung, für die der Mensch aus Körper (biologischer Aspekt), Psyche (psychologischer Aspekt) und Geist (biographischer Aspekt) besteht. Der menschliche Lebenslauf (die Biographie) kann als einzigartiges, individuelles Kunstwerk nur dann voll erfaßt werden, wenn sich aus diesen drei Aspekten ein abgerundetes Bild ergibt.
Dies Buch bietet eine Übersicht über die Phasen des menschlichen Lebenslaufes und die charakteristischen und jeweils unterschiedlichen Schwierigkeiten und Möglichkeiten der verschiedenen Phasen. Außerdem werden einige kritische Lebensphasen und -situationen in ihrer typischen Problematik behandelt.
So kann dieses Buch dem Leser helfen, Einsicht in den eigenen Lebenslauf zu gewinnen und die biographische Entwicklung anderer zu verstehen.

B. L.

Einleitung

Mehr als 40 Jahre hat das Problem des menschlichen Lebenslaufes einen zentralen Platz in meinem Leben eingenommen. In der Heilpädagogik und in der Kinderpsychiatrie war es die Frage nach den Folgen frühkindlicher Störungen für das ganze Leben; in der psychotherapeutischen Arbeit mit Jugendlichen und Erwachsenen war es die Suche nach dem »Leitmotiv«, das das ganze Leben von der Jugend zum Alter begleitet. Später in der Jugendarbeit, bei der Schulung junger, ungelernter Fabrikarbeiter und beim Aufbau eines Programms der Fachausbildung hieß die Frage: Was muß *jetzt,* in jungen Jahren getan werden, damit die Basis gelegt wird, auf der später die neuen Probleme neuer Lebensphasen immer wieder schöpferisch gelöst werden können.

Später waren in vielen Kursen für Führungskräfte »die Phasen der menschlichen Entwicklung« fester Bestandteil des Programmes. Und schließlich ist ein zentrales Thema der Einführungsseminare der »Vrije Hogeschool« in Driebergen* der Übergang von der Erziehung durch andere zur Selbsterziehung in einer Art »éducation permanente«, einer lebenslangen Bildung und Ausbildung.

Immer wieder zeigte sich, wie ergiebig es sein kann, wenn aktuelle Probleme im Rahmen des gesamten Lebens gesehen werden können. Kausale Faktoren (die Vergangenheit) bestimmen nämlich ebenso stark die Gegenwart wie finale Aspekte (die Zukunft). Sind die kausalen Faktoren vorgegeben, dann kann der Therapeut nur im finalen Bereich, und das ist die Gestaltung der Zukunft, einen gewissen Handlungsspielraum finden. Es ist in solchen Fällen wichtiger, Wege in eine

* Freie Hochschule in Driebergen. Hier wird eine Universität auf anthroposophischer Basis aufgebaut.

neue Zukunft zu öffnen als zu lange bei der Vergangenheit zu verweilen.

Im Lauf dieser 40 Jahre habe ich oft das Bedürfnis gehabt, die Erfahrungen, die ich aus dem Umgang mit dem menschlichen Lebenslauf gewonnen hatte, niederzuschreiben. Immer wieder ist dieses Vorhaben um 10 oder mehr Jahre verschoben worden, weil ich das Gefühl hatte, noch nicht fertig zu sein. Außerdem hat sich in den letzten zwanzig Jahren in der Frage, wie die Entwicklungspsychologie abzugrenzen sei, einiges geändert, während andererseits so viele neue Beiträge zu diesem Thema erschienen sind, daß ein vor 10 Jahren geschriebenes Buch heute schon wieder überholt wäre. Das Gefühl, dem Umfang der Aufgabe noch nicht gewachsen zu sein, hat sich inzwischen keineswegs gelegt, ganz im Gegenteil! Aber eine simple, mit meinem eigenen Lebenslauf verknüpfte Tatsache hat schließlich den Anstoß gegeben, dieses Buch doch zu schreiben: Wenn man selbst 70 Jahre alt geworden ist, heißt es nun oder nie mehr. Dieses Buch möge also in all seiner Unvollkommenheit als Lebensfrucht eines Psychiaters und Sozialarbeiters gelesen werden.

Wer ein Buch schreibt, muß sich das Publikum vorstellen, an das er sich wenden will. Eine Habilitationsarbeit wird für eine kritische Fakultät geschrieben, ein Artikel in einer wissenschaftlichen Fachzeitschrift für die Kollegen. In beiden Fällen wird man den eigenen Beitrag hauptsächlich im Rahmen des derzeitigen Forschungsstandes darzustellen versuchen. Aus der wissenschaftlichen Gründlichkeit folgt dann meistens eine für viele nicht gerade ansprechende Darstellung, die nur mühsam auf Fußnoten forthumpelt. Das Publikum, für das ich schreibe, ist das meiner vielen Kurse und Vorträge, vom Facharbeiter bis zum Universitätsabsolventen, die aber die Aufgeschlossenheit und vor allem das Interesse an den Problemen des eigenen Lebenslaufs und am Sinn des eigenen Lebens verband.

Unter dem Einfluß der immer mehr dominierenden Naturwissenschaften findet man es inzwischen normal, daß Phänomene, gleich welcher Art, externalisiert und sozusagen von außen her beschrieben werden. Da aber von außen nur ein bestimmtes Verhalten beschrieben werden kann und da das, was sich zwischen einem Ereignis und der Reaktion darauf abspielt, unsichtbar ist, hat sich eine Verhaltenswissenschaft entwickelt, die meint, das innere Geschehen sei eine Art »black box«, über die man keine wissenschaftlich abgesicherten Aussagen machen könne. Aber gerade das, was innen geschieht, *sind* eigentlich wir. Eine wirklich moderne, Vollständigkeit anstrebende Wissenschaft sollte sich auch damit befassen.

Der menschliche Lebenslauf ist nicht etwas, das man wie eine vorprogrammierte Folge von chemischen Reaktionen beschreiben darf, oder etwas, das man mit dem Schicksal eines Kugelschreibers vergleichen könnte, von dem Moment an, wo er die Fabrik verläßt bis zu dem Moment, wo er nach Benutzung durch verschiedene Besitzer im Papierkorb landet. Der menschliche Lebenslauf hat erstens einen biologischen Aspekt, der rein äußerlich in seinem Auf- und Niedergang beschrieben werden kann; dieser Lebenslauf hat zweitens den Aspekt psychischen Erlebens, das sich in Gedanken, Gefühlen und Willensimpulsen abspielt, und drittens schließlich einen geistigen Aspekt, der Individuation, Bewußtwerdung des eigenen Ichs, Wertsystem und Sinngebung umfaßt. Diese geistige Dimension geht uns hier vor allem an, denn in ihr *verwirklichen wir uns* als Menschen, als Subjekt unseres Lebens – im Gegensatz zum Tier, das immer Objekt ist.

Zur Erforschung dieses geistigen Aspekts muß die Introspektion als wissenschaftliche Methode dienen. Sie ist ebenso diszipliniert anzuwenden wie das mathematische Denken, sie wird täglich und systematisch geübt und immer wieder im Hinblick auf Konstanz, Werte und Normen kritisch befragt werden müssen.

Als ganz selbstverständlich wird es angesehen, daß jahrelanges, konzentriertes Studium nötig ist, um Probleme der höheren Mathematik durchschauen zu können. Wer sagen würde: »Damit hab ich mich auch schon mal befaßt, das ist meiner

Meinung nach alles dummes Zeug!« wird mit Recht nicht ernst genommen. Dasselbe gilt für die Kenntnisse, die man durch Introspektion und durch introspektive Gespräche mit anderen Menschen erwerben kann. (Hier sei nur an die von Rogers genannten Voraussetzungen für das therapeutische Gespräch erinnert, auf die ich später noch zurückkommen werde). Früher sprach man von Konzentration, Meditation und Kontemplation; heute spricht man von Introspektion und einfühlendem (empathischen) Verstehen. Tatsächlich ist letzteres aber ohne systematische Konzentration und ohne Übung im meditativen Umgang mit inneren Phänomenen unmöglich. Und um das zu können, muß man ein bewußtes und reiches Innenleben aufbauen.

Der moderne Mensch in unserer materialistischen Zeit und Kultur hat sich was seine innere Psyche angeht, auf eine Reise durch die Wüste begeben. Geholfen kann ihm nur werden, wenn er sich immer wieder neu auf Denkbilder und Gefühle konzentriert, die seiner Existenz, der Totalität seines individuellen Menschseins in einer mitmenschlichen und übermenschlichen geistigen Welt der ethischen und ästhetischen Werte einen Sinn geben.

Der menschliche Lebenslauf hat einen naturwissenschaftlichen und einen geistig-weltanschaulichen Aspekt. Natürlich kann man in einem methodischen Kunstgriff diese Aspekte trennen, um so bestimmte Facetten experimentell zu manipulieren – der Leser ist aber ein ganzer Mensch und verlangt Nahrung für *seinen* Lebensweg.

Die älteste Beschreibung der Phasen des menschlichen Lebens findet man in einem chinesischen Spruch: »Das menschliche Leben kennt drei Phasen: 20 Jahre um zu lernen, 20 Jahre um zu kämpfen und 20 Jahre, um weise zu werden.« Solch ein Ausspruch ist die Frucht von Wahrnehmung und Wertung zugleich. Wer die Weisheit nicht kennt, wird auch nicht meinen, daß man 20 Jahre braucht, um sie sich anzueignen; der wird beim Kämpfen, bei der Expansivität und beim rein logischen Verstehen stehen bleiben. Wenn in meinem Buch etwas vom

Wesen dieses weisen, chinesischen Wortes zu finden ist, dann ist für mich, der ich der Ansicht bin, daß Weisheit mehr ist als Klugheit, ein Zweck des Buches erreicht.
Beim Schreiben habe ich immer versucht, dem Leser mehr als nur eine Sammlung wissenswerter Tatsachen zu geben; unser Lebenslauf ist *unser individueller* Lebenslauf. Jeder muß seinen eigenen Weg gehen und für sich selbst und andere den Sinn dieses Weges finden.
Wenn hier die Rede von der menschlichen Biographie ist, dann ist zunächst immer die innere Biographie gemeint. Äußere und innere Biographie brauchen nicht parallel zu laufen. Schon auf der Schule stechen bestimmte Kinder durch eine erfolgreiche äußere Biographie hervor, mit guten Noten und glänzenden Examina. Wenn man aber diese Kinder sich selbst überläßt, kommt eine gähnende innere Leere zum Vorschein. Sie langweilen sich und müssen durch Anstöße von außen beschäftigt werden. In der mittleren Phase ihres Lebens sind sie noch erfolgreich. Anfang Vierzig kommt es dann aber zu den in diesem Buch beschriebenen Krisen, die zum Zusammenbruch des persönlichen Lebens führen können und die auch äußerlich einen Leistungsabfall mit sich bringen. Andere Kinder entwikkeln schon früh ein reiches Innenleben. Sie passen sich nur schwer den schulischen Normen an und schaffen mit Mühe die erforderlichen Leistungen. Werden sie als Heranwachsende sich selbst überlassen, dann langweilen sie sich nie, ganz im Gegenteil, ihre Zeit reicht nie aus für alle Dinge, für die sie sich interessieren und mit denen sie sich gern beschäftigen würden. Das sind die Menschen, die vor allem mit über Fünfzig zu den »eminent leaders« in Wissenschaft, Kunst und Gesellschaft heranwachsen. Von ihnen hängt der Fortschritt unserer Gesellschaft ab.
Die Art des Schulunterrichts hat entscheidenden Einfluß darauf, ob sich eine innere Biographie entwickeln kann oder nicht.

I. Erster Überblick

1. Problemstellung

Zur Zeit kann man ein wachsendes Interesse an der Beschäftigung mit dem menschlichen Innenleben feststellen. In der Einleitung habe ich bereits gesagt, daß die Theorie der Behavioristen von der Unerforschbarkeit der »black box« schon deshalb nicht akzeptiert wird, weil wir selbst diese »black box« sind und weil wir mit uns selbst rational umgehen wollen, was nur möglich ist, wenn wir begreifen, was dort innen vor sich geht. So hat sich neben der akademischen Psychologie eine zweite psychologische Richtung entwickelt, die meistens von der Beobachtung des neurotischen und des geistig kranken Menschen ausging.

Diese Psychologie setzte schon vor 1900 mit der Entwicklung der Freud'schen Psychoanalyse ein und läuft über Adler, Jung und Frankl zu Assagioli (um zunächst einmal nur die europäischen Vertreter dieser Richtung zu nennen). Daneben gab es immer ein wechselndes Interesse an einer von der Psychoanalyse unabhängigen Entwicklungspsychologie. Namen wie Charlotte Bühler, Rümke, Künkel, Guardini, Martha Moers, Andriessen u. a. vertreten diese Richtung. Erst in den letzten Jahren beginnen beide Richtungen, sich gegenseitig zu befruchten.

Viele Menschen suchen einen erfahrenen Berater, der sie bei ihren Erlebnissen in ihrer, sie beunruhigenden inneren Welt leiten kann. Diese innere Welt enthält Elemente aus einem unbewußten Bereich, der angefüllt ist mit unverarbeiteten Erlebnissen, tiefen Emotionen, Trieben und Archetypen. Sie dringen durch die Traumwelt in unser alltägliches Bewußtsein ein, manchmal auch durch beängstigende Erlebnisse, die das ganze innere Gleichgewicht bedrohen.

Der Entwicklungsweg der westlichen Zivilisation ist offensichtlich an dem Punkt angekommen, wo die Grenze zwischen ›normalem‹ Bewußtsein und Unterbewußtsein überschritten wird. Kollektive Emotionen und ›Invasionen‹ sind schon immer in kritischen Momenten an die Oberfläche gekommen und haben sich in Revolutionen und Kriegen einen Weg gebahnt. Aber jetzt erkennt man ihre wahre Natur und stellt sich offen die Frage: wie können wir diese Kräfte in den Griff bekommen, damit sie nicht in einem Moment, wo das Vernichtungspotential unserer Waffen so immens geworden ist, zu einer weltweiten Katastrophe führen?

Aber auch in anderer Hinsicht hat eine Grenzüberschreitung stattgefunden. Immer mehr Philosophen, Psychologen und Psychiater weisen darauf hin, daß der Mensch offenbar nicht nur ein Unterbewußtsein, sondern auch ein Überbewußtsein hat. Aus diesem Überbewußtsein schöpft er Werte, Normen und Sinngebung, die die Zukunft in einer sinnvollen Zielvorstellung sichtbar werden lassen. Die Kraft, die Emotionen und Affekte in eine nicht-destruktive Richtung lenken kann, findet der Mensch in dieser Zielvorstellung, die wie ein Leitmotiv das ganze Leben durchzieht. Der Materialismus, der in der zweiten Hälfte des vorigen Jahrhunderts seinen Höhepunkt erlebte, konnte diesen Werten, Normen und Zielen nur eine Scheinexistenz zubilligen. Sie waren seiner Meinung nach nur Illusionen, Projektionen und Sublimationen, Luftschlösser eines Wesens, das meint, ein Mensch zu sein und eigentlich nur ein nackter Affe ist.

Hieraus entwickelte sich eine Psychoanalyse, die genußvoll alles sogenannte Höhere demaskierte. Aber jede einseitige Idee ruft auch ihr Gegenteil auf den Plan, und so entwickelte sich als Gegenstück zur Psychoanalyse die Psychosynthese, die die wahre Menschlichkeit in einem höheren *Ich* sieht, das wie ein Leitstern den gesamten Bereich des menschlichen Geistes überstrahlt. Auf der einen Seite steht der Tiermensch, dessen Lebensinhalt der Lustgewinn aus der Befriedigung seiner Triebe ist, auf der anderen Seite der Geistmensch, der sich auf eine individuelle Zukunft hin entwickelt, in der Liebe und Leiden, Geben und Nehmen ihren Sinn erhalten. Die erste Grenzüberschreitung fand am Anfang dieses Jahrhunderts statt, die zweite nach der Mitte dieses Jahrhunderts.

Unberührt von dieser turbulenten inneren Entwicklung haben Entwicklungspsychologen nach den Gesetzmäßigkeiten des menschlichen Lebenslaufes gesucht. Es wird nicht leicht sein, in diesem Buch den Zusammenhang zwischen all diesen Wegen darzustellen. Das hängt zum Teil damit zusammen, daß sich die Entwicklungspsychologen wenig um den Streit der analytisch, synthetisch oder existentialistisch orientierten Wissenschaftler um ihr jeweiliges Menschenbild kümmerten; ein anderer Grund ist, daß diese Wissenschaftler ihre jeweiligen Menschenbilder und ihre Therapien entwickelt haben, ohne sich weiter mit den biographischen Entwicklungslinien von der Jugend zum Alter abzugeben.

So wurden Therapien entwickelt, weil Therapeuten mit Problemen bestimmter Lebensphasen in Berührung gekommen waren, die dann aber angeblich für alle Lebensphasen gültig sein sollten. Am deutlichsten läßt sich dies an dem Konflikt zwischen Freud und Jung zeigen. In Freuds Praxis kamen vor allem junge Menschen, die tatsächlich sexuelle Komplexe hatten, während bei Jung ältere Menschen behandelt wurden, bei denen vor allem Lebensangst und der fehlende Durchbruch zu einem geistigen Ideal eine Rolle spielten.

Seit etwa 1950 entstand sowohl in Amerika wie in Europa das Verlangen nach einem vollständigen Menschenbild mit dem alltäglichen Bewußtsein als Mitte, einem Unterbewußtsein und einem Überbewußtsein. Dazu gehört aber auch ein wachsendes Bedürfnis nach Hilfe bei Problemen der inneren Entwicklung. Auf diesem Gebiet arbeiten Psychiater, Psychotherapeuten, Berater, gruppentherapeutische Einrichtungen und begeisterte, aber eben nicht immer sachverständige Laien. Sie mögen von unterschiedlichen Hintergründen ausgehen, aber sie alle suchen einen personalistischen Zugang zu Problemen, die sich bei menschlichen Beziehungen, in Ehen und bei Entwicklungsstörungen stellen. Eine ganz andere Gruppe von Menschen sucht Hilfe auf dem inneren Entwicklungsweg, auf dem sie das eigene höhere Ich in einer geistigen Welt suchen; andere wieder suchen die Negation des Ichs in einer der alten östlichen, mystischen Richtungen.

Zur ersten Gruppe gehören Menschen, die ihren Weg durch eine systematische Schulung des Denkens, Fühlens und Wollens und durch die Entwicklung imaginativer, inspirativer und intuitiver Kräfte gehen wollen. Sie finden in Rudolf Steiner einen Führer, der ihnen zeigt, wie sie diese Kräfte in Erziehung, Landwirtschaft und Medizin im Dienste der Menschheit einsetzen können. Schließlich gibt es eine Reihe hauptsächlich junger Menschen, die den Weg der systematischen Entwicklung zu langsam finden und die meinen, mit chemischen Mitteln zu einem höheren Bewußtsein vordringen zu können. Gewiß überschreiten auch sie die Grenzen des engen Bewußtseins, aber sie erreichen ein Zwielicht, in dem sie mit Erlebnissen in Berührung kommen, die für sie selbst sehr emotionsgeladen sind und die sie nicht weiter fruchtbar machen können. Ganz im Gegenteil, man sieht sie immer weiter in die Vereinsamung absinken oder die Flucht in die sogenannten harten Drogen antreten.

Viele Menschen werden dies alles nur aus Zeitungen oder Büchern kennen. Sie interessieren sich aber für ihr eigenes Leben und für das ihrer Nächsten. Für sie wird die mehr phänomenologische Beschreibung der einzelnen Phasen des menschlichen Lebenslaufes nützlich sein, zumal darin auf die kritischen Punkte einer Biographie und auf die Probleme, die dabei eine Rolle spielen, hingewiesen wird. Sie können dann die schwierigen Perioden in ihrem eigenen Leben als Ausdruck einer über »normale« Schaltstellen verlaufenden Entwicklung sehen.

In dieser kurzen Beschreibung sind schon die einzelnen Teile meines Buches angedeutet. Es enthält:

- eine phänomenologische Beschreibung der Phasen des menschlichen Lebens,

- die Aufschlüsselung des biologischen, psychologischen und geistigen Lebenslaufes,
- eine Darstellung der verschiedenen Konzepte vom Menschen und der verschiedenen therapeutischen Richtungen, die dem Lebenslauf Tiefe geben können,
- einen Hinweis auf Mittel und Wege, wie Störungen des Lebenslaufes verhindert oder gelöst werden können, und, im Zusammenhang damit,
- eine Hilfestellung beim Schritt über die Schwelle, den jeder Mensch nach seinem 40. Geburtstag tun muß.

2. Die Entwicklung des Menschen

Mit dem Begriff Entwicklung wird eine Folge zielgerichteter Veränderungen innerhalb einer gewissen Zeitspanne angedeutet. In meinem Buch »Organisationen im Wandel« bin ich ausführlich auf den Begriff Entwicklung eingegangen. Ich unterscheide dort zwischen »Veränderung«, »Wachstum« und »Entwicklung«.

»Veränderung« bedeutet nur, daß es keinen Stillstand gibt, daß sich alles im Strom der Zeit bewegt. Erst wenn die Veränderung nach einem bestimmten System erfolgt, wird sie interessant, man kann dann von einer Gesetzmäßigkeit sprechen, die der von den Naturwissenschaften beschriebenen Gesetzmäßigkeit entspricht.

»Wachstum« ist systematische Veränderung, wobei ein bestimmter Faktor innerhalb eines Systems zahlen-, größen- oder gewichtsmäßig zunimmt. Ein Kristall wächst an Umfang und Gewicht, eine Stadt an Oberfläche und Einwohnerzahl, ein Verein an Mitgliedern usw.

»Entwicklung« ist Wachstum, bei dem an kritischen Punkten strukturelle Veränderungen im Gesamtsystem auftreten. Nach Charlotte Bühler ist Entwicklung die den Gesetzen der Reifung unterliegende Veränderung in einer bestimmten Richtung.

»Development is fundamentally biological«, sagt Dale Harris in »The Concept of Development«. Durch quantitatives Wachstum erreicht der Organismus einen Punkt, wo die alte primitive Struktur den erweiterten Organismus nicht mehr steuern kann. Fortgesetztes Wachstum bedeutet dann entweder den Zerfall des Organismus (ein Beispiel wäre der biologische Tod), oder die Reorganisation der inneren Struktur des Organismus, die dann wieder den erweiterten Organismus steuern könnte.

Entwicklung gibt es schon in dem einfachsten, lebenden Organismus. Bereits in dieser primitiven Entwicklung gibt es laut Dale Harris ein im Entwurf festgelegtes Wachstum, das er »blueprinted growth« nennt. Es setzt mit sich ständig wiederholender, schrittweiser Zellteilung und Differenzierung ein, durch die Organe und Gesamtgestalt geformt werden. Dies ist die Phase des Aufbaus. Dann folgt eine Phase des Gleichgewichts zwischen Aufbau und Abbau, in der der reife Organismus seine Funktion voll ausübt. Schließlich kommt die dritte Phase, in der der Abbau überhand nimmt und der Tod eintritt. Im Lauf dieses Prozesses wächst die Pflanze vom Keimling zu Stengel und Blatt und schließlich zu Blume und Samen. Dies vollzieht sich oft im Verlauf eines Jahres. Bei mehrjährigen Pflanzen wiederholt sich diese Entwicklung – aus einem bleibenden Wurzelorgan heraus, das immer wieder treibt.

Auch beim Tier gibt es den Lebenszyklus von Aufbau, Gleichgewicht und Abbau, jede Art hat dabei ihre individuelle Lebensdauer. Man sagt, das Leben des Tieres sei *chronotypisch* festgelegt. Die Maus wird 1½ bis 2 Jahre alt, ein Hund kann 12 bis 15 Jahre leben und der Mensch ungefähr 80 Jahre.

Betrachtet man nun die Struktur eines Organismus, so zeigt sich, daß ein Entwicklungsprozeß per definitionem diskontinuierlich verläuft. Entwicklung ist von Strukturkrise zu Strukturkrise sich vollziehendes Wachstum.

Die Entwicklung durchläuft dabei mehrere Phasen:

(a) *Wachstum des Gesamtorganismus* oder seiner Teile;

(b) *Differenzierung und Organbildung* (Bildung von Subsystemen); hierbei werden Funktionen, die das Gesamtsystem zunächst global erfüllte, in Subsystemen konzentriert, die einen höheren Grad von Perfektion erreichen (Organbildung);

(c) *Hierarchisierung;* bestimmte Organe steuern andere Organe. Man nennt das manchmal auch hierarchische Integration;

(d) schließlich die *Integration* zu einem neuen System; der Gesamtorganismus arbeitet auf höherem Niveau und mit gesteigerter Komplexität.

Biologische Entwicklung ist immer *final* orientiert. Alles entwickelt sich auf *ein Ziel hin,* auf den von Anfang an angelegten, reifen Organismus. Aufbau, Gleichgewicht und Abbau spielen bei diesem Prozeß eine Rolle.

Diesem Gesetz unterliegen alle lebenden Organismen, der Mensch ist da keine Ausnahme. Über den Zyklus von Phasen des Gleichgewichts zwischen Aufbau und Abbau soll später noch gesprochen werden.

Bis hierher bewegten wir uns auf sicherem, auf bekanntem Gebiet. Beim Menschen vollzieht sich jedoch eine Reihe von Entwicklungsprozessen gleichzeitig; sie verlaufen jeweils nach einem eigenen Schema, beeinflussen sich aber gegenseitig. Ich möchte hier drei Entwicklungsprozesse unterscheiden: die *biologische,* die *psychische* und die *geistige* Entwicklung.

Wenn wir über psychische und geistige Entwicklung sprechen, befinden wir uns auf einem Gebiet, wo höchst kontroverse Meinungen herrschen. Die verschiedenen Schulen und Denkrichtungen führen untereinander immer noch einen heftigen Streit, bei dem nicht selten mit den Waffen der eigenen Unfehlbarkeit und der Verteufelung jeder anderen Überzeugung oder Ansicht gekämpft wird. Verhaltensforschung und Tiefenpsychologie auf der einen Seite, experimentelle Wahrnehmungspsychologie und Psychotherapie auf der anderen Seite haben keine gemeinsame Grundlage, auf der sie sich begegnen könnten.

Zu den verschiedenen Konzepten vom Menschen, wie die

therapeutischen Richtungen sie vertreten, ist zunächst folgendes zu sagen: Der Wiener Psychiater Frankl spricht von dem reduzierten Menschenbild der Biologie, der Psychologie und der Soziologie. Er nennt diese verschiedenen Konzepte vom Menschen Biologismus (der Mensch ist ein biologisches Objekt, das Produkt seiner Erbmasse), Psychologismus (der Mensch ist durch seine Erziehung geformt) und Soziologismus (der Mensch ist das Produkt seines Milieus oder seiner Klasse). Diese reduzierten Menschenbilder sind blind für das Geistige im Menschen als spezifisch menschlicher Qualität. Der ganze Mensch, wie er Frankl vor Augen steht, wird nicht von blinden Trieben oder Begierden gesteuert und beherrscht, noch ist er durch Erziehung und Umwelt zurechtgebogen. Im Gegenteil: er sucht sich *trotz* Trieben, Begierden, Milieu und Erziehung seinen eigenen Weg. Dieser Weg schließt Glück und Trauer, Liebe und Leid als sinnvolle Aspekte eines Entwicklungsweges ein, der zum vollen Menschsein hinführt.

Vor dreißig Jahren schrieb ich »Entwicklungsphasen des Kindes«. In dieses für Eltern und Pädagogen bestimmte Buch

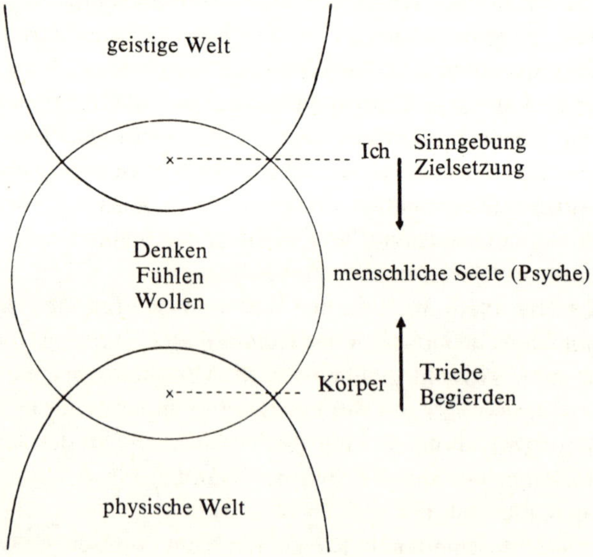

habe ich eine schematische Darstellung des zugrunde liegenden Menschenbildes aufgenommen: Die menschliche Seele (die Psyche, die sich in Denken, Fühlen und Wollen äußert und deren Zentrum unser alltägliches *Ich* ist) umfaßt zwei Pole: auf der einen Seite den körperlichen Bereich, aus dem Triebe und Begierden in der Seele wahrnehmbar werden, auf der anderen Seite ein geistiger Bereich, in dem die Seele in der realen göttlich-geistigen Welt eingebettet liegt. In dieser Welt steht das eigentliche Ich des Menschen als geistiges Wesen, das der Seele im Bewußtsein der eigenen Identität und in der Sinngebung faßbar wird.

Zur Klärung der hier folgenden Diskussion möchte ich noch hinzufügen, daß das Denken am engsten mit der Welt des Geistes verbunden ist und das Wollen am engsten mit der physischen Welt des Körpers; das Fühlen nimmt eine Zwischenstellung ein, für viele Menschen ist es die eigentliche Qualität der Psyche.

In der mittleren Phase des Lebens werden, wie in den folgenden Kapiteln dargestellt, Denken, Fühlen und Wollen durch das höhere Ich individualisiert und als »Empfindungsseele«, »Verstandesseele« und »Bewußtseinsseele« ausgeformt. Sie entwickeln sich nacheinander und geben jeweils einer bestimmten Lebensphase eine eigene Färbung. In der letzten Phase des Lebens kann das Ich Denken, Fühlen und Wollen noch weiter geistig durchdringen, wodurch aus dem denkenden Seelenleben Imagination, aus dem fühlenden Seelenleben Inspiration und aus dem wollenden Seelenleben Intuition entsteht (siehe letztes Kapitel).

In diesem Buch will ich ein Wachstum und eine Form der Entwicklung zu Erwachsensein und Reife beschreiben, die sich zwar zum Teil unter dem Zwang natürlicher Gesetzmäßigkeit vollzieht, sich aber nur dann vollenden kann, wenn der Mensch diese Entwicklung bewußt vollziehen will. Erziehung von außen wird dann durch Erziehung aus eigener Kraft, von innen heraus, abgelöst. Diese Selbsterziehung nennt man manchmal auch innere Entwicklung. Nur mit Hilfe der Selbsterziehung kann der Mensch die eben erwähnte Entwicklung des Denkens, Fühlens und Wollens zuwege bringen, nur durch sie kann er alle in ihm schlummernden Kräfte voll entfalten. Klugheit reift dann zu *Weisheit,* Kontaktfähigkeit zu *Milde* und Selbstbewußtsein zu *Vertrauen.* Diese drei Eigenschaften sind die Kennzeichen eines vollkommenen entwickelten Menschen.

3. Das geistige Element im Menschen

Ich habe schon beschrieben, wie Triebe und Begierden aus dem körperlich-biologischen Bereich und zugleich individuelle, geistige Zielsetzungen, Werte und Normen aus dem geistigen Selbst, auch höheres Ich genannt, in unsere alltägliche Ich-Erfahrung (dem Zentrum unserer Psyche) hineinwirken.
Anders gesagt: zwei Kraftfelder wirken in der menschlichen Seele unablässig aufeinander ein. Die eine Kraft kommt aus dem körperlichen Bereich, wo Trieb und Triebbefriedigung sich ablösen, die andere aus dem geistigen Bereich, wo das bewußte Ich die Seele abwechselnd nach außen auf die Welt und nach innen auf sich selbst richtet. Extraversion und Introversion folgen einander wie Verlangen und Befriedigung. In der Extraversion richtet sich die Psyche oder die Seele mit den Sinnen auf die Welt, sie empfindet Farben und Formen, Entzücken und Entsetzen, Sympathie und Antipathie. In der Introversion richtet sie sich auf die eigene Innenwelt, hier erfährt sie Erinnerungen, hier erlebt sie Gedanken, Gefühle und Wünsche, hier erfüllen neben dem Denken aber auch Erfahrungen und Strebungen die Seele, zumindest solange sie bewußt (wach) ist. Die Tiefenpsychologie hat, meine ich, gezeigt, daß die Seele auch im unbewußten oder halbbewußten Zustand, im Schlaf und im Traum, aktiv bleibt. Der menschliche Geist wird von uns als das eigene (höhere) Ich empfunden, das bewußt und unbewußt unserer Biographie eine

Richtung gibt. Der Geist richtet sich auf das Ziel des Lebens, er ist immer *final* orientiert. Dieses Lebensziel kann in der Seele als Berufung empfunden werden, es kann als Lebensplan erdacht sein oder willentlich als Lebensweg gewählt werden.

Wie im biologischen Bereich Verlangen und Befriedigung als Gegensatzpaar zusammengehören, so gehören im geistigen Bereich Zielsetzung und Erfüllung zusammen. Ein Lebensziel kann nach und nach erreicht werden. Dies bedeutet Erfüllung, ein existentielles Glückserlebnis, das – im Gegensatz zum triebhaften Glückserlebnis – nicht nach neuer Befriedigung verlangt.*

Wenn das Ich sich aktiv nach außen wendet, drückt es sich in Kreativität aus. *Kreativität ist die Aktivität des Geistes in der Welt.* Der Geist kann sich im Kunstwerk, in wissenschaftlicher oder in sozialer Arbeit manifestieren. In der Kreativität begegnen wir einem ureigenen Element menschlicher Individualität: wir erkennen den Komponisten in seiner Musik, den großen Gelehrten in seiner wissenschaftlichen Methode, die Führungspersönlichkeit in ihren sozialen Beziehungen.

Der Kreativität diametral entgegengesetzt ist die *Weisheit.* Weisheit wächst nicht aus nach außen gerichteter Aktivität, sondern aus der Fähigkeit zu warten, aus der *Zurückhaltung,* aus der *aktiven Gemütsruhe.* Die Jugend ist nur selten geduldig, alles muß *sofort* passieren. Die Weisheit hat gelernt, daß Einsicht kommt, wenn sie nicht erzwungen wird, daß alles seine Zeit braucht. Weisheit beruht auf der *Inspiration* und Inspiration heißt wörtlich »Einatmen«, Weisheit ist einatmen, sich mit Geist erfüllen, mit Normen und Werten, mit Sinngebung und Einsicht, mit Menschlichkeit und dem, was über dem Menschen steht, mit Glaube, Liebe und Hoffnung.

Biologische Entwicklung vollzieht sich in der Polarität von *Aufbau und Abbau.*

* Rümke hat in seinem Buch »Die Zeitabschnitte im Leben des Mannes« schon auf den fundamentalen Gegensatz zwischen Bedürfnisbefriedigung und Lebenserfüllung hingewiesen.

Psychische Entwicklung vollzieht sich in der Polarität von *Extraversion und Introversion.*
Geistige Entwicklung vollzieht sich in der Polarität von *Kreativität und Weisheit.* Die Hauptrolle hierbei spielt *in der Jugend* und in der expansiven Phase des Erwachsenenalters die Kreativität in der *zweiten Lebenshälfte* dann die Weisheit.
Der Geist ist Kreativität und Weisheit zugleich, und in gleicher Weise ist auch die Seele Extraversion und Introversion zugleich, Ausatmen und Einatmen von Welt, Diastole und Systole.
Künstler und Wissenschaftler wissen, daß man Inspiration nicht erzwingen kann. Nur wo im Kampf um aktive Gemütsruhe das direkte Ergebnis in den Hintergrund treten kann, kommt Inspiration. *Aktive Gemütsruhe* entsteht, wenn die Emotionen zur Ruhe gebracht werden, allen assoziativen Gedanken Schweigen geboten wird und man Abstand von allen gewollten Ergebnissen nimmt. Dies ist das Schwerste, was ein Mensch erreichen kann. Wenn sich Inspiration in der Seele offenbart, dann spricht hier die ganz essentielle Ausdruckskraft einer Seele. Inspiration wirkt bei einer extravertiert gestimmten Seele als Kreativität, bei einer introvertiert gestimmten Seele wird sie in stille Weisheit verwandelt. Ich meine hier mit dem Begriff Weisheit nicht nur hohe philosophische Systeme, sondern vor allem *Lebensweisheit,* die man überall findet, bei allen Rängen und Ständen, bei jedem Grad von Gelehrtheit. Weisheit habe ich genauso oft bei Handwerkern wie bei Direktoren gefunden. Dasselbe gilt natürlich auch für mangelnde Weisheit! In der zweiten Lebenshälfte liegt mangelnde Weisheit immer daran, daß man nicht warten kann, keinen Abstand nehmen kann, wodurch es zu voreiligen Entschlüssen kommt, die schließlich den Menschen zu Fall bringen. Jeder Diktator (und keinem Diktator wird man die Kreativität absprechen können) geht schließlich an seinem eigenen Starrsinn zugrunde, an seiner Unfähigkeit, innezuhalten.
Die eben beschriebenen Polaritäten haben alle *eine Mitte.* Diese Mitte ist nicht nur ein scheinbar statisches Gleichgewicht

zwischen zwei konträr wirkenden Kräften, sondern eine eigene, *aktive Kraft im Menschen.* Sie ist die eigentliche Essenz des menschlichen Lebens.

Die Mitte zwischen biologischem Aufbau und Abbau ist die *Gesundheit,* die Mitte zwischen psychischer Extraversion und Introversion die *Besonnenheit* (die aktive Gemütsruhe) und die Mitte zwischen der geistigen Kreativität und der Weisheit das menschliche Glück, die *Erfüllung.*

In ihrer Dreiteiligkeit erscheinen die drei Polaritäten dann folgendermaßen:

Aufbau	Gesundheit	Abbau
Extraversion	Besonnenheit	Introversion
Kreativität	Erfüllung	Weisheit

Gesundheit, Gemütsruhe und Glück sind die Frucht einer ausgewogenen Entwicklung. Dieser Aspekt wird vor allem in dem Kapitel über die Psychotherapie behandelt werden.

Bei der phänomenologischen Beschreibung des menschlichen Lebenslaufes werde ich auf die eben genannten Spannungsfelder näher eingehen. Sie spielen in den verschiedenen Lebensphasen eine sehr unterschiedliche Rolle.

Im sechsten Kapitel werde ich die in unserer Kultur gängigen Menschenbilder behandeln. Dabei wird sich ergeben, daß bei jedem dieser Menschenbilder die Betonung entweder auf der biologischen Entwicklung, auf der psychischen Entwicklung oder auf der geistigen Entwicklung liegt. Ich dagegen bin der Ansicht, daß alle drei Aspekte legitime Aussagen über den menschlichen Lebenslauf vermitteln. Erst wenn wir *alle drei* Entwicklungsprozesse in Interaktion sehen, ergibt sich ein vollständiges Bild.

4. Menschenbilder

Zur Einführung in die Beschreibung des menschlichen Lebenslaufes möchte ich nun kurz einige Menschenbilder skizzieren, auf die ich später in Kapitel 6 näher eingehen werde. Prinzipiell sind vier verschiedene Konzepte vom Menschen möglich:

(1) Das mechanistisch-materialistische Menschenbild
Gegen Ende des 19. Jahrhunderts sah man den Menschen als »l' homme machine« oder »der Mensch als Industriepalast«, ein Bild, das noch in meiner Jugend in den Schaufenstern der Apotheken hing. Darauf wurde der Mensch als die Summe verschiedener Maschinenteile dargestellt: das Gehirn war die Telephonzentrale, das Herz die Pumpe, das Verdauungssystem ein Kohleofen, die Luftröhre ein Schornstein, aus dem Rauchwolken zum Vorschein kamen. Dieses primitive Menschenbild hat man inzwischen im großen Ganzen aufgegeben, gewisse Bestandteile allerdings geistern noch immer herum. Eine dieser hartnäckig sich haltenden Vorstellungen ist die vom Herzen als Pumpe.
Als Übergang vom mechanistischen zum chemischen Menschenbild kann das heutige sogenannte »medizinische Modell« bezeichnet werden: Chemische Prozesse im Menschen müssen mit chemischen Mitteln angereichert, gesteuert und beeinflußt werden. Dies führt zu einer Medizin, die mit chemischen Mitteln heilen will, und zu unserer modernen, pharmazeutischen Industrie, die diese Mittel tonnenweise produziert und über die westliche Menschheit auskippt.

(2) Das biologische Menschenbild
Hierunter fällt zunächst das Menschenbild der Biochemie, für die *jede* menschliche Äußerung das Ergebnis komplexer, chemischer Prozesse ist. Damit sind nicht nur die chemischen Prozesse des Stoffwechsels oder die elektro-chemischen Prozesse im Gehirn gemeint, sondern auch die psychischen Vorgänge wie Denken, Fühlen und Wollen. Für geistige Werte

und Normen ist in diesem Menschenbild kein Raum, obwohl die Biochemiker selbst dauernd Werte und Normen handhaben.
Neben dem biochemisch definierten Menschenbild fällt unter diese Kategorie auch das zoologische Menschenbild, das hauptsächlich auf der Vererbungslehre beruht und von den Biochemikern durch die Erforschung der molekularen Zusammensetzung der Erbträger gestützt wird. Hier ist der Mensch *nicht mehr als* das höchste Säugetier, durch zufällige Mutation und Selektion entstanden. Das enge Gebiet, wo sich das Verhalten von Schimpansen mit menschlichem Verhalten vergleichen läßt, wird mit eifrigem Vergnügen von Forschern untersucht, die im übrigen für den enormen Bereich der Unterschiede blind zu sein scheinen.
Die Anhänger des biologischen Menschenbildes kann man unter dem Begriff *Nativisten* zusammenfassen. Dies sind Menschen, die alles aus der Vererbung und Genetik erklären wollen. Sie alle verteidigen ihr Menschenbild mit Aggressivität und Sarkasmus gegenüber Andersenkenden.

(3) Das psychologische Menschenbild

Bei diesem Menschenbild stehen die Psyche und die psychischen Vorgänge im Menschen im Zentrum der Aufmerksamkeit. Zunächst hat sich hier eine Verhaltenswissenschaft entwickelt, die davon ausgeht, daß das, was sich im Inneren des Menschen abspielt, nur in der subjektiven Beschreibung zugänglich ist. Verhalten aber kann objektiv festgestellt werden, also wissenschaftlich untersucht werden. Man kann das, was im Menschen vorgeht, als »black box« beiseite lassen, was hineingeht (der Reiz) und was herauskommt (die Reaktion) kann man feststellen. So entstand der Behaviorismus, die Verhaltensforschung und die Stimulus-Respons- oder Reiz-Reaktions-Psychologie.
Der Empirismus wendet dieses Menschenbild auf Bildung und Erziehung an. Anhand der Erfahrungen, die man beim Training ausgehungerter Tauben und Ratten gemacht hat,

wurde eine Technik des Abrichtens und der Manipulation entwickelt, die dann einfach auf Vorgänge des menschlichen Lebens übertragen wurden. Hieraus entstanden dann die allseits bekannten Entwürfe des programmierten Lernens und der *multiple-choice*-Examina. Die Empiristen tragen der Erbanlage kaum Rechnung, ihrer Meinung nach ist die Erbmasse so vielseitig und offen, daß das Verhalten praktisch ausschließlich von der Umgebung (Kultur und Erziehung) bestimmt wird. Die Verhaltenswissenschaft übt im Moment auf die Soziologie, Psychologie und die Volkswirtschaftslehre entscheidenden Einfluß aus, obwohl der Höhepunkt dieser Mode bereits überschritten ist.

(4) Das personalistisch-geistige Menschenbild

Hier wird der Nachdruck auf die Bedeutung gelegt, die das höhere Ich für den Menschen hat, auf die Person, die sich Ziele setzt, abwägt und wählt, Werte und Normen findet und festlegt. Sie offenbart sich im Lauf des Lebens immer deutlicher in einer Art rotem Faden, der die ganze Biographie durchzieht.

Für viele Künstler, besonders aber für die Verfasser von Biographien, ist die Beschreibung der Entwicklung der menschlichen Persönlichkeit zu Weisheit oder zu Torheit, zu Besonnenheit oder Willensschwäche, in Gesundheit oder Krankheit ein reizvolles Thema. Die Ergebnisse reichen von banalen Groschenheften bis zu Monumenten der Weltliteratur. Aber noch vor einigen Jahrzehnten war dies Literatur und nicht Wissenschaft, bis schließlich immer mehr Psychologen und Pädagogen die Einseitigkeit und Armseligkeit der Verhaltenswissenschaft sahen und nach Wegen suchten, in ihrer Sicht des Menschen und in ihrem sozialen Handeln auch die geistige Entwicklung des Menschen zu berücksichtigen. Daraus entwickelten sich pädagogische Strömungen, die Lernen nicht mehr nur als Abrichten und Indoktrinierung mit von vornherein festgelegten Programmen sehen wollten, sondern Begriffe wie Selbstentdeckung, Selbstentfaltung und Selbstverwirklichung zu pädagogischen Zielen erhoben.

Sie knüpften dabei an ein Wort Heraklits an, der sagt, daß erziehen nicht einen Eimer füllen heißt, sondern ein Feuer entfachen.

Nach 1945 entstand eine neue psychologische Richtung, die humanistische Psychologie, die sich mit der Beschreibung und Erforschung der menschlichen Persönlichkeit, deren Äußerungen und deren Entwicklung beschäftigt und die auch die oben angedeutete Möglichkeit, psychische Gesundheit, aktive Gemütsruhe und Kreativität und Weisheit zu erlangen, mit einbezieht. Auf Gebieten, die bisher fast ausschließlich von Biologen und Behavioristen beherrscht waren, setzten sich Begriffe wie ökologisches Gleichgewicht und bessere Lebensqualität statt höchstem Lebensstandard durch. Diese Entwicklung ist heute deutlich zu sehen, sie hat eine so revolutionäre Veränderung in unserem System von Wertprioritäten zuwege gebracht, daß wir schon beinahe von einer geistig-sozialen Revolution sprechen könnten. Es ist wahrscheinlich *die* Revolution des zwanzigsten Jahrhunderts.

Diese kurze Darstellung soll hier als Einführung in die Beschreibung des menschlichen Lebenslaufes genügen. In Kapitel 6 werden die verschiedene Konzepte vom Menschen ausführlicher behandelt.

5. Einteilung in Lebensphasen

> Jede Lebensperiode hat ihren eigenen Sinn, ihre eigene Aufgabe. Diese zu finden und sich darin zu schicken ist eines der wichtigsten Probleme der Anpassung an das Leben.
>
> Erich Stern, Der Mensch in der zweiten Lebenshälfte

Die Einteilung des menschlichen Lebens in Phasen ist seit langer Zeit umstritten. Ein Standpunkt besagt, daß es überhaupt keine Phasen gibt, daß jede Entwicklung bei täglicher und genauer Beobachtung der Biographie nur eine gleitende

Veränderung ist. Außerdem soll etwa die Pubertätskrise, wie sie von den Entwicklungspsychologen beschrieben wird, ein künstliches und kulturell abhängiges Phänomen sein, eine Folge der Art und Weise, wie zum Beispiel die westliche Kultur auf den sexuellen und sozialen Reifungsprozeß reagiert.

Das Argument von der gleitenden Veränderung, die man nur durch die Beobachtung kleiner Intervalle untersucht, sagt wenig aus über die Existenz von Kindheit, Jugend und Erwachsensein. Hier ist es wie beim Übergang vom Tag zur Nacht. Wenn man ihn von Minute zu Minute verfolgt, wird man nicht sagen können: »jetzt ist der Tag zu Ende, die Nacht ist da.« Und doch ist es auf einmal tatsächlich völlig dunkel, es ist Nacht und man kann Tag und Nacht unterscheiden. Ebensowenig kann man den Übergang von der Jugend zum Erwachsensein auf einen bestimmten Tag festlegen, und doch gibt es einen Moment, an dem ein Mensch so viele Charakteristika des Erwachsenenalters erworben und so viele Charakteristika der Jugend abgestreift hat, daß man zurecht davon sprechen kann, daß jetzt (eine vorläufige Form von) Erwachsensein erreicht ist.

Das andere, mehr soziologisch begründete Argument von der kulturellen Abhängigkeit der sogenannten Lebensphasen enthält tatsächlich ein Element von Wahrheit. *Wie* etwa die Pubertät psychisch erlebt wird, hängt weitgehend von einer Reihe äußerer Faktoren ab. Zunächst natürlich von den Forderungen, die die Umwelt an den Jugendlichen stellt, ein Gymnasiast aus intellektueller Familie steht zum Beispiel unter einem anderen Zwang als ein Kikuyu-Junge aus Kenia, der nach Durchlaufen der Pubertätsriten in die Männergemeinschaft seines Stammes aufgenommen wird. Aber an der Tatsache, daß beide dabei sind, ihre Kindheit abzuschließen und sich neu in ihrer Umwelt zu orientieren, kann man deutlich ablesen, daß der Übergang von einer Lebensphase zur nächsten tatsächlich stattfindet.

Besonders in der ersten Lebenshälfte ist die biologische Entwicklung eine wichtige Grundlage für psychische und geistige Neuorientierung. In der zweiten Lebenshälfte ist es in zunehmendem Maße die geistige Person, die diese Aufgabe übernimmt, Ziele setzt und Normen wählt. Wie wir sehen werden, muß man sich gerade um Vierzig herum, am Anfang der absteigenden biologischen Lebenslinie, von der Gebundenheit an die biologische Involution lösen und zu höherem, geistigem Niveau vorstoßen.

Da Körper, Psyche und Geist des Menschen nun einmal als Einheit wirken, geht es nie darum, daß nur eines von ihnen bestimmenden Einfluß ausübt, sondern es geht um ein wechselndes Gleichgewichtsverhältnis zwischen allen dreien. Gerade dieses wechselnde Gleichgewichtsverhältnis läßt Übergänge fließend und trotzdem deutlich sichtbar erscheinen, vorausgesetzt man *will* sie sehen.

Ich werde nun einige Untersuchungen über die Phasen des menschlichen Lebens besprechen und danach die Grundlage meiner eigenen Einstellung behandeln.

Es gibt Systeme, die das menschliche Leben in Perioden von 7, 14 oder 21 Jahren einteilen, und Systeme, die 5, 7 oder 9 ungleiche Lebensphasen sehen.

Die Unterschiede zwischen den verschiedenen Systemen sind allerdings geringer, als es zunächst scheint. In allen Systemen sind nämlich die wichtigsten Wendepunkte der Biographie praktisch identisch, abgesehen davon hängt die Einteilung von sekundär gewählten Kriterien ab.

Das älteste System, das unsere westliche Kultur beeinflußt hat, ist die griechische Einteilung in Hepdomaden, in 10 Phasen von je 7 Jahren. Ptolemaios unterscheidet sich von seinen Zeitgenossen, er teilt das Leben in regelmäßige Phasen ein, die jeweils unter dem Einfluß eines bestimmten Planeten stehen*.

Die Römer kannten 5 Lebensphasen:

0–15 Jahre: pueritia – die frühen Kinderjahre und die latente Phase der ersten Schuljahre;

* Lauer: Der menschliche Lebenslauf.

15–25 Jahre: adolescentia;
25–40 Jahre: iuventus – erste Phase des Erwachsenenalters;
40–55 Jahre: virilitas – zweite Phase des Erwachsenenalters;
ab 55 Jahre: senectus – das Alter.

Von den niederländischen Autoren schließt sich *Rümke* dieser Einteilung der Römer an, er schiebt allerdings noch ein praesenium von 55 bis 65 ein und läßt das Alter erst mit 65 Jahren beginnen.

Watering folgt, nach Rümke, der griechischen Einteilung in 10 Phasen von je 7 Jahren:

0–7 Jahre: die Zeit des Phantasielebens;
7–14 Jahre: die Zeit der Imagination;
14–21 Jahre: Pubertät und Adoleszenz;
21–28 Jahre: Eroberung der Lebensbasis;
28–35 Jahre: Bestätigung und Verifizierung der gefundenen Lebensbasis;
35–42 Jahre: zweite Pubertät, Reorientierung der beruflichen Ziele;
42–49 Jahre: manisch-depressive Periode;
49–56 Jahre: Kampf gegen den eigenen Untergang;
56–63 Jahre: Weisheit;
63–70 Jahre: zweite Jugend – man akzeptiert bewußt den Übergang – der Mensch kann in dieser Phase noch einmal einen Höhepunkt seines Lebens erreichen.

Wijngaarden unterscheidet drei große Phasen:

0–18 Jahre: Kennenlernen der Innen- und Außenwelt;
18–42 Jahre: Akzeptieren der Innen- und Außenwelt;
42 bis zum Ende: Besinnung auf Innen- und Außenwelt.

Andriessen behandelt die Lebensphasen nicht so sehr als Abschnitte von Kalenderjahren, er geht mehr auf die Prinzipien ein, die die verschiedenen Lebensphasen charakterisieren. Interessant ist, daß alle Autoren, die über die Phasen des Lebens nachgedacht, sie untersucht und darüber Erfahrungen gesammelt haben, mehr oder weniger ausgesprochene Personalisten sind.

Ausgehend von Freuds Psychoanalyse ist viel über Entwicklungspsychologie geschrieben worden, aber bei all diesen Autoren endet die Entwicklung entweder mit dem sechsten oder mit dem vierzehnten Lebensjahr. Nach diesem Zeitpunkt, so meinen sie, entwickele sich das Individuum nicht mehr. In diesem philosophischen System kann nämlich Entwicklung nur aus dem biologischen Triebleben kommen, die psychische Person ist nur »Überbau« dieser Triebnatur, des Es.

Später haben sich einige von Freuds Nachfolgern dem Ich selbst, nicht mehr dem Ich als Produkt des Es zugewandt. Hier ist dann von der individuellen Disposition des Ich die Rede, die von Anfang an vorhanden ist und sich nicht aus dem Es entwickelt (u. a. E. Erikson).

Die bekannteste Autorin, die sich mit dem menschlichen Lebenslauf befaßt hat, ist *Charlotte Bühler.* Sie unterscheidet wieder 5 Lebensphasen, die mit den Phasen Rümkes übereinstimmen. Aber wichtiger noch als die Einteilung in Perioden ist die Idee Charlotte Bühlers, daß jeder Mensch ein Leitmotiv hat, auf Grund dessen er sich ein Ziel setzt und den Weg zur Verwirklichung dieses Zieles wählt. Im Verlauf des menschlichen Lebens vollzieht sich nach Charlotte Bühler die Entwicklung auf Grund bestimmter biologischer Grundstrebungen. Dies sind:

(1) *Bedürfnis*befriedigung
(2) selbstbeschränkende *Anpassung* von innen heraus, auch Regulierung des Lebens genannt
(3) Aufrechterhaltung der *inneren Ordnung,* durch die Kontinuität möglich wird (Charlotte Bühler führt hier das echte Gewissen an, das »durch das wahre Selbst« Selbstbeschränkung ausübt)
(4) die *schöpferische Expansion.*

Die verschiedenen Lebensphasen werden in unterschiedlicher Stärke von diesen Grundstrebungen bestimmt.

Außerdem beruhen nach Charlotte Bühler die Entwicklungsmöglichkeiten auf dem Gegensatz zwischen *Vitalität* (dem biologisch-körperlichen Aspekt des Menschen) und *Mentalität*

(dem geistigen Aspekt des Menschen, der auf die Vollbringung der Lebensaufgabe ausgerichtet ist).
Sie sieht zwei Entwicklungslinien in Interaktion – eine biologische und eine seelisch-geistige Entwicklung. Von der biologischen Person her wirken die Grundstrebungen, von der geistigen Person her die Motive.
Der psychische Aspekt des Lebenslaufes wird so zum »Motivationsverlauf«. Jedes Leben hat ein Hauptziel: das Leitmotiv. Neben dem biologischen Lebenslauf, der aus Aufbau – Gleichgewicht – Abbau – Tod besteht, stellt sie ein Schema des biographischen Lebenslaufes, der sich aus Anlauf – Suchen und Probieren – definitivem Weg – Höhepunkt – Bilanz ziehen und Abstieg zusammensetzt.
Später, bei der Besprechung der Lebensphasen, werden wir sehen, daß mein eigenes Schema des biographischen Verlaufs zwei mögliche Höhepunkte zeigt, die jeweils völlig unterschiedlicher Natur sind.
Charlotte Bühler selbst fühlt, daß sie mit dem Gegensatzpaar Vitalität und Mentalität den menschlichen Lebenslauf noch nicht genau genug umrissen hat. Der Begriff Mentalität ist bei ihr nicht scharf abgegrenzt, einmal ist es mehr die gesamte psychische Persönlichkeit, dann wieder hängt Mentalität mehr mit dem Ich zusammen, von dem Charlotte Bühler sagt, daß es schon vom zweiten Lebensjahr an bewußt seine *eigene* Zielsetzung mit Kraft durchsetzt, oft gegen den Widerstand seiner Umgebung, während gleichzeitig und im Zusammenhang mit dieser Entwicklung schon die Funktion des Gewissens einsetzt.
Der Lebenslauf sollte als Funktion einer Dreiheit, nämlich von Körper, Psyche und Geist, gesehen werden. Die Psyche ist hier die immer wieder veränderte Konstellation von Denken, Fühlen und Wollen, die einerseits aus der biologischen Entwicklung, andererseits aber aus der geistigen Entwicklung, nämlich aus der Festsetzung eines selbstgewählten Lebenszieles, folgt. Dieses Ziel führt dann, je nach Art der individuellen Biographie, zu mehr oder weniger vollkommener Lebenserfüllung, die in der Psyche erfahren wird. Charlotte Bühler nennt

Erfüllung die hinreichend gelungene Verwirklichung der Lebenswerte.

Chorus (Leiden) ist ein ausgesprochener Personalist*. Für ihn ist die *biographische* Methode als wissenschaftlicher Ansatz das genaue Gegenteil der naturwissenschaftlichen Methode. Erstere individualisiert, letztere generalisiert.

Die biographische Methode nähert sich dem Individuum auf *dessen* Lebensweg. Chorus geht ausführlich auf die Sonderstellung des Menschen im Vergleich zu den höheren Säugetieren ein und bestätigt meine Ansicht, daß der menschliche Säugling eine Frühgeburt ist: »wenn der Mensch ein Säugetier wäre, würde er am Ende des ersten Lebensjahres geboren werden.« Die Schwangerschaft müßte also eigentlich ein Jahr länger dauern (auch der Basler Zoologe Adolf Portmann spricht vom Menschen als einer »physiologischen Frühgeburt«). Er stellt fest, daß jede Phase ihre eigene Form und ihren eigenen Sinn hat und daß keine Phase durch eine andere ersetzt werden kann.

Einen besonders wichtigen Beitrag zum Thema des menschlichen Lebenslaufes hat der Philosoph *Guardini* geliefert. Sein Buch *»Die Lebensalter«* müßte eigentlich auf jedem Nachttisch liegen. Obwohl man es leicht an einem Abend ausliest, enthält es eine Fülle sorgfältig formulierter menschlicher Weisheit und eindringlicher »Wahr-nehmung«. Einige Sätze aus diesem Büchlein: »Der Mensch charakterisiert sich immer neu ... in allen Phasen ist es immer ein und derselbe Mensch, der da lebt ... die nämliche Person, die um sich weiß und die betreffende Lebensphase verantwortet ... Jede Phase ist ein Eigenes, das weder aus der voraufgehenden noch der folgenden abgeleitet werden kann ... Die Lebensgestalten bilden auch Wertfiguren. In ihnen tauchen bestimmte Werte auf, die unter bestimmten Dominanten stehen ... Das Kind ist nicht nur dafür da, daß es erwachsen werde, sondern auch, nein zuerst, daß es selbst, nämlich ein Kind und, als Kind, Mensch

* Psychologie van de menselijke levensloop.

sei. Denn Mensch ist der Lebende in jeder Phase seines Lebens... So ist das wirkliche Kind nicht weniger Mensch als der wirkliche Erwachsene.«

Guardini sucht für jede Phase die Dominante der Wertfigur, den Schwerpunkt oder die Wertmitte. Seine Phasen sind:

(1) das Leben im Mutterschoß, Geburt und Kindheit,
(2) die Krise der Reifung (die Pubertät)
(3) der junge Mensch (Adoleszenz)
(4) die Krise durch die Erfahrung (Übergang von der Adoleszenz zum expansiven Erwachsenenalter)
(5) der mündige Mensch (die dreißiger Jahre)
(6) die Krise durch die Erfahrung der Grenze (Anfang der vierziger Jahre)
(7) der ernüchterte Mensch
(8) die Krise der Loslösung
(9) der weise Mensch.

Es ist auffällig, daß Guardini sich vor allem mit den wichtigen Nahtstellen zwischen den Lebensphasen beschäftigt. Für alle Phasen gilt: »Diese Phasen bilden zusammen das Ganze des Lebens. Aber nicht so, daß es sich aus ihnen zusammensetzte, sondern das Ganze ist immer da, am Anfang, am Ende und an jeder Stelle... So ist das Ende durch das ganze Leben hin wirksam: die Tatsache, daß der Lebensbogen sich senken und einmal aufhören wird; daß alles Geschehen sich auf einen Abschluß zu bewegt – einen Abschluß, den wir heute Tod nennen.... Jede Phase (ist) um des Ganzen willen da und auch um jeder anderen Phase willen. Ihre Schädigung schädigt das Ganze und jedes Einzelne.«

Eine ausgezeichnete Untersuchung des menschlichen Lebenslaufes, die viel ausführlicher und meiner Ansicht nach auch tiefgehender ist als das Buch von Charlotte Bühler, hat eine andere Frau geschrieben. Es ist *Martha Moers* aus Bonn, ihr Buch heißt »Die Entwicklungsphasen des menschlichen Lebens.«

In ihrem Vorwort sagt sie, daß sie erstens in ihrem Buch das Leben als *Aufgabe* beschreiben will, eine Aufgabe, die der

Mensch mit Hilfe seiner körperlichen und seelisch-geistigen Kräfte zu lösen hat. Auf diese geistigen Kräfte wird dabei der Schwerpunkt gelegt, denn sie erst geben dem Leben den eigentlichen und tieferen – der Menschenwürde entsprechenden – Sinn. Zweitens versucht sie, das ganze menschliche Leben als mehr oder weniger fortschreitende Entwicklung zu betrachten, und zwar als eine Entwicklung des Geistigen im Menschen. Dies bedeutet dann zugleich die Forderung an den erwachsenen Menschen, sich selbst zu erziehen.

Das Buch gibt eine besonders vollständige Übersicht der biologischen, psychischen und geistigen Faktoren in jeder Lebensphase.

Wichtig ist, daß sie für die mittlere Phase des Erwachsenenalters, also für die Zeit von Anfang Zwanzig bis Anfang der vierziger Jahre, folgende Begriffe einführt: vital-seelische Strebungen, sachliche Strebungen und geistige Strebungen. Sie legt in einer detaillierten Beobachtung und Beschreibung überzeugend dar, wie diese verschiedenen Strebungen nacheinander das Leben beherrschen (in Guardinis Begriffen gesprochen: die Wertmitte werden).

Für jede Lebensphase beschreibt sie dann die Gesamtcharakteristik, das Werkschaffen oder die Art und Weise, wie jemand seine Aufgaben angeht, die sozialen Beziehungen und die Gesamthaltung gegenüber den Werten.

Sie hat sich für eine Einteilung in 6 Lebensphasen entschieden:

(1) die erste Lebensphase: Kindheit und Jugend bis etwa 14 und 21 Jahren
(2) die zweite Lebensphase: die erste Erwachsenenphase und die zwanziger Jahre (21–28 Jahre)
(3) die dritte Lebensphase: von etwa 28 bis etwa 42 Jahre
(4) die vierte Lebensphase: von etwa 42 bis etwa 56 Jahre
(5) die fünfte und sechste Lebensphase: (Rümkes praesenium und senium vergleichbar) die beiden Phasen des Alters.

Martha Moers ist von großer Gründlichkeit in ihrer Beschreibung und entwickelt besonders dort, wo es um das Verhältnis zu Arbeit und Werten geht, höchst originelle Gedanken. Diese beiden Aspekte der Lebensphasen habe ich sonst nirgendwo behandelt gefunden. Ihre Ansichten decken sich weitgehend mit den Erfahrungen, die ich selbst bei meiner Arbeit in der Erwachsenenbildung sammeln konnte.

Ich werde mich noch öfter auf Martha Moers berufen. Ihr Werk ist relativ unbekannt geblieben, wahrscheinlich, weil es nur in kleiner Auflage in einer Universitätsreihe herausgegeben worden ist und nie bis in den Buchhandel vorgedrungen ist. Sie wird außer von Charlotte Bühler von niemandem genannt oder zitiert.

Die Auffassung, die jemand vom menschlichen Lebenslauf hat, hängt eng mit dem Konzept vom Menschen zusammen, das zum zentralen Punkt im Leben des Betrachters geworden ist. Mein persönliches Menschenbild ist von der Person *Rudolf Steiners* entscheidend beeinflußt worden. In Steiners Weltanschauung und Menschenbild ist der Begriff der Entwicklung ein zentraler Punkt. In bezug auf die biologische Entwicklung knüpft er bei Goethes Metamorphosenlehre an, er greift Schillers Lehre von der Dreiheit der seelischen Strebungen des Menschen auf und entwickelt daraus eine ganz neue Goethesche Weltanschauung, die den Menschen als Körper, Seele und Geist sieht. Der Körper, der festen Entwicklungsgesetzen unterworfen ist, ist in einem langen Entwicklungsprozeß entstanden. Ihm gegenüber steht der Geist, der im menschlichen Ich zu Bewußtsein gelangt, der auf die Zukunft gerichtet ist und nach Freiheit strebt. Zwischen beiden Bereichen steht die menschliche Seele oder Psyche – die Schaubühne, auf der sich die Kräfte beider Felder begegnen und wo der Mensch Mensch ist im Hier und Jetzt.

Auch Steiner geht von zehn Entwicklungsperioden von je sieben Jahren aus:

3 × sieben Jahre für die körperlich-seelische Entwicklung,
3 × sieben Jahre für die eigentliche seelische Entwicklung,
3 × sieben Jahre für die Entwicklung des Geistes.

So hat der Mensch in 63 Jahren seine Entwicklungsstufen durchlaufen, er hat dann noch ein zehntes Siebenjahr, um die

Entwicklung zu konsolidieren. Mit 70 ist er bereit, die Früchte seines Lebens einzusammeln und sie der Gemeinschaft zurückzugeben.

Ein kurzes Wort der Warnung ist hier angebracht. Keiner der Autoren, die den Lebenslauf als sieben- oder vierzehnjährigen Rhythmus beschreiben, auch Rudolf Steiner nicht, meint, daß sich der Wechsel der Phasen an den jeweiligen Kalendertagen vollzieht. Es sind vielmehr Meilensteine, Durchschnittswerte, ideale Abstände, um die herum sich die individuelle Entwicklung bewegt. Aber es sind doch Maßstäbe, die man anlegen kann, um wichtige Abweichungen zu erkennen.

Man könnte in ihnen nach Ursachen von Akzeleration oder Retardierung suchen. Im Kindesalter ist das ganz normal. Wer mit 7 Jahren noch nicht schulreif ist, bei dem liegt eine Entwicklungsstörung vor. Wer schon mit 9 oder erst mit 17 in die Pubertät kommt, ist meistens schon in ärztlicher Behandlung. Je älter ein Mensch wird, desto eher wird er Phasen seiner individuellen Entwicklung beschleunigt oder verlangsamt durchlaufen können, ohne zum pathologischen Fall zu werden.

Steiner behandelt drei Ebenen der seelischen Entwicklung, die er Empfindungsseele, Verstandesseele und Bewußtseinsseele nennt. Zwischen 21 und 42 kann man nacheinander diese verschiedenen Ebenen als Wertmitte oder dominierendes Wertzentrum der menschlichen Entwicklung unterscheiden. Diese drei Ebenen stimmen mit dem Schema überein, das Martha Moers dreißig Jahre später beschrieben hat. Sie nennt dieselbe Verschiebung der Dominante der Wertfigur das Vorherrschen der vital-seelischen, sachlichen und geistigen Strebungen. Es sind nur verschiedene Namen für ein und dieselbe Erscheinung. Damit sind die wichtigsten Quellen für unser Literaturstudium über die Entwicklungsphasen des menschlichen Lebens genannt. Auf all diesen Werken fußt die Beschreibung des menschlichen Lebenslaufes, die ich in den folgenden Kapiteln gebe.

II. Der menschliche Lebenslauf

1. Phasen des Lebenslaufes

Wir wollen den menschlichen Lebenslauf unter drei Aspekten betrachten: (a) dem biologischen, (b) dem psychischen, (c) dem geistigen.

(a) Der biologische Lebenslauf

Wir haben schon festgestellt, daß jeder lebende Organismus durch seine Art chronotypisch bestimmt ist. Wenn wir annehmen, daß die Lebensdauer des Menschen etwa 80 Jahre beträgt, dann kann man im Lauf des menschlichen Lebens drei Phasen unterscheiden:

- eine Periode des Wachstums, in der mehr Aufbau als Abbau stattfindet;
- eine Periode des Gleichgewichts zwischen Aufbau und Abbau; und
- eine Periode der Involution, des zunehmenden Abbaus.

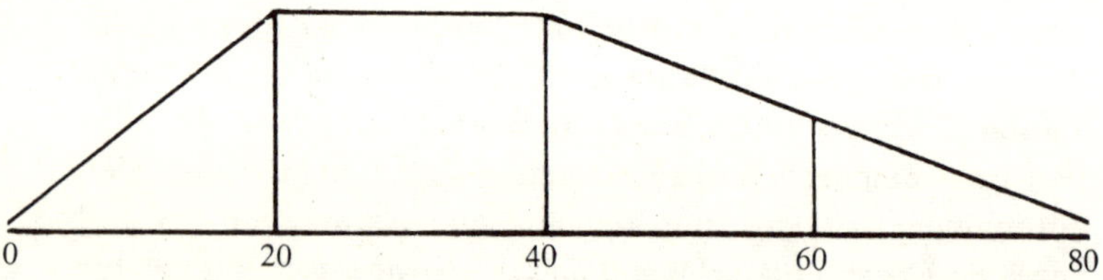

Die Wachstumsperiode, die ungefähr bis zum 20. Lebensjahr dauert (bei Mädchen endet sie etwas früher, bei Jungen etwas später) verläuft nicht kontinuierlich, sondern in drei Phasen, in denen Längen- und Breitenwachstum sich abwechseln. Diesen Vorgang habe ich in »Entwicklungsphasen des Kindes« ausführlich beschrieben, für die Entwicklungsprobleme im Kindesalter sei darauf verwiesen. Hier mag eine kurze Zusammenfassung der Entwicklungsperioden genügen:

(1) Von der Geburt bis zur ersten Streckung und dem Zahnwechsel

(2) vom Zahnwechsel zur Pubertät

(3) von der Pubertät zum Erwachsensein.

Perioden des *Auffüllens,* in denen das Kind breiter und schwerer wird bei verlangsamtem Längenwachstum, wechseln mit Phasen der *Streckung* ab, d. h. des beschleunigten Längenwachstums, in denen vor allem die Extremitäten wachsen. Diese Streckungsperioden liegen direkt vor der Schulreife (dem Zahnwechsel) und direkt vor der Pubertät. Ihnen folgen Perioden des Breitenwachstums.

Erheblichen Einfluß auf die *Körpergröße,* die ein Mensch erreicht, nicht aber auf den *Rhythmus* der Entwicklungsphasen hat die Ernährung. Sie wirkt sich in den verschiedenen kritischen Phasen aus, die aber für alle Organe jeweils unterschiedlich liegen. Beim Gehirn zum Beispiel verläuft die Entwicklung so, daß in den ersten fünf Lebensmonaten die *Zahl* der Gehirnzellen enorm zunimmt und erst danach ihre *Größe.* Differenzierung und Wachstum folgen hier aufeinander, wobei die Differenzierung der wichtigste Entwicklungsschritt ist. Mangelhafte Ernährung in dieser Phase kann später nicht mehr wiedergutgemacht werden, Unterernährung in der folgenden Phase des Größenwachstums der Zellen kann dagegen im späteren Leben durchaus noch ausgeglichen werden.

Es ist daher ganz offensichtlich richtig, daß der Säugling eine optimale Versorgung braucht, denn mangelhafte Ernährung und Krankheiten haben, wenn sie in dieser Phase auftreten, oft bleibende Folgen. Für die Entwicklungsländer ist dies ein schwerwiegendes Problem.

Die hier gezeigte, stark schematische Kurve gibt die durchschnittliche Dauer der Aufbau-, Gleichgewichts- und Abbauperiode wieder. Jedes Organsystem hat allerdings seine eigene chronotypische Kurve. Jeder weiß, daß man ungefähr vom 40.

Lebensjahr an eine Lesebrille braucht, weil die Erstarrung der Linse zu einem Nachlassen der Akkomodation des Auges führt. Beim Ohr ist die Sache wieder anders. Schon nach dem 19. Lebensjahr nimmt der Umfang des Gehörs ab, man hört dann die höchsten und tiefsten Töne nicht mehr. Einer meiner Söhne drückte dies so aus: »Ach, Vater, du brauchst doch gar keine teure Hifi-Anlage, du hörst die Obertöne ja doch nicht mehr.«

Der Umfang des Gehörs läßt sich ziemlich leicht feststellen, das Ergebnis nennt man Audiogramm. Hat jemand nun zum Beispiel mit 35 Jahren das Audiogramm eines 45jährigen, dann ist er (zumindest was das Ohr betrifft) frühzeitig gealtert. Man kann dies zum Anlaß für eine Untersuchung nehmen, ob vielleicht auch andere Organsysteme vorzeitig altern. Charakteristisch für die Involutionsperiode ist das Nachlassen der Elastizität aller Gewebeteile. Nicht nur die Linse des Auges, auch das ganze Lungensystem wird weniger beweglich; man merkt das daran, daß man weniger Luft mit vollen Lungen ausblasen kann oder daß man länger außer Atem ist, wenn man mal schnell gelaufen ist. Daß schließlich die Wände der Blutgefäße ihre Geschmeidigkeit verlieren und sogar degenerieren können, ist nur allzu bekannt. Eine solche Einschränkung der Funktion kann bei den Herzkranzgefäßen lebensgefährlich werden und die Ursache eines Herzinfarktes sein, bei dem die Arterienwand langsam degeneriert und das Gefäß verstopft wird.

Bei manchen Menschen verläuft die Entwicklung abweichend von der durchschnittlichen Kurve, sie altern vorzeitig oder sie bleiben länger jung und sind noch im hohen Alter vital und leistungsfähig. Aber auch sie haben um die Vierzig herum eine Lesebrille gebraucht und auch sie ermüden schneller als früher.

Inwieweit psychische und geistige Funktionen den biologischen Entwicklungsphasen parallel laufen, soll später behandelt werden. Wie wir bereits gesehen haben, behandelt Martha Moers die Lebensphasen jeweils unter den Aspekten des Werkschaffens, der sozialen Beziehungen und der Haltung gegenüber den Werten. Dieses Schema entspricht weitgehend der von mir gewählten personalistischen Auffassung, die einen biologischen, einen psychologischen und einen geistigen Aspekt unterscheidet. Daraus folgt dann auch die nächste Frage: Verläuft die psychologische und dann auch die geistige Lebenskurve parallel zur biologischen? Folgen sie der biologischen Kurve oder sind sie unabhängig von ihr?

(b) Der psychische Lebenslauf

Die psychische Entwicklung des Denkens, Fühlens und Wollens zeigt in der ersten Wachstumsphase bis zum Erwachsensein eine deutlich erkennbare Entwicklung, deren komplexe Form und stets wechselnde Inhalte ich in »Entwicklungsphasen des Kindes« beschrieben habe. In allen drei Entwicklungsphasen der Wachstumsperiode wird ein anderes Thema zum »Leitmotiv«.

Im Säuglings- und Kindergartenalter ist das Kind für alle Eindrücke völlig offen und lernt durch Nachahmung seiner Umgebung. Das Wichtigste, was wir in dieser Phase dem werdenden Menschen auf seinem Lebensweg mitgeben können, ist das Gefühl der Sicherheit, des Vertrauens, der Geborgenheit, das Gefühl, in dieser Welt willkommen zu sein, indem er von den Menschen Liebe und Wärme empfängt. Sicherheit und Vertrauen entstehen aus dem festen Lebensrhythmus und aus der Konsequenz im Umgang mit dem Kind, Geborgenheit wächst aus der warmen Liebe der Umgebung. Kurz: Dem Kind muß das Grundgefühl mitgegeben werden, daß *die Welt gut ist.* Die Phase nach der ersten Streckung und dem Zahnwechsel, also das Schulalter, ist durch eine größere Verschlossenheit des Kindes charakterisiert. Das Kind lebt stärker in sich hinein und erkundet in Denken, Fühlen und Wollen seine eigenen seelischen Fähigkeiten. Es tut dies kraft seiner Phantasie, es lebt nun wie in einem kleinen Garten hinter einer hohen Mauer und baut sich dort seine eigene Welt, in der es schon alles vollbringen kann, wozu es in der Wirklichkeit noch nicht fähig ist.

Diese kindliche Phantasie ist die Basis, auf der sich im späteren sozialen und beruflichen Leben Kreativität entwickeln kann. Wer in dieser Phase nicht phantasieren und tagträumen konnte, dem fehlt es später an Spontaneität und Vielseitigkeit in den mitmenschlichen Beziehungen. Rein intellektuell orientierter Unterricht tötet die Phantasie und züchtet Menschen, die später einsam sind und die immer wieder erleben müssen, daß sie zu echtem Kontakt unfähig sind. Daß diese Kontaktschwäche bei uns schon beinahe epidemische Ausmaße angenommen hat, ist angesichts der Konzeption unseres Grundschulunterrichts kaum verwunderlich. Künstlerischer Unterricht, schöpferisches Spiel und Erzählungen der Eltern üben die Beweglichkeit der psychischen Fähigkeiten und sind der Nährboden für Originalität und Spontaneität. In der zweiten Phase muß das Kind zur Überzeugung kommen können, daß die Welt voller Freude und voller Schönheit ist. Dabei hat Schönheit für das Kind durchaus eine andere Bedeutung als für den Erwachsenen. Diese sind meistens unfähig, die Schönheit eines einzelnen kleinen Käfers, eines Blattes oder eines Kieselsteines zu erfassen.

In der dritten Phase, der Pubertät und der Adoleszenz, findet der große Durchbruch zur Wirklichkeit statt. Schon in der Vorpubertät wird die umfriedete Kinderwelt, von der ich eben sprach, aufgebrochen, und der junge Mensch wird mit der – oftmals unfreundlichen – Wirklichkeit konfrontiert. Eine Folge dieses Aufbrechens der kindlichen Welt ist die Vereinsamung in der Pubertät; das Gefühl, von niemandem verstanden zu werden, und die Tendenz zur Verehrung eines älteren Menschen. In der Phase der Adoleszenz (die für mich mit ungefähr 16–17 Jahren einsetzt) hat der junge Mensch dann die Aufgabe, eine (wenn auch vorläufige) Einstellung der Welt gegenüber zu finden.

Hier setzt dann, wie ich in »Entwicklungsphasen des Kindes« beschrieben habe, das Suchen nach einem *Weltbild* ein, das religiöse Interesse und das politische Streben, das in diesem Alter oft noch religiösen Charakter hat. Und dann wird (wenigstens von den Jugendlichen, die eine normale Entwicklung durchlaufen können) schließlich die Studien- und Berufswahl getroffen. Tatsächlich erwacht hier die Suche nach Wahrheit: Was hat es mit »der Welt« wirklich auf sich?

Schon für Plato gehören das Wahre, Schöne und Gute zu den Grundlagen des Menschseins. Sie müssen sich in der Jugend entfalten dürfen, um später zu Weisheit, Moral und Kreativität weiter wachsen zu können. Diese Entwicklung hängt nicht von äußerer Wohlfahrt, sondern von innerer Fülle ab.

Schon 1945 hat man festgestellt, daß es ein Verbrechen sei, Jugendliche schon mit 14 oder 15 Jahren in einen Beruf oder zur Fabrikarbeit zu zwingen. Diese Kinder können nämlich die dritte Phase, in der sie erwachsen werden müssen, nicht durchlaufen. Daß heute diese große Gruppe von Jugendlichen weiterführenden Unterricht erhält, ist nur ein erster Schritt in die richtige Richtung. Jeder Mensch hat Recht auf den Zugang zu allgemeiner Bildung und Ausbildung bis zu seinem 18. Lebensjahr, damit er später als voll entwickelter Mensch einen Beitrag für die Gemeinschaft leisten kann und darf.

In »Entwicklungsphasen des Kindes« habe ich auf den engen Zusammenhang zwischen körperlicher und psychischer Entwicklung hingewiesen. In den ersten Lebensjahren ist diese gegenseitige Abhängigkeit fast absolut. Die kleinste Darmverstimmung, eine drohende Kinderkrankheit spürt man sofort im Verhalten des Kindes, es wird schlapp und lustlos. Nach der Pubertät wird die direkte Abhängigkeit der psychischen Entwicklung vom biologischen Geschehen zusehends geringer, obwohl sie jetzt doch immer noch stärker ist als in späteren Jahren.

Und wie geht es dann weiter? Mit der Antwort auf diese Frage ergibt sich die zentrale These dieses Buches. Der vital-seelische Impuls folgt weitgehend dem biologischen Lebenslauf, die geistig-seelischen Funktionen dagegen lösen sich immer mehr von der biologischen Lebenslinie, sie können selbst in dem Moment noch einen Höhepunkt erreichen, wo die biologischen Funktionen schon stark abgenommen haben. Man kann also

für die psychische Entwicklung nicht eine gerade, chronotypisch festgelegte Entwicklungslinie zeichnen. In den ersten zwanzig Jahren (hier als Annäherungswert verstanden) laufen biologische und psychische Funktionen weitgehend parallel, danach beeinflussen sie sich immer mehr *gegenseitig* (besonders in der mittleren Phase des Lebens ist der Mensch ganz offensichtlich eine psychosomatische Einheit). Aber im Lauf der vierziger Jahre kommt der Moment, wo die vital-seelischen Funktionen abnehmen. Die vitale Lust an der Aktivität, am tatkräftigen Zugehen auf die Welt, nimmt ab. Es kostet immer mehr Mühe, dieselbe Arbeitsleistung zu erbringen wie früher. So fühlt man sich durch die nachrückende Generation, die diese Vitalität noch hat, bedroht. Ich werde auf diese Entwicklung später noch ausführlich eingehen müssen. Nur wenn in der Kindheitsphase eines Lebens die geistig-seelischen Funktionen geweckt worden sind, können sie in dem Moment, wo die vital-seelischen Funktionen wegfallen, an deren Stelle treten.
So werden im Lauf der vierziger Jahre zwei typische Möglichkeiten der weiteren Entwicklung angelegt (wobei alle Nuancen zwischen beiden Extremen denkbar sind): entweder mißt man sein Selbstwertgefühl an dem, was man bisher äußerlich leisten konnte – dann gerät man in eine Krise; oder man gewinnt sein Selbstwertgefühl aus der Tatsache, daß man für andere da sein kann – dann kann jetzt eine neue, soziale Phase einsetzen, in der man die Erfahrungen, die man gesammelt hat, weitergeben kann. Das Berufsleben wird in dieser Zeit durch ein allmähliches Abrücken von den unmittelbaren Erfordernissen der Arbeit charakterisiert, hierdurch kann man das eigene Wirken in einem größeren Zusammenhang sehen. Menschen in leitenden Positionen werden bei dieser Entwicklung von einem Führungsstil, der alles *selbst* organisiert, abrücken und dazu übergehen, den Rahmen abzustecken, innerhalb dessen dann *andere* ihre Kräfte entfalten können.
Man kann daher diese letzte Phase nach Anfang Vierzig die soziale Phase oder die Führungsphase nennen. Aber eine solche Entwicklung ist – wohlgemerkt – möglich, sie muß aber

nicht notwendigerweise stattfinden. Obwohl es eigentlich ein Unding ist, so komplexe und qualitativ so unterschiedliche Prozesse durch ein einziges Diagramm darstellen zu wollen, vermittelt uns doch das (unten abgebildete) Schema einen gewissen Eindruck des Problems.

(c) der geistige Lebenslauf

Die geistige Entwicklung des Menschen vollzieht sich am Anfang des Lebens im Ich-Bewußtsein, das im Kleinkindalter einsetzt, dann im Ich-Erleben im Schulalter und schließlich im Drang zur Ich-Verwirklichung in der Adoleszenz. Ich-Bewußtsein, Ich-Erleben und Ich-Verwirklichung können in der mittleren Phase des Lebens eine weitere Entwicklung durchlaufen, die ich später beschreiben will. Nach außen werden sie in den geistig-seelischen Strebungen des Menschen sichtbar, in der Normfindung, in der Art, Normen zu leben und sie in menschlichen Beziehungen, in der Arbeitsleistung und in der Einstellung zur Arbeit zu praktizieren; sie manifestieren sich

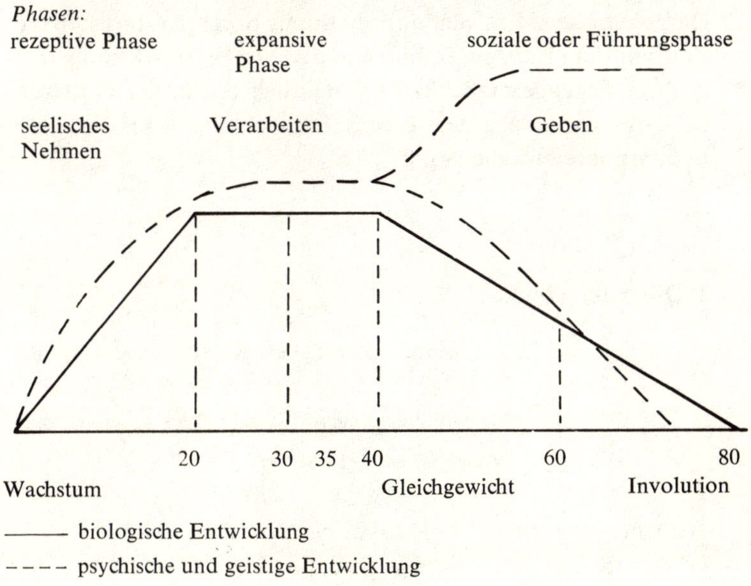

aber auch in der Fähigkeit, ein außerhalb der reinen Notwendigkeit liegendes Interessengebiet zu finden, das heißt, sich *über* die reine Reiz-Reaktionssituation, die den vital-seelischen Impuls kennzeichnet, zu erheben.
Wer in der mittleren Phase seines Lebens schon Interesse für Kunst, Wissenschaft, Natur oder sozialer Tätigkeit entwickelt hat, der wird die große *Wende* auf seinem Lebensweg nach dem vierzigsten Lebensjahr fast unbemerkt passieren. Er wird jenseits dieser Schwelle die Kraft für sein Leben immer mehr aus einem geistigen Quell schöpfen können. Wer allerdings in der mittleren Phase seines Lebens nur dem persönlichen Erfolg nachgejagt ist, wer alles selbst hat tun wollen, nur von sich selbst ausgegangen ist, alles beiseite geschoben hat, was der Karriere hinderlich war, oder wer sich passiv durch seine Arbeit oder seine Lebensumstände hat leben lassen, der kommt nach dem vierzigsten Lebensjahr in eine existentielle Krise und ist mit Mitte Fünfzig ein tragischer Mensch geworden, der immer nur der guten alten Zeit nachtrauert und sich von allem Neuen bedroht fühlt.
Der *biologische* Entwicklungsrhythmus prägt am stärksten die Zeit vor dem Erwachsensein. Die *psychische* Entwicklung tritt in ihrer Eigengesetzlichkeit am deutlichsten in der mittleren Lebensphase zutage. Die *geistige* Entwicklung ist für die letzte Lebensphase entscheidend.

2. Die Adoleszenz

> The main business of the adolescent is to stop being one.
> (Cole and Hall, Psychology of Adolescence)
>
> Mensch ist der Lebende in *jeder Phase seines Lebens.*
>
> *(Guardini, Die Lebensalter)*

Die Übergangsphase: die Adoleszenz (16/17 bis 21–24)
In der Krise der Reifungsjahre, in der Pubertät, hat das

Erwachen der Person eingesetzt. Dieses Erwachen wird in der darauf folgenden Phase der Adoleszenz fortgeführt, es ist der zentrale Punkt, um den sich alles dreht. Gelingt dieser Prozeß nicht, dann bleibt die Person von ihrer Umgebung abhängig, oder sie versteift sich in pubertärer Protesthaltung gegen alles, was als Autorität empfunden wird. Die wichtigen Fragen dieser Phase sind daher: wer bin ich? was will ich? was kann ich? Gerade weil diese Kernfragen noch nicht beantwortet sind, tritt das deutlich hervor, was Rümke als Charakteristika der Adoleszenz beschreibt: Vorläufigkeit – noch nicht festgelegt sein oder noch keine Bestimmung gefunden haben – Desillusion gegenüber den pubertären Ideen.

Die Aufgaben dieser Lebensphase sind dann u. a. »die *Verbindung* zwischen sinnlicher (biologischer) *Sexualität* und *seelischem Eros*«. In der Pubertät ist dem jungen Menschen die Sexualität zu Bewußtsein gekommen, die Erotik muß jetzt in der Adoleszenz erwachen, damit in der nächsten Lebensphase das erste Aufkeimen einer »Liebe zur anderen Person« erfahren werden kann.

Auch *Künkel* behandelt ausführlich die Bedeutung, die der seelische Eros für die Jahre des Adoleszenz hat. Er sagt: »die Seele erglüht im Du – die Welt des Du, das sich dem Eros erschließt« und »die Welt erglüht, sobald die Seele erglüht«. Künkel deutet hiermit an, daß man in dieser Phase des Lebens stark von *innen nach außen* lebt. Für den Verliebten verändert sich die ganze Welt. Wie man das Leben *erlebt,* hängt nämlich nicht von der objektiven Bedeutung der Realität ab, sondern von der subjektiven Erfahrung dieser Realität. Künkel sagt in diesem Zusammenhang: »das Schicksal kommt von innen.« Der Eros zeigt dem jungen Menschen die Wirklichkeit in einem neuen Licht, erst jetzt kann er seinen eigenen Weg wählen. Daher ist auch die Gefahr der Adoleszenz, daß sich zwar die Sexualität weiterentwickelt, der Eros jedoch nicht erwacht.

Den Begriff Eros gebrauche ich hier in dem Sinn, den der Begriff Minne im Mittelalter hatte. Die Minne war im Spätmittelalter ein kultureller Faktor. Die Minnesänger besangen die reine Seelenbeziehung zwischen Mann und Frau. Die Minne war die Verehrung des Ideales der Weiblichkeit durch den Mann und die Verehrung des Ideales der Männlichkeit durch die Frau. Zog ein Ritter im Namen seiner »vrouwe« in den Kampf oder ins Turnier, dann spielte in dieser Beziehung die Sexualität keine Rolle.

Die Minne wurde als Kunst betrieben, so wie man Musik als Kunst betreibt, entscheidend war das spielerische Element, und wie jedes andere Spiel verlief auch dieses nach festen Regeln. Das Erwachen der Minne war für die junge Frau oder den jungen Mann ein überwältigendes Erlebnis, aber diese Minne war noch keine persönliche Liebe. Erst die geistige Liebe, die aus der Begegnung und aus dem Erkennen des Ich im anderen Menschen geboren wird, gibt die innere Sicherheit, die dann die Treue zur Individualität im anderen nach sich zieht. Im Parzival des Wolfram von Eschenbach leisten Parzival und Gawain viele Minnedienste, ohne daß ihre Liebesbeziehung zu Condwiramur bzw. zu Orgeluse davon berührt wäre.

In der Erfahrung des Eros (oder der Minne) vollzieht sich ein Entwicklungsschritt der Psyche, noch nicht einer des Geistes. Auf den Unterschied zwischen biologischer Sexualität, psychischem Eros und geistiger Liebe werde ich in dem Kapitel über die Ehe noch näher eingehen. Hier wird der Beginn dieses Entwicklungsweges Realität, »das große menschliche Drama beginnt erst jetzt«.

Guardini sieht in der Adoleszenz die Fortsetzung der Krise der Reifung oder der Pubertät. Dies beginnt mit dem Erwachen der Person, mit der Entwicklung zum »Selbst, das sich von den Anderen unterscheidet«.

In dieser Situation beschleunigt und intensiviert die »Triebkraft« der Vitalität die Entwicklung. Zusammenhängend mit einer noch fehlenden Erfahrung vom zähen Widerstand der Realität, entsteht ein Defizit an Wirklichkeitssinn, das dazu führt, daß jedes Urteil bedingungslos gefällt und jeder Kompromiß abgewiesen wird. Guardini nennt dies »das Unendliche des noch nicht erprobten Beginns«. Wahre Ideen und die richtige Gesinnung müßten doch im Stande sein, die Wirklichkeit zu verändern. »Daraus auch die Neigung zum Kurzschluß im Urteil und Handeln. Und alles das um so heftiger, als das personale Sein noch unsicher ist.«

Die große Idee, der Protest gegen das Unrecht werden in ihrer Wirkung überschätzt, es fehlt noch die »grundlegende Haltung der Geduld« gegenüber einer von Mittelmaß und Alltäglichkeit beherrschten Wirklichkeit. Aber dieselbe Unerfahrenheit mit den Widerständen der Realität kann den Mut zu einem Lebensentschluß geben, zu dessen Verwirklichung noch Jahrzehnte nötig sind. Schon die Berufswahl ist immer ein Wagnis.

Typisch für die Art, wie Guardini an ein Problem herangeht, ist seine Suche nach der *Wertfigur,* von der die jeweilige Lebensphase beherrscht und gesteuert wird, indem der Mensch seine Entscheidungen in bestimmter Richtung trifft. Diese Wertfigur nennt Guardin »Wertmitte«.

In der Adoleszenz bedeutet dies, »daß der junge Mensch sich selbst übernimmt«, das heißt, daß er lernt, sich selbst anzunehmen und seine Wahl und Entscheidung selbst zu verantworten. Dies ist nichts anderes als die Fähigkeit, individuelle und eigene Verantwortung zu übernehmen. Aber auf dem Weg dahin muß Erfahrung gesammelt werden, muß »jeder seine Dummheiten selber machen«, wenn er nur bereit ist, aus ihnen zu lernen.

Guardini weist nachdrücklich darauf hin, daß jede einzelne Lebensphase im Rahmen der Gesamtentwicklung ihre *besondere* Aufgabe hat. Er erwähnt das Goethe-Wort, wonach man nicht nur geht um anzukommen, sondern um im Gehen zu leben. Dieses Wort ist für eine Beurteilung der Bedeutung der Adoleszenz besonders wichtig. Es steht in offensichtlichem Widerspruch zu dem ersten der beiden Motti, die ich diesem Kapitel vorangestellt habe. Es betrachtet Entwicklung nämlich von einem völlig anderen Denkansatz aus. Das Buch von Cole und Hall »Psychology of Adolescence« gibt eine fast vollständige Übersicht über alles, was der Behaviorismus und der Empirismus über die Adoleszenz zu sagen haben, und ist als solches ein sehr nützliches Handbuch. Allerdings wird Adoleszenz hier als eine *Durchgangsphase* gesehen, in der der Jugendliche eine Reihe von Problemen lösen muß, bevor er in das *Paradies des Erwachsenseins* gelangen kann. Dabei geht es um folgende neun Punkte: (1) allgemeine emotionale Reife; (2) Erwachen des heterosexuellen Interesses; (3) allgemeine soziale Reife; (4) Emanzipation vom Elternhaus; (5) intellektuelle Reife; (6) Berufswahl; (7) lernen, mit der Freizeit umzugehen; (8) eine Lebenspsychologie aufbauen, die in einem auf Gewissen und Pflichtbewußtsein gegründeten Verhalten gipfelt; (9) Ich-Identifikation, auch Perzeption des Ich genannt.

Die Adoleszenz ist danach also eine Zeit, in der man hart an sehr ungleichwertigen Aufgaben arbeiten muß, woraus sich dann ein Verhalten entwickelt, auf Grund dessen man als erwachsen bezeichnet werden kann. Dieses Erwachsensein ist offenbar das Ziel der Adoleszenzphase. Kurz gesagt: Die wichtigste Aufgabe des Adoleszenten ist, aufzuhören einer zu sein.

Als Nachgeschmack dieses besonders ausführlichen und hervorragenden Buches bleibt das Gefühl, daß die Adoleszenz eine schreckliche Zeit sein muß. Iß dich nur möglichst schnell durch den Brei der neun Aufgaben hindurch – das scheint der Rat des Buches zu sein –, damit du in das gelobte Schlaraffenland des wahren Erwachsenseins, in das wirkliche Leben kommst! Aber die Adoleszenz ist eine echte *Lebensphase,* mit einer spezifischen *Eigenart,* mit Freude und Leid, die eine unentbehrliche Qualität in der Totalität des Lebens bedeuten. Diese Qualität ist Guardinis »Wertmitte«: den Mut zu sich selbst haben können und dadurch die Entwicklung der inneren Freiheit als Aufgabe auf sich nehmen. Dafür ist eine gesunde Ich-Entwicklung nötig. In »Entwicklungsphasen des Kindes« habe ich drei Stufen dieser Ich-Entwicklung unterschieden: das *Ich-Bewußtsein,* das sich um das dritte Lebensjahr herum entwickelt; das *Ich-Erleben,* das in der Grundschulzeit beginnt und in der Vorpubertät voll durchbricht; und die *Ich-Verwirkli-*

chung in der Adoleszenz. Dabei bekommen nun mit jedem Entwicklungsschritt eines Aspektes auch dessen frühere Formen einen neuen Inhalt. Das kindliche Ich-Bewußtsein erhält durch die Pubertät und die beginnende Adoleszenz eine neue Qualität. Schon in der Pubertät hatte sich die umfriedete Kinderwelt nach außen geöffnet, war die wirkliche Welt für das Kind sichtbar geworden.

Die Frage lautet jetzt: Wie stehe *ich* in der Welt? Wie *ist* diese Welt tatsächlich? Welche Kräfte wirken in ihr? Wie liegen die Machtverhältnisse oder, anders ausgedrückt: was bedeute ich *in* der Welt?

Dieselben Fragen stellen sich dem Ich-Erleben. Der vorpubertäre Aspekt des Ich-Erlebens drückte sich in einer starken Hinwendung des Kindes auf sich selbst und das eigene Erleben aus. Mit der Frage: was bedeute ich in der Welt? wendet sich das Kind, wenn auch noch unsicher tastend, nach außen. Die Frage wird nun weiter gefaßt: Woran kann ich glauben? Worauf richte ich meine Ideale? Gibt es etwas Höheres, nach dem ich mich ausrichten kann, das mein »Leitstern« sein kann?

In der Ich-Verwirklichung erhält das Ich in der sozialen Realität seinen Platz zwischen Gleichaltrigen und Älteren (denn Jüngere spielen in dieser Zeit kaum eine Rolle, außer wenn das Kind vor seinem eigenen Alter davonlaufen will). Neben diese neue Regulierung der sozialen Beziehungen tritt die Wahl eines Studiums oder eines Berufes (zumindest da, wo Jugendliche noch wählen können und nicht schon jetzt »ihren Mann stehen müssen«).

Diese Berufswahl verlangt eigentlich eine gehörige Portion Selbstkenntnis und genausoviel Weltkenntnis; sie ist heutzutage besonders schwierig, weil für den Außenstehenden die Realität vieler Berufe gar nicht mehr durchschaubar ist und außerdem viele Ausbildungsmöglichkeiten unbekannt sind. Die Folge ist, daß viele Jugendliche diese Wahl auf gut Glück treffen. Die Tatsache, daß so viele Studenten nach einiger Zeit ihr Studium abbrechen oder die Studienrichtung wechseln, zeigt doch, wie schwer es ist, sich mit 18 endgültig für ein

Studium zu entscheiden. Genauso schwierig ist es, sich in der Oberstufe, also schon 2–3 Jahre vor dem Abitur, auf eine bestimmte Fächerkombination zu spezialisieren, die man doch oft nur auf Grund guter oder schlechter Noten in den Pubertätsjahren wählt.

Die Jugendlichen, die schon mit 15 ins Berufsleben eintreten mußten, sind in besonderem Maße Opfer dieser Situation. Zum Glück ist es heute allerdings möglich, durch Umschulungskurse oder betriebsinterne Fortbildung doch noch eine neue Richtung einzuschlagen. Daß dies sogar die Regel ist, zeigt die Tatsache, daß 10 Jahre nach Antritt einer Berufsausbildung im Alter von 14 oder 15 Jahren nur noch ein kleiner Prozentsatz der Berufstätigen auf dem Gebiet arbeiten, für das sie einmal ausgebildet worden sind.

In den Adoleszenzjahren hat alles den Charakter der Absolutheit, gleichzeitig aber auch den Charakter des Vorläufigen. Dies ist eine merkwürdige und in sich widersprüchliche Situation, die aber für den Adoleszenten selbst gar nicht störend ist. Urteile und Gefühle sind absolut – jedenfalls im Moment! Jede Wahl ist »vorläufig – absolut«.

Das Universitätsstudium und andere Formen höherer Ausbildung verlängern auf ganz unnatürliche Weise die Adoleszenzsituation bis weit in die zwanziger Jahre hinein; dadurch wird eine gesunde Entwicklung der ersten Phase des Erwachsenseins gestört, in der gerade ein gewisser Grad von Eigenverantwortlichkeit erreicht sein sollte. Die Forderung nach Mitverantwortung für die Planung des Studiums und die Situation an den Universitäten, die Studenten heute erheben, ist eine ganz gesunde Reaktion auf diese abnormal lange Abhängigkeit. Bekommt dann aber diese Forderung einen absoluten und dogmatischen Charakter, dann wird sie ein Symptom für das Steckenbleiben in der Adoleszenz.

Das zentrale Problem des Adoleszenten ist es, wie gesagt, eine individuelle und eigene Einstellung zur sozialen Realität seiner Kultur und seiner Zeit, in der er nun einmal aufwächst, zu finden. Wie sieht diese soziale Realität aus? Wie entsteht sie?

Die Antwort kann nur lauten: Alle soziale Realität ist Menschenwerk.
Schillers Lehre von den drei Prinzipien, die im sozialen Bereich wirken, kann uns in dieser Frage eine Leitschnur sein. Im »Formtrieb« ist der Mensch unfrei, gebunden an die Gesetze des Geistes und der Logik, an Phrase, Konvention und Routine. Im »Sachtrieb« ist er den Naturgesetzen und den Gesetzen der physischen Existenz unterworfen, auch hier ist er also unfrei. Nur im Umgang mit anderen Menschen kann sich der Mensch unabhängig von Geistes- und Naturgesetzen eine eigene, freie Existenz schaffen.
Diese Freiheit im Umgang mit anderen wird allerdings dauernd durch die überkommene Ethik, das »du sollst, du sollst nicht« bedroht und durch die Dogmen eines »wissenschaftlich fundierten« Menschen- und Weltbildes. Andererseits wird sie durch die harte Realität der physischen Existenz eingeschränkt, in der man Geld verdienen muß, um leben zu können, wenn man nicht von anderen abhängig sein will.
Zwischen Form und Materie kann sich jedoch entwickeln, was Schiller den »Spieltrieb« nennt; er hält ihn für die höchste schöpferische Fähigkeit des Menschen. In der Beschäftigung mit Geist und Materie findet der Adoleszent den Freiheitsraum, in dem er überleben kann. Für ihn geht es darum, trotz der Beschränkung durch die physischen Bedingungen, trotz der Beschränkung durch geistige und kulturelle Tabus und trotz der »Unanfechtbarkeit« der konkreten sozialen Situation etwas Einmaliges und Persönliches zu *schaffen.* Damit scheint dann aber auf einmal die Freiheit in der Begegnung mit Mensch, Natur und Kultur doch groß zu sein. Jeder ist frei, mit oder ohne Geld die Natur zu »sehen« oder durch sie »dahinzutrotten«, dem Mitmenschen zu »begegnen« oder an ihm vorbeizureden.
Diese Freiheit in der eigenen Situation muß in der Adoleszenz entdeckt und geübt werden. Oft hilft uns eine ungewohnte Entwicklung, die Dinge aus dem grauen Einerlei herauszuholen. Jemand, der anfängt zu zeichnen, obwohl er meint, das gar

nicht zu können, sieht plötzlich die Welt neu und in ungeahntem Licht. Jemand, der in einer Gruppe Ausdruckstanz und Bewegung lernt, sieht plötzlich, wie unfrei er selbst und andere in ihren Bewegungen sind, und er wagt den befreienden Sprung aus der Konvention. Viele Formen der Gruppentherapie und der künstlerischen Beschäftigungstherapie beruhen darauf, daß man dem Menschen Gelegenheit gibt, seinen »Spieltrieb« zu entwickeln und damit das innere Gleichgewicht herzustellen.

Was den Platz angeht, den der Adoleszent in der Gesellschaft einnehmen will, ist es besonders wichtig, daß er sich schon früh im kreativ-sozialen Bereich bilden und üben kann, damit diese neue Kunst ihm hilft, einen eigenen Blick für die schwierige Lage zu entwickeln, in die der Wohlfahrtsstaat ihn bringt.

Jede Kultur gibt der nachfolgenden Generation ihre positiven und negativen Möglichkeiten weiter. In mehr geistig orientierten Kulturen wie etwa der altindischen, wurden alle Energie und alle Fragen auf geistige Probleme gerichtet; wer dem Geist diente, wurde vom Geist mit reichen Früchten belohnt. Wer allerdings mit Fleiß und Ausdauer der Materie dient, wie es unsere westliche Kultur tut, dem sollen materielle Güter im Überfluß zufallen, ja sogar in solchem Überfluß, daß er daran zugrunde gehen wird. Wir sind schon auf dem besten Wege, dies zu erreichen. Der Adoleszent, der diesen wahnsinnigen Wettlauf mit neuen und unbefangenen Augen sehen kann, sucht im Gegenpol eine Kraft, die ihn halten kann.

In dieser Situation ist es für den Adoleszenten heutzutage schwer, eine eigene kreative Einstellung zu den Dingen zu finden. Sämtliche sozialen Strukturen sind ins Unüberschaubare gewachsen. Diese Vergrößerung der Dimensionen führt im sozialen Bereich zu psychischer Vereinsamung und Verfremdung. Dies Problem hat Blauner hervorragend beschrieben, er sieht Verfremdung, Vereinsamung, Sinnlosigkeit und Ohnmacht als Symptome dieses Prozesses und stellt fest, daß sie relativ selten bei Arbeitsverhältnissen auftreten, die der Situation in handwerklichen Betrieben entsprechen oder ähneln (dies ist natürlich auch in einem Büro möglich), daß sie aber am häufigsten sind bei mechanischer Arbeit unter vielen Menschen und daß sie wieder abnehmen, wenn kleinere Gruppen eine deutlich faßbare Eigenverantwortung und einen greifbaren Handlungsspielraum erhalten. Diese Ergebnisse lassen sich ohne weiteres auf die Situation an den Universitäten übertragen. Der Student, der früher in überschaubaren Seminaren wie ein »Lehrling« mit dem Professor zusammenarbeiten konnte, muß jetzt in einer Flut von Menschen mitziehen, um einer Vorlesung folgen zu können. Er hört dann irgendwo, weit weg, einen Unbekannten dozieren. Wie wichtig und wie heroisch auch Versuche sein mögen, schon in den ersten Semestern die Studenten in Seminaren zu unterrichten, so können doch diese Seminare wegen der enormen Teilnehmerzahlen kein wirkliches Gegengewicht gegen die allgemeine Vermassung bilden. Dies ist erst später möglich, wenn etwa die Hälfte aller Anfänger »verdampft« ist, wie ein Universitätsrektor es mir gegenüber einmal freundlich ausdrückte.

Dieses »Verdampfen« von vielen tausend jungen Menschen geht in jedem individuellen Fall Hand in Hand mit Verzweiflung und Minderwertigkeitsgefühlen und kann im weiteren Leben bleibende Spuren hinterlassen. Als Studentenpsychiater habe ich den »Verdampfungsprozeß« auf der »anderen Seite« mitgemacht. Es wäre wichtig, daß die Adoleszenten auf diese frustrierende Situation besser vorbereitet würden, bevor sie mit ihrem Studium anfangen.

Das genaue Gegenteil der Situation der Studenten ist die Lage der (ungelernten und gelernten) jungen Fabrikarbeiter. Mitten in der Pubertät werden hier viele junge Menschen in das Berufsleben eingegliedert. Sie stehen damit direkt in der Erwachsenengesellschaft, mit erwachsenen Arbeitszeiten und erwachsenem Umgangston. Man stiehlt ihnen die Adoleszenz, die Selbstentdeckung vollzieht sich in einem Schock und in einem Moment, wo das Ich noch nicht reif genug ist, diesen Vorgang zu verarbeiten. Obwohl die wirtschaftliche Unabhängigkeit hier früh realisiert ist und notgedrungen auch eine ganz wichtige und überbewertete Stellung erhält, ist die geistige Unfreiheit beim Aufbau eines Weltbildes und der Beurteilung kultureller und sozialer Situationen doch besonders groß.

Bildungsarbeit im Zusammenhang mit beruflicher Fortbildung ist schon ein Schritt in die richtige Richtung, aber immer noch Stückwerk. Ich wiederhole: *Jeder Mensch hat das Recht auf allgemeine Bildung und Ausbildung bis zu seinem 18. Lebensjahr.* Es ist fast eine Selbstverständlichkeit, daß diese Bildung nicht für alle Jugendlichen gleich aussehen kann, noch nicht einmal für alle Jugendlichen innerhalb eines bestimmten Zweiges, sie sollte aber *offen* und undogmatisch konzipiert sein, damit sie sich auf die Möglichkeiten und Bedürfnisse konkreter Gruppen einstellen kann.

Ich will dieses Kapitel nicht schließen, ohne ein Wort über die »Studentenrevolte« der späten sechziger Jahre zu sagen. Zur Erklärung nur folgende Beobachtung: Der Kampf für die Demokratisierung wurde oft von Menschen geführt, die die Adoleszenz zwar schon hinter sich gebracht hatten, die aber die Charakterstruktur von Menschen zeigten, deren Adoleszenz gestört oder unvollkommen verlaufen war. Dadurch wurden Entwicklungssituationen und damit Verhaltensweisen festgehalten, die eigentlich schon überwunden hätten sein müssen: fanatischer Idealismus, der auf den anderen keine Rücksicht nimmt, damit zusammenhängend die Neigung zur Simplifizierung komplexer Fragen und eine »Sündenbockpsychologie«. Die wirkliche Lösung der gesellschaftlichen Probleme ist nicht durch die Herrschaft der Massen zu erreichen, sondern indem der einzelne lernt, in konkreten, menschlichen Situationen kreativ zu sein. Nur wer gelernt hat, seine sozialen Beziehungen auf erwachsene Art und Weise zu gestalten, kann die strukturellen Probleme unserer Gesellschaft mit einiger Aussicht auf Erfolg in Angriff nehmen.

Die folgenden Kapitel werden zeigen, daß dies ein mühsamer Weg ist, bei dem sich immer wieder neue und überraschende Wendepunkte ergeben. Es gibt nun einmal viele Formen des Erwachsenseins, auch in der Biographie eines einzelnen

Menschen. Eine gerechte Gesellschaft muß all diesen verschiedenen Formen des Erwachsenseins gleichwertige Existenzmöglichkeiten bieten.

Zusammenfassend können wir feststellen: Das zentrale Problem der Adoleszenz ist: Wer bin ich? Was will ich? Was kann ich? Wer sich in dieser Phase des Lebens diese Fragen nicht gestellt hat – und sei es auch nur in der Form, daß er darunter gelitten hat, die Antwort nicht zu wissen – der hat den Grund für das Erwachen der psychischen Seite seines Menschseins nicht gelegt und läuft Gefahr, in der langen Phase der Lebensmitte dem triebhaft-vitalen Bereich verhaftet zu bleiben und in ewig-pubertärer Haltung zu verharren. Er wird sein Selbstwertgefühl von der Meinung der Welt abhängig machen oder aus eigener Unsicherheit dauernd gegen die Welt anrennen.

Diese Beschreibung der Adoleszenz ist eine sogenannte idealtypische Darstellung. Vielleicht gibt es Leser, denen sie altmodisch vorkommt. So waren Adoleszenten vor 50 Jahren, werden sie sagen, aber heute ist das anders. Inzwischen ist man fortschrittlicher, man hat sich von vielen Tabus befreit. Die Sexualität ist jedem Adoleszenten bekanntes Terrain, der sogenannte Eros, wie er hier beschrieben wird, das Produkt einer längst überholten, bürgerlichen Moral. Der ältere Adoleszent und der junge Erwachsene um die Zwanzig herum lebt bewußter; die Vorstellung, daß jemand um Zwanzig herum verheiratet ist und kleine Kinder hat, die ihm zu Füßen herumkrabbeln, stammt, wie ich im folgenden Kapitel darstellen werde, aus der Zeit der vorigen Generation. Heute leben junge Menschen unverheiratet zusammen, und Kinder spielen vorläufig überhaupt keine Rolle.

Man meint, dies alles sei ganz neu. Wer allerdings diese Probleme in etwas größerem historischen Rahmen sehen kann, der merkt, daß vor mehr als hundert Jahren die Sexualität etwas war, worüber man ebenso frei und offen sprechen konnte, wie man es heute wieder will, und daß sexuelle Beziehungen in den Adoleszenzjahren zwar offiziell verboten

waren, heimlich aber nach festen Regeln praktiziert wurden, vor allem unter der Landbevölkerung.
Eigentlich hat es nur ein einziges Jahrhundert der bürgerlichen Moral gegeben, in dem Heuchelei und doppelte Moral herrschten und in dem alles erlaubt war, wenn es nur heimlich getan wurde. Aber selbst die doppelte Moral (der Mann darf alles, die Frau nichts) hatte ihren Ehrenkodex. Es war selbstverständlich, daß ein Verhältnis ernst genommen wurde und mehr war als nur die Befriedigung eines Triebes mit dem ersten Besten.
Die bürgerliche Heuchelei ist heute wieder durchbrochen. Junge Menschen dürfen ungehindert zusammenleben, wobei allerdings angenommen wird, daß sie es in gewisser Weise ernst miteinander meinen. Das bedeutet aber, daß neben der Sexualität auch der Eros eine Rolle spielt. Gültig ist dies aber nur für einen kleinen Teil der europäischen Bevölkerung, nämlich für das Bürgertum. Für die Landbevölkerung und die Arbeiterjugend hat sich nichts geändert. Dort hat immer ein größeres Maß an Freiheit geherrscht, mit der einzigen Regel, daß der Junge sich nicht unterstehen durfte, ein schwangeres Mädchen sitzen zu lassen. Das ist ganz verständlich für eine Zeit, die nur unzureichende Verhütungsmittel kannte.
Um 1925 herum wohnte ich als Student bei meinem Vetter, der Landarzt in Drente war. Eines Sonntag nachmittags wurde der Doktor an die Tür gerufen. Er kam lachend wieder herein und sagte: »Komm mal mit nach draußen, da kannst du deinen Spaß haben.« Vor der Tür stand eine Delegation junger Leute, die dem Dorf die Hochzeit eines Pärchens ankündigte. »Aber sie *müssen* nicht heiraten!« rief sie vor jeder Haustür, womit gesagt war, daß es eine besonders vornehme und außergewöhnliche Hochzeit werden sollte!
Dieselbe selbstverständliche Art im Umgang mit der Sexualität habe ich bei meinen häufigen Kontakten mit der Arbeiterjugend in einer Zeit erlebt, in der die bürgerliche (und akademische) Jugend noch in der Prüderie der Jahrhundertwende lebte. Man geht völlig frei miteinander um, hat dann ein festes Verhältnis und heiratet jung. Aber die wechselseitige Zunei-

gung und Abneigung ist hier genauso allgegenwärtig wie in einer romantischen Beziehung. Man braucht da nur den Gesprächen von Packerinnen am Band zuzuhören. Während die Handgriffe automatisch ablaufen, stichelt man sich freundlich: »Hast du gesehen, wie Gerhard dich gestern angeschmachtet hat? Vorsicht, meine Liebe!«

Die menschlichen Entwicklungsgesetze liegen tiefer als alle modischen Erscheinungen, und manche moderne Errungenschaft ist nichts anderes als der Durchbruch des Altbekannten. Das Altbekannte aber ist eine Entwicklung, die alle drei Aspekte des Menschen – den Körper, die Psyche und den Geist – umfaßt, auch wenn es heute modern ist, nur die körperliche Entwicklung gelten zu lassen.

3. Die erste Phase des Erwachsenenalters – die zwanziger Jahre

Mit 21 ist der Mensch erwachsen und für seine Taten voll verantwortlich. In dieser traditionellen Rechtsauffassung spiegelt sich ein Urteil über den Moment der Eigenverantwortlichkeit wider, das auf vorwissenschaftlichem Wissen beruht. Obwohl der Zeitpunkt natürlich nicht ein einzelner Moment ist, sondern ein Übergangsprozeß, der zudem noch von individuellen und politischen Umständen beeinflußt sein kann, ist er doch sowohl in biologischer als auch in psychischer Hinsicht ein gut gewählter Fixpunkt.

Will man Phasen in Kalenderjahre einteilen, dann stößt man immer wieder auf dieselbe Schwierigkeit, man kann den Moment des Übergangs nicht genau angeben. Ich habe schon den Vergleich zum Übergang von Tag und Nacht gezogen. Adoleszenz und frühes Erwachsensein gehen ineinander über, bis an einem bestimmten Augenblick die Charakteristika des Erwachsenseins überwiegen.

Der Beginn des Erwachsenseins wird innerlich als positives Gefühl erfahren, die Zweifel und die Vorläufigkeit der Adoleszenz fallen ab, man beginnt nun, die Zukunft in den Griff zu bekommen. Auf allen Gebieten setzt ein starker, vitaler Drang nach Expansion ein. Die wichtigste Aufgabe für den Mann wird es nun, eine Lebensgemeinschaft zu gründen und eine berufliche Laufbahn zu beginnen. Für die Frau erhält die Verantwortung für die Gestaltung einer eigenen Umwelt zentrale Bedeutung. Wird dieser Moment durch äußere Umstände verzögert, dann empfindet man es innerlich als Mangel, den man möglichst verdrängt. Auf jeden Fall muß der Mensch in dieser Phase eine gehörige Portion Kreativität entwickeln.

Einen Lebenspartner finden, eine eigene Wohnung einrichten, die erste Phase des Berufslebens in Angriff nehmen, all das ist offensichtlich nach außen projizierte, innere psychische Struktur.

Zwei Menschen müssen nun gemeinsam einen *eigenen* Lebensstil entwickeln. »Wie gehen wir miteinander um, wie essen wir, wie gestalten wir unsere Abende? Machen wir etwas aus der gemeinsamen Zeit, aus dem gemeinsamen Frühstück, dem Nachhausekommen? Reden wir wirklich miteinander, gehen wir aufeinander ein, oder werden nur kurze Bemerkungen ausgewechselt, ohne daß man sich für das, was im anderen wirklich vorgeht, interessiert? Wie richten wir die Wohnung ein? Macht sie einen persönlichen Eindruck – sieht sie aus wie ein Schaufenster eines Möbelgeschäftes oder ist sie eine Art Sammelsurium von allem, was zufällig zur Hand war?« Mit diesen Fragen müssen sich sowohl Ehepaare wie junge Menschen, die zusammenleben wollen, beschäftigen. Wer sich mit der Einstellung von Personal befaßt hat, weiß, daß ein Besuch zu Hause oft mehr über jemanden und dessen Hintergrund sagen kann als ein Gespräch am Schreibtisch. Einen neuen Lebensstil zu finden, bedeutet ein Stück Kultur und ein Milieu zu schaffen, und das ist deshalb so wichtig, weil dies die prägende Umwelt für eine neue Generation sein wird. Dies gilt auch für den Umgangsstil. Das kleine Kind, das zwischen den Möbeln auf dem Boden herumkriecht, versteht noch nicht, worüber Vater und Mutter sich unterhalten. Aber es erfaßt sehr wohl den Ton eines Gespräches, es hört, daß der Vater etwas sagt und die Mutter antwortet: »Du siehst das zwar so, ich bin da aber anderer Meinung«, es hört, daß einer den anderen nicht angreift und moralisch verurteilt, daß man sich gegenseitig respektiert und dem anderen seine Freiheit läßt. Das alles sind Dinge, die die Lebenseinstellung eines Kindes mitformen, lange bevor es etwas konkret begreifen kann.

Auch eine differenzierte Sprache (die aus Bequemlichkeit zu Hause oft vernachlässigt wird) prägt das Kind. Die Gestaltung einer physischen und psychischen Umwelt fordert viel Energie und Anspannung, gibt aber auch viel Befriedigung. Die erste Stelle oder der Berufseintritt ist eine genauso große, kreative Leistung im gesellschaftlichen Bereich. Auf welcher Stufe der Leiter man auch anfängt, man muß sich immer um die Wertschätzung des Vorgesetzten und der Kollegen bemühen. Ohne sie kann man seelisch nicht existieren.

Die erste Stellung ist nur der Steigbügel, auf dem man sich in den Sattel schwingt, danach erst kann man seine Fähigkeiten unter Beweis stellen. In den zwanziger Jahren ist das Gefühlsleben noch heftig und labil. Als Goethe 27 Jahre alt war, charakterisierte er rückblickend die Lebensphase, die hinter ihm lag, mit den unsterblichen Worten: »Himmelhoch jauchzend – zum Tode betrübt.« Das Selbstwertgefühl eines Menschen hängt in dieser Phase noch sehr von der Reaktion der Umgebung auf seine (expansiven) Handlungen und Tätigkeiten ab. Hat man ein Lob vom Chef bekommen, dann ist man im siebenten Himmel, das muß zu Hause gefeiert werden; nach einer Standpauke oder einer mißlungenen Arbeit sieht die Welt traurig und trübe aus.

Der junge Erwachsene möchte sich in allerlei Situationen bewähren können, um so sich und seine Fähigkeiten kennen zu lernen. Als es noch Handwerkergilden gab, war dies die Gesellenzeit, in der man von Meister zu Meister zog und jedesmal unter neuen Lebensumständen etwas Neues lernte. Das moderne Berufsleben bietet dafür wenig Gelegenheit,

außer wenn man selbst, gegen die herrschende Tendenz, die Initiative ergreift.
Das schlimmste, was einem Menschen in dieser Phase seines Lebens passieren kann, ist 10 Jahre lang dieselbe Arbeit machen zu müssen, ohne dabei etwas Neues lernen zu können. Die Starken entziehen sich dieser Tretmühle, indem sie selbst eine Karriere aufbauen und überall nur so lange bleiben, bis sie ausgelernt haben. Der größere Teil aber paßt sich nach einigem Aufmucken an und hat dann für den Rest seines Lebens gelernt, keine Initiative mehr zu ergreifen. Daß man sich dann immer mehr auf äußere Garantien und ein Netz sozialer Sicherheiten stützt, ist eine nur zu natürliche Reaktion.
In den zwanziger Jahren und vor allem in deren zweiter Hälfte nimmt das innere, seelische Leben erstmals eine personale Form an. Es ist die Form, die Steiner die »Empfindungsseele« und Martha Moers die »vital-seelischen Strebungen« nennt; an Grossart anknüpfend, beschreibt sie sie als Kräfte, in denen erst die eigene Psyche als geschlossene Einheit erfahrbar wird: »Die vital-seelischen Strebungen sind nicht als einfache Steigerung oder Sublimierung der biologischen Triebe zu erklären, sondern sie verkörpern etwas spezifisch Neues, einen Sprung in der psychischen Entwicklung, der über das biologisch Sinnvolle und damit über die Sphäre der Triebe und Instinkte ... weit hinausführt.«
»Anfänglich sind diese Kräfte noch sehr auf sich selbst gerichtet und werden vor allem im Gefühl erlebt, aber sie führen schon zu dem Bedürfnis, sich mit geistigen Problemen zu beschäftigen und sich selbst in einer Entwicklung zu sehen, die den totalen Lebensbogen umspannt.«
Ich selbst möchte es so ausdrücken: Jetzt entsteht eine eigene Innenwelt, in der die aus dem körperlichen Bereich stammenden Triebe nur eine Gegebenheit unter mehreren sind. Gleichberechtigt daneben steht u. a. das Wissen vom eigenen Leben als einer Aufgabe und einer Einheit, und nicht nur ein Wissen, sondern auch die konkrete Erfahrung vom Anfang und Ende des Lebens, von Sinn und Sinnlosigkeit und von freiwillig

gewählter Verantwortung gegenüber den Menschen und den gesellschaftlichen Institutionen. Die ganze mittlere Phase des Lebens, vom frühen Erwachsenenalter bis Anfang der vierziger Jahre, ist die Zeit, in der sich ein *reiches Innenleben* in seiner ganzen Vielfalt entwickelt und sich in nach außen gerichteten Zielsetzungen manifestiert.

Die erste Phase der »Empfindungsseele« oder der »vital-seelischen Strebungen« ist dann auch die Zeit, in der sich diese Strebungen mit aller Macht im Gefühlsleben entwickeln und der Person eine erste, vorläufige Gestalt geben. Es ist begreiflich, daß die Empfindung, eine im Werden begriffene Person zu sein, zunächst noch labil ist; man sieht das an den starken Gefühlsschwankungen und auch daran, daß man die eigenen Fähigkeiten in engeren menschlichen Beziehungen und im Berufsleben zunächst noch ausprobieren muß.

Martha Moers meint, daß die Entwicklung der Frau in diesen Jahren etwas anders verläuft, vor allem, weil die »Nachreife« (die Übergangsphase von der Adoleszenz zum Erwachsensein) bei der Frau schon mit 21 abgeschlossen ist, während sie beim Mann noch bis 24 dauern kann. »Die Frau ist an Reife der Persönlichkeit also zunächst dem Manne überlegen.« »Das Wesen der Frau drängt überhaupt stärker nach der seelischen Liebe ... Bei der Frau (ist) auch im geschlechtlichen Erleben der mütterliche Trieb und gerade auch die vergeistigte Mütterlichkeit (oft auch bei ganz einfachen, fast primitiven Charakteren) stark beteiligt.«

Dabei steht die Frau am Anfang des Erwachsenenalters vor einer doppelten Aufgabe, die oft zu einem inneren Konflikt führt. Sie muß all ihre Kraft der Erhaltung der menschlichen Art widmen, deren volle Last sie zu tragen hat. Andererseits verlangt das Leben heute die intensive Teilnahme an der männlich organisierten Erwerbstätigkeit und am öffentlichen Leben. Diesem Konflikt ist die Frau schon in der Adoleszenz ausgesetzt, er wird später noch schärfer. Wenn das Mädchen heiratet, kann es sich ganz seinem spezifisch weiblichen Beruf widmen. Die Wahrnehmung dieser Aufgaben ist für die

Entwicklung der Frau darum so wichtig, weil dadurch die Entwicklung der »seelisch-geistigen Strebungen« verstärkt gefördert wird.

Das frühe Erwachsenenalter ist die Phase, in der für das weitere Leben die Entwicklung von der Sexualität über den Eros zur Liebe festgelegt wird. Das Kind wird in der Liebe der Eltern zum Menschen, es erfährt danach in der Form des spielerischen Elementes das Erwachen des Eros und entdeckt in der Zeit der biologischen Reifung, also mit Einsetzen der Pubertät, die Sexualität.*

Die erste Begegnung mit der Sexualität kann ein Schock, ein überwältigendes Erlebnis oder eine Nebensächlichkeit sein, je nachdem unter welchen individuellen und kulturellen Bedingungen sie stattfindet. In der Adoleszenz kann der Mensch dann den Eros noch einmal erleben, nun aber in der Beziehung zu einem anderen Geschlecht.

Der Eros ist der seelische Bereich, in dem Zuneigung und Abneigung, Hoffnung und Enttäuschung, Frage und Antwort hin und her schwingen. Er kann sich unabhängig von der biologischen Sexualität in Freundschaft und Verehrung entwikkeln. Der Eros ist der große Stimulator der Kunst, vor allem der Dichtkunst und der Musik.

Aus dem Eros wird Liebe, wenn sich die Seele dem anderen Menschen öffnet, wenn ein Mensch sich so in den anderen einfühlt, daß dieser die Gewißheit hat, vom Liebenden erkannt zu sein. Dieser ganze Problemkreis ist für die frühen zwanziger Jahre ein wichtiger Faktor.

Die Partnerwahl kann rein biologisch-sexuell bestimmt sein, das Verhältnis wird dann wahrscheinlich nicht lange halten. Die Beziehung kann aber auch zunächst auf sexueller Anziehung basieren, dann jedoch zu einem intimen Spiel kleiner Überra-

* Ich bin hier anderer Ansicht als die psychoanalytische Schule, die behauptet, das kindliche Triebleben könne bereits Sexualität genannt werden. Dies ist meiner Meinung nach ein falscher Gebrauch des Begriffes, der die Aufmerksamkeit von der stufenweisen Entwicklung von Sexualität über Eros zu Liebe abgelenkt hat.

schungen und Initiativen werden, die für die Seele mehr bedeuten als für den Körper. Schließlich kann daraus die Liebe zur geistigen Gestalt des Partners reifen, der sich dann erst voll erkannt weiß und sich in seinem geistigen Menschsein angesprochen und ermutigt fühlt.
Schon in der ersten Phase der Ehe sind alle Möglichkeiten der weiteren Entwicklung der Beziehung im Keim angelegt. Auch hier wird vom Menschen eine stark expansive Haltung verlangt, die sich aber auf die innere Entwicklung richtet. Findet in dieser Phase eine solche innere Entwicklung nicht statt, dann tauchen – wie wir sehen werden – in den dreißiger Jahren fast unüberwindliche Schwierigkeiten auf, und in der Krise der vierziger Jahre steht der Mensch dann mit leeren Händen da.
Um 28 herum (dieses Alter kommt bei fast allen Wissenschaftlern vor) verebben die Wogen des Gefühls, man nimmt mehr Abstand von den Ereignissen. Danach findet die erste Rückschau statt, das deutliche Gefühl, von seiner Jugend Abschied genommen zu haben, kommt auf; man sieht voraus und fühlt, daß man nun in eine Phase eintritt, in der ganz andere Aufgaben auf einen zukommen und die Spontaneität der emotionalen Entwicklung in den Hintergrund gedrängt wird. In vielen Biographien und in vielen Gesprächen wird dieses Gefühl in die Worte gefaßt: »Die Jugend ist vorbei, jetzt beginnt der Ernst des Lebens.«

4. Die organisatorische Phase

> Um das achtundzwanzigste Jahr herum muß der Mensch erleben, daß die jugendliche Form des Eros in ihm erstirbt.
> *(Künkel, Die Lebensalter)*

Die folgende Phase, die Ende Zwanzig beginnt und bis Mitte Dreißig reicht, hat einen ganz anderen Charakter als die vorige. Die Jugend ist vorbei, der Ernst des Lebens hat endgültig begonnen.

Dies zeigt sich auf verschiedenen Gebieten. Man wechselt nicht mehr den Beruf. Es geht jetzt darum, zu einer festen Verpflichtung vorzudringen, die den Aufstieg oder doch wenigstens die Erfüllung einer weiter gefaßten Aufgabe sichern kann. Die ganze Einstellung wird nun mehr vom Intellekt bestimmt, die Expansivität ist zwar noch da und wird auch immer noch von einem gehörigen Schuß Vitalität getragen, aber der Verstand übernimmt die Führung. Mit ungefähr Dreißig hat man das erste Mal Bilanz gezogen, man weiß, was man kann, was einem schwerfällt und was man wahrscheinlich nie schaffen wird. In den zwanziger Jahren konnte man seine Hoffnungen und Wünsche testen, jetzt kommt es darauf an, den weiteren Verlauf des Unternehmens zu planen.
Rudolf Steiner nennt dies die Entwicklung der »Verstandesseele«, Martha Moers die Entwicklung der »sachlichen Strebungen« – auch hier wieder zwei Begriffe, die dasselbe meinen. Was das Berufsleben angeht, so kann man diese Phase die *organisatorische* Phase nennen, weil der Mensch in dieser Periode dazu neigt, alle Probleme organisatorisch zu lösen. Man muß einen Überblick haben, Faktoren analysieren können und logische Entscheidungen treffen, die auf Tatsachenermittlung und Prognose beruhen. Eine solche Haltung tritt jetzt in den Vordergrund.
Daneben gibt es vor allem beim Mann ein wachsendes Bedürfnis, die eigenen organisatorischen Fähigkeiten in einer Machtposition zu beweisen. Künkel hat schon um 1920 gesagt: »Der Ausdruck des ersten Mannesalters ist der Befehl. Kurz, knapp, scharf umrissen, rücksichtslos muß alles sein. Zwischen Befehl und Gehorsam, im nüchternen Dienst an einem organisatorischen Werk, findet der Mensch zwischen 30 und 40 seine Erfüllung.« Das klingt zwar sehr deutsch, wer sich aber umschaut und vor allem auf die Managermentalität achtet, die wir aus Amerika importiert haben, der kann überall im Berufsleben die Allgemeingültigkeit dieser Bemerkung bestätigt finden. Schließlich muß man ja vor seinem vierzigsten Geburtstag Karriere gemacht haben; wer bis dahin noch nicht

aufgefallen ist, der wird – so die herrschende Meinung – bei den nächsten Beförderungen übergangen.

Mit 35 steht der Mann, jedenfalls quantitativ gesehen, auf dem Höhepunkt seiner Arbeitskraft. Er hat sich innerhalb der Möglichkeiten seiner Charakterstruktur ein großes Maß an Sicherheit aufgebaut, er hat das Leben in der Hand. Er weiß, was er erreichen kann und wird, und arbeitet zielstrebig auf diesen Punkt hin. Er meint, daß alle Schwierigkeiten, auch menschliche Probleme, logisch-organisatorisch gelöst werden können. Dies ist die Lebensphase, in der der Mann, jeweils abhängig von der individuellen Persönlichkeitsstruktur, am stärksten Materialist ist.

Und wie steht es mit der Frau? Auch sie geht deutlich durch eine verstandesmäßig orientierte Phase. Für sie war das 28. oder 29. Lebensjahr vielleicht ein noch größerer Übergang und ein noch schwererer Abschied von der Jugend als für den Mann. Auch von ihr werden in den dreißiger Jahren relativ große organisatorische Leistungen verlangt. Die Kinder sind schon etwas größer, sie gehen auf verschiedene Schulen mit verschiedenen Schulzeiten. Jedes Kind zur rechten Zeit mit allem, was es leiblich und seelisch braucht, auf den Weg zu schicken und dann mit dem Haushalt fertig zu sein, bevor das erste Kind wieder heimkommt, danach auf jeden eingehen zu können und am Abend auch noch anziehend und anregend zu sein, das verlangt ebensoviel organisatorisches Talent wie ein Geschäftsführerposten von einem Mann.

Den Anfang der dreißiger Jahre, wenn die erste Lebensbilanz gemacht ist, erleben viele Menschen, mit denen ich gesprochen habe, Patienten wie auch gesunde, im Berufsleben stehende Menschen, als die innerlich verhältnismäßig ruhigste Phase ihres Lebens. Damit ist gemeint, daß zwar äußerlich allerhand passieren kann, aber das innere Gleichgewicht und die innere Sicherheit sind groß.

In der Ehe ist die erste Verliebtheit zu Ende; wie schon gesagt, müssen bereits andere Quellen erschlossen sein, soll die Ehe nicht zu einer nüchternen und sachlichen Beziehung verküm-

mern, in der jeder seine Aufgabe hat und das sexuelle Leben zu einer Routine ohne Aufregung und Überraschung geworden ist. Nur ein gemeinsames, geistiges Band kann die Ehe in eine spätere, neue Phase hinüberleiten.
Das 35. Lebensjahr – der Höhepunkt des Lebens! Mit 35 schließt Faust seinen Vertrag mit Mephisto, weil er fühlt, daß er nicht weiterkommt. Dante beginnt seinen langen Weg, weil er meint, innerlich sich in einem dunklen Wald verirrt zu haben. Eigentlich sind dies Empfindungen, die in die nächste Phase gehören, eine Ahnung davon, daß das Leben einen anderen Inhalt haben kann als nur nüchterne Sachlichkeit. Nach meiner Erfahrung treten in unserer Zeit solche Erlebnisse erst Ende Dreißig, Anfang Vierzig auf. Vorläufig ist die Welt noch dazu da, in Angriff genommen und verändert zu werden. Man hat seine Wahl getroffen und ist bereit, die Konsequenzen daraus zu ziehen.
Das Bild der psychischen Person wird deutlicher und erhält klarere Konturen. Die Person wird selbstbewußt und meint, das Leben gehe nun so weiter. Die Gefahr, daß man verhärtet und egoistisch wird, ist allerdings groß. Man vergräbt sich in seine Arbeit und bereitet so selbst die soziale Isolation vor. Neue »Freunde« findet man nicht mehr, man hat »Bekannte«, mit denen man gesellschaftlich verkehrt, in der Hauptsache nützliche Bekannte. Man interessiert sich für Politik, wird entweder selbst politisch aktiv oder unterstützt ein gutes und logisches Programm. (Daß man dann aber trotzdem die Gegenpartei wählt, zeigt nur, daß die Logik nicht unbedingt mit dem Inhalt des logisch Beurteilten identisch sein muß).
Begabte Menschen können schon in den zwanziger Jahren ohne größere Anstrengungen Höchstleistungen vollbringen. Aber Mitte Dreißig kommen diejenigen Höchstleistungen, die Durchsetzungsvermögen und Konsequenz voraussetzen. Bekanntlich hatte Richard Wagner, wie er selbst sagt, seine ganze musikalische Inspiration vor seinem 28. Lebensjahr, aber er brauchte noch viele Jahre harter Arbeit, um alle Themen zu Kompositionen auszuarbeiten. In der Wissenschaft liegen die

Dinge nicht anders und auch in der Wirtschaft finden wir die unglaubliche Arbeitskraft der jungen Chefs, die dafür sorgen, daß alles läuft. Das Leistungsverhalten all dieser Menschen ist statistisch ausführlich untersucht worden, daraus ergibt sich ein Leistungsgipfel zwischen 30 und 40, mit einer Spitze um Mitte Dreißig herum.*

In den dreißiger Jahren ist der Mensch (relativ!) geneigt, sich selbst für einmalig zu halten: Hier bin ich – dort die Welt, die erobert, versorgt, verändert, bekämpft oder gefürchtet werden muß. Jedes Machtstreben lebt von der Idee der eigenen Einmaligkeit. Darin liegt aber auch die Gefahr einer Sündenbockpsychologie: Schuld sind immer die anderen; wenn die beiseite geschoben oder wegorganisiert sind, ist das Problem gelöst. Recht bekommen ist in dieser Lebensphase wichtiger als recht haben.

5. Die zweite Hälfte der dreißiger Jahre

Für die meisten Menschen bestehen in der Zeit, die zu den frühen vierziger Jahren überleitet, die Lebenseinstellung und die Selbstsicherheit, die sie sich in der ersten Hälfte der dreißiger Jahre erobert haben, zunächst unverändert weiter. In vielen persönlichen Gesprächen und auch in Gruppengesprächen hört man immer wieder: »Ich weiß, was zu holen ist, die Romantik der zwanziger Jahre habe ich hinter mir, ich bin realistisch geworden, in dieser Welt gilt doch nur das, was einer kann, man muß nur hoch genug kommen, um das, was man kann und weiß, auch wirklich durchsetzen zu können.« – »Ich habe meine Zukunft geplant, noch drei Jahre in dieser Position, dann gehe ich, dann suche ich mir eine höhere Stellung in einem kleineren Betrieb«, oder: »Ich kenne meine Grenzen, ich

* Siehe hierzu Martha Moers: Die Entwicklungsphasen des menschlichen Lebens, Ratingen 1953, S. 60–62.

werde mich hüten, sie zu überschreiten, für mich gilt das ›Peter Prinzip‹ nicht, mir geht's hier gut, wenn der Lebensstandard für alle steigt, werde ich schon meinen Anteil kriegen.«
Und dann passiert das Unbegreifliche: »wie ein Dieb in der Nacht« schleicht sich in diese sichere und verplante Welt der Zweifel ein. Ja, tatsächlich nachts: Man wacht auf und kann nicht mehr schlafen, die Ereignisse des Tages gehen einem durch den Kopf. Kleine Ärgernisse, Dinge, die schief gegangen sind, regen einen auf; man nimmt sich vor, dem oder jenem einmal richtig die Meinung zu sagen, dann kommt der Halbschlaf und plötzlich die alptraumartige Vorstellung:
»Ich bin jetzt fast Vierzig, ich habe noch 25 Jahre bis zur Pensionierung. Lieber Himmel – noch fünfundzwanzig Jahre immer wieder dasselbe! Ich weiß ja, daß ich nichts Neues mehr erwarten kann, höchstens mal dieselben Probleme vor einer anderen Kulisse.

Fünf-und-zwanzig Jahre!
Wo soll denn noch etwas wirklich Neues herkommen? In meiner Ehe? Na ja, man kennt sich, es geht nicht schlechter als überall, aber etwas Neues in *dieser* Ehe? In meiner Arbeit? Ich weiß doch, was da noch zu erwarten ist, jedenfalls nicht viel Neues! Wo soll's denn dann herkommen? Ein neues Hobby anfangen? Oder doch das hochseetüchtige Segelboot kaufen?«
Am nächsten Tag ist alles weg und das Leben geht seinen gewohnten Gang.
Aber solche Augenblicke kommen wieder, jetzt auch am hellichten Tag, sogar mitten in einer Konferenz! Plötzlich kann man sich nicht mehr konzentrieren.
Macht der Mann zu Hause Andeutungen, so findet die Ehefrau, er solle mal zum Arzt gehen, natürlich sei er überarbeitet. Kein Wunder bei so einem Lebenswandel! Der Arzt kann nichts besonderes feststellen, redet klug über weniger Streß und die Gefahr eines Herzinfarktes usw. usw. »Der hat gut reden. Sorgt der vielleicht für weniger Streß nach der letzten Fusion, wo jeder um seinen Posten bangen muß?

Das junge Volk steht doch schon auf dem Sprung, um unsere Stellen zu übernehmen.«

Es kann aber auch anders laufen: Man ist zufrieden mit der Arbeit, die viele positive, soziale und kulturelle Möglichkeiten bietet, man ist glücklich in der Familie. Man versteht sich gut mit den heranwachsenden Kindern und ihren Freunden, nette junge Leute gehen ein und aus – mit ihnen könnte man selbst wieder jung werden! Aber plötzlich macht sich die absurde Idee breit: Wenn ich nur wüßte, was ich *wirklich* in diesem Leben soll! Wieder beruhigt die Ehefrau: Du bist ferienreif, laß uns mal wieder ausgehen, danach sieht alles wieder anders aus. Du magst doch deine Arbeit, die würdest du doch nicht für etwas anderes eintauschen wollen? Wieder geht es nach den Ferien besser, aber ... Der Wurm nagt und nagt, und sowie es innen still ist, wird er immer lauter hörbar ...

Dies sind einige Variationen zu einem Thema, das man mit dem Begriff *Wertkrise* oder Übergang zu einer neuen Wertdominante anzudeuten versucht. In den dreißiger Jahren hatte man sich mit Erfolg innerhalb eines bestimmten Wertsystems bewegt. Alles ging gut oder alles war wenigstens prinzipiell lösbar, solange dieses Wertsystem galt. Und es schien das letztgültige und einzige Wertsystem zu sein.

Wenn aber jetzt das ganze System selbst ins Wanken gerät, wenn plötzlich das angestrebte Ziel, das so begehrenswert schien, nichtssagend und leer geworden ist, wenn es die Erfüllung nicht mehr geben kann, die es versprach, dann – ja, dann verliert man tatsächlich den Boden unter den Füßen! Die Angst vor diesem Abgrund kann wie ein drohendes Gespenst immer wieder ins Unbewußte weggeschoben werden, wo sie für einige Jahre aufgehoben sein mag. Man kann sie aber auch einfach übergehen, indem man noch mehr Arbeit übernimmt, indem man einen kräftigen Schnaps kippt, erotische Abenteuer sucht oder sich im Halbschlaf vom Fernsehen berieseln läßt ... Aber die Angst, ins Unbewußte verdrängt, bleibt aktiv.

Bei einem Gespräch mit dem 42jährigen Direktor eines Betriebes, der einmal mit nichts angefangen hatte, kam dies

Gefühl so nach oben: »Sie wissen, ich habe meinen Betrieb mit geborgtem Geld aufgebaut. Ich habe jetzt 12 Jahre hart gearbeitet, um die Schuld abzutragen. Die ganze Zeit dachte ich, wenn ich das geschafft habe, dann fängt das *wirkliche* Leben an, dann bin ich ein selbstständiger Mann, dann gebe ich eine Riesenparty. Letzte Woche war es soweit. Aber mir ist nicht nach Feiern zumute. Ich bin tief deprimiert. Ich muß jetzt noch dreißig Jahre hinter demselben Schreibtisch sitzen, mit denselben Problemen mich beschäftigen, und außerdem ist auch noch der Anreiz zur Selbständigkeit weg ... Was meinen Sie; soll ich den Betrieb verkaufen und woanders von vorne anfangen? Dann habe ich wenigstens wieder etwas, wofür ich leben kann!«

Aber es nützt nichts, wegzulaufen – *man nimmt sich selbst überall hin mit.* Man kann nicht noch einmal 19 sein, man kann die Wertkrise nicht loswerden, auch wenn man sie ziemlich lange verdrängen kann. Nichts ist dagegen einzuwenden, daß jemand etwas anderes tun will, nur sollte er *das Gewohnte* erst einmal *anders* tun können, dann ist es meistens auch nicht mehr nötig, den Beruf oder die Stelle zu wechseln.

»Das Gewohnte anders tun« bedeutet zunächst, neue Werte zu finden, »für die man wieder leben kann.« Sie kommen aus dem Bereich der geistigen Interessen. Darum deutet Martha Moers die Problematik dieser Jahre auch mit dem Begriff der Entwicklung der »geistig-seelischen Strebungen« an. Rudolf Steiner nennt es die Entwicklung der Bewußtseinsseele, das Bewußtwerden der geistigen Persönlichkeit im Denken, Fühlen und Wollen. Es geht hier um ein Problem, das zu lösen der Wille angesprochen ist.

Der Verstand ist auf ein Wertsystem angewiesen, mit dem man Phänomene einordnet. Der Chirurg Sauerbruch hat es einmal mit seinen Worten ausgedrückt: »Der Verstand ist eine Dirne, bei der man jedes Geisteskind zeugen kann.« Das Wertsystem aber setzt der Wille fest, der auswählt und Entscheidungen trifft.

Ich habe schon gesagt, daß die geistige Entwicklung des

Menschen Anfang der vierziger Jahre vor einem Scheideweg steht. Entweder nimmt sie mit den biologischen Funktionen ab, oder sie steigt zu völlig neuen Bereichen empor, wo ganz andere, schöpferische Kräfte geweckt werden, die einen zweiten Höhepunkt der menschlichen Schaffenskraft ermöglichen. Diese Steigerung liegt in der zweiten Hälfte der fünfziger Jahre und hält in manchen Fällen bis weit in die siebziger Jahre hinein an, obwohl normalerweise nach 65 ein deutliches Absinken festzustellen ist. Man muß sich dabei aber fragen, ob dieser Rückgang nicht in vielen Fällen kulturell bedingt ist, nämlich durch die Rolle, die in unserer Gesellschaft dem pensionierten Menschen zugewiesen wird.

Überblicken wir die mittlere Phase des Lebens noch einmal als Ganzes, grob gesagt also die Zeit von 21 bis 42, dann lassen sich darin, jeweils mit einer eigenen Wertdominante drei Hauptperioden unterscheiden:

(1) die Entwicklung der Empfindungsseele mit der Triebkraft der vital-seelischen Strebungen. Dies ist die Zeit des »Himmelhoch jauchzend – zum Tode betrübt«; die Zeit der Expansivität und der Selbsterforschung; die Zeit, in der eine Familie gegründet und Arbeitsverhältnisse gewechselt werden.

(2) die Entwicklung der Verstandesseele. Das ist die Periode, in der die »sachlichen Strebungen« vorherrschen; die Zeit großer Aktivität und hervorragender Leistungen in einem auf Sachlichkeit gegründeten Wertsystem.

(3) die Entwicklung der Bewußtseinsseele. Das ist die Periode, in der die »geistig-seelichen Strebungen« durchzubrechen beginnen; eine Zeit, in der die Sicherheit der eben abgeschlossenen, sachlichen Phase wieder ins Wanken gerät und damit der lohnende Schritt in eine völlig neue, wichtige Lebensphase möglich wird, in *die dritte große Phase, in der der Mensch zum reifen Menschsein wächst.*

Guardini hat schon darauf hingewiesen, daß es keine einzige Lebensphase gibt, die wichtiger oder weniger wichtig wäre als eine andere. In jeder Lebensphase kann der Mensch ganz das

sein, was er in diesem Moment sein soll. Von der Kindheit bis zur Adoleszenz ist er nicht »ein noch nicht erwachsener Mensch«, sondern ganz und gar *Kind* mit einer eigenen Entwicklungsaufgabe, die im Gesamtplan der vollen Lebensverwirklichung ebenso wichtig ist wie die der fünfziger Jahre. Beide Aufgaben kann der Mensch verschlafen oder vollbringen, die eine ist so wichtig wie die andere.
In der Lebensmitte von etwa 21 bis 42 Jahren hat sich der Charakter an der Überwindung des Widerstandes der Realität geformt. Ernüchterung und Sachlichkeit sind der Preis, der dafür bezahlt werden mußte. Jetzt ist die entscheidende Frage, ob noch andere, neue Werte gefunden werden können.

6. Die dritte große Lebensphase – die vierziger Jahre

Biologischer Abbau und Möglichkeiten geistiger Entfaltung
»Jetzt ist die entscheidende Frage, ob noch andere, neue Werte gefunden werden können« – so endete die Beschreibung der verschiedenen Wertdominanten der mittleren Lebensphase. Wir werden sehen, daß die Wertfindung in der Phase, die jetzt behandelt werden soll, nicht mehr so einfach ist.
In der mittleren Phase konnte man sozusagen noch *mit* dem Wind segeln. In unserer westlichen Kultur wird man fast unvermeidlicherweise mit den sachlichen (vernunftorientierten) Werten konfrontiert, man absorbiert sie fast automatisch. Unsere ganze Kultur ist noch immer von der Verstandesseele geprägt, nur vereinzelt gibt es beispielsweise in der Wissenschaft und der Technik Ansätze einer vom Bewußtsein getragenen Entwicklung.
Unsere Kultur steht vor einer Wende, an der neue, selbstgefundene geistige Werte gesucht und erprobt werden. Die alten Werte der magisch-mythischen Vergangenheit sind im Rationalismus verkümmert, der Materialismus hat ihnen endgültig den Garaus gemacht. Will man nun Glauben und Religion

wieder zum Leben erwecken – und das ist von vitaler Bedeutung für die sozialen Beziehungen zwischen den Menschen –, dann muß die alte hierarchische Ordnung der geistigen Werte einem neuen Gefüge weichen, das nun aber von unten nach oben aufzubauen ist. Nicht mehr andere entscheiden, was für mich auf geistigem Gebiet gut ist, sondern ich selbst suche mir einen realen oder literarischen Lehrmeister, den ich als geistiges Vorbild anerkenne und von dem ich so lange lerne, bis ich zum nächsten weitergehe. So mancher wird dann entdekken, daß auch alte Inhalte wieder neue Realität erhalten können.

Die Werte, die wir neu finden müssen, sind existentielle Werte. Das heißt, wir können sie nicht nur wie eine Theorie akzeptieren oder sie als ihre »Anhänger« fördern, sondern wir selbst »sind« zugleich diese Werte, indem wir sie in unserem persönlichen Dasein verwirklichen. Auf der Suche nach dem höheren Ich gelangt der Mensch in eine Welt von geistigen Realitäten, wo alle psychischen Qualitäten zu Kräften werden, mit deren Hilfe man diese geistige Wirklichkeit erobern oder besiegen kann. Mit jedem geistigen Schritt eröffnet sich eine neue Landschaft, um es mit einem phänomenologischen Ausdruck zu sagen, mit neuen Begegnungen, die aber besonders zu Anfang der Phase nicht immer nur positiv sein müssen.

Die dritte große Phase des Lebens (nach dem chinesischen Sprichwort die Phase, in der man weise wird) beginnt in den vierziger Jahren, will man sich genauer festlegen: mit 42 Jahren. Bei diesem Durchschnittswert pendelt sich die im Einzelfall schnellere oder langsamere Entwicklung ein.

Am Anfang dieser Lebensphase stehen turbulente Jahre. In biologischer Hinsicht beginnt jetzt die Zeit der abnehmenden Lebenskraft. Für die Frau fällt in diese Jahre zudem das deutlich gekennzeichnete Ende der generativen Phase. Für den Mann ist es die Zeit gesteigerter sexueller Bedürfnisse, die die Frau meistens nicht begreift. Psychisch ist diese Phase gekennzeichnet durch Zweifel, Orientierungslosigkeit und die Neigung zu illusorischen Lösungen, wobei es zu kurzen Anflügen

von Glücksgefühlen kommen kann. Geistig bedeuten diese Jahre einen Kampf mit der Leere: man meint, allen Boden unter den Füßen verloren und noch keinen neuen gefunden zu haben.
Die Reaktion auf diese Situation kann ganz unterschiedlich sein. Viele, die sie unvorbereitet überkommt, erschrecken, sehen in ihr einen Beweis der eigenen Schwäche und meinen, sie müßten sie so schnell wie möglich verdrängen. Sie arbeiten dann noch mehr, machen noch verbissener und aggressiver Karriere oder versuchen, die Stimme der Schwäche mit Alkohol, sexuellen Abenteuern oder passivem Fernsehgenuß zu übertönen. Mancher versucht auch, die Ehefrau, den Ehemann, die Kinder oder den Chef zum Sündenbock zu machen, der ihm die ganze Lebensfreude vergällt. Beim Mann kommt das bekannte: »Marie versteht mich nicht mehr«, bei der Frau: »Hans interessiert sich nicht mehr für mich.« Diese Gefühle können sich so weit verdichten, daß man sich selbst und andere, nahestehende Personen nur noch in der – dann allerdings sehr realen – Gestalt des jeweiligen Doppelgängers sieht (darüber später mehr).
Auf seinem Lebenspfad steht der Mensch nun vor einer Art Scheideweg, und die Wahl, die er jetzt trifft, bestimmt den weiteren Verlauf des Lebens. Jetzt entscheidet sich, ob die ersehnte Realisierung des Leitmotives möglich wird, oder ob das Leitmotiv in die dunkle Tiefe des Unterbewußtseins versinkt, wo es aber für den Rest des Lebens eine immerwährende Bedrohung des Selbstwertgefühls wirksam bliebe. Der Zweifel an dem bleibenden Wert der expansiven, »ich-haften« Lebenseinstellung wird zum existentiellen Problem. Dies hat sich schon gegen Ende der dreißiger Jahre angekündigt. Wer bis zu diesem Moment noch nie nicht-materiellen Lebenswerten nachgegangen ist, der muß diese Situation als höchst bedrohlich empfinden. Für das Ich-Erleben und das Selbstwertgefühl ist die Entdeckung, daß die Vitalität schwindet und daß es stets schwerer fällt, alles selbst zu tun und zu planen, ein harter Schlag. Hinzu kommt noch eine tiefe Unzufriedenheit

mit der eigenen Lage. Es ist begreiflich, daß auch Martha Moers die (ihrer Zählung nach) vierte Lebensphase von 42 bis 56, also der Zeit um Mitte Vierzig herum, als eine zur Krise disponierende Phase sieht. Sie vergleicht sie mit der Pubertät, der ebenfalls eine Periode der Sicherheit vorangeht, die jäh abgebrochen wird durch die Entdeckung, daß der Mensch sich und das Leben nicht kennt. Der große Unterschied liegt aber darin, daß die erste Pubertät sich bei aufsteigender Lebenslinie abspielt, die zweite jedoch bei absteigender oder bei abnehmender Vitalität! Obwohl in beiden Fällen die alte Harmonie in Gefahr gerät, ist der jeweilige Inhalt der Krise völlig verschieden: damals versuchte man, mit aller Kraft zur Wirklichkeit des »echten Lebens« vorzustoßen, heute wachsen bei abnehmender Vitalität Zweifel an den Werten eben dieses »echten Lebens«. Die verminderte Vitalität beruht auf der Rückbildung des Körpergewebes. Jedes Organ des menschlichen Körpers hat seine eigene Lebenskurve. Bei bestimmten Organen – dem Auge, dem Ohr oder den endokrinen Drüsen ist diese Lebensdauer exakt zu messen; man kennt sie daher genau. Über die Lebensdauer anderer Organe, zum Beispiel des Stoffwechselsystems oder des Nervensystems, gibt es recht unterschiedliche Meinungen.

Die bekannteste Alterserscheinung ist die Verhärtung des Linsengewebes am Auge, die die Akkomodation beeinträchtigt, das heißt: man kann nicht mehr ohne Brille lesen. Im Lauf der vierziger Jahre braucht jeder, der Präzisionsarbeiten ausführen muß, eine Lesebrille.

Jeder weiß auch aus Erfahrung, daß das Lungengewebe weniger elastisch wird; dies zeigt sich deutlich, wenn man nach einem schnellen Spurt hinter der abfahrenden Straßenbahn oder dem abfahrenden Bus länger als früher außer Atem ist. Die gesamte Muskulatur nimmt ebenfalls an Spannkraft ab; das führt dazu, daß der ältere Mensch für dieselbe körperliche Leistung mehr Energie verbraucht. Die Veränderung ist gleitend. Man entdeckt sie nur meistens plötzlich in einer bestimmten Situation, in der sie greifbar wird.

Die wichtigste und bekannteste Veränderung ist die der endokrinen Drüsen. Beim Mann und bei der Frau hören die Geschlechtsdrüsen auf zu funktionieren, aber dieser Prozeß verläuft bei beiden Geschlechtern sehr unterschiedlich (über die Bedeutung der weiblichen und männlichen Menopause für die Ehe soll in einem besonderen Kapitel gesprochen werden).

Die bekannte amerikanische Gynäkologin Elisabeth Parker hat in ihrem Buch »The Seven Ages of Woman« das Leben der Frau und ihre Auseinandersetzung mit der körperlichen Lebenskurve beschrieben. Sie bezieht dabei auch die psychische und geistige Entwicklung ein, was man bei solchen Büchern selten findet. Sie beschreibt die vielfältigen Formen der Menopause in drei Phasen: der Vormenopause, der Menopause und der Nachmenopause.

In der Vormenopause klingt die Klage der Frau häufig so: »Ich weiß nicht, was mit mir los ist. Ich bin nicht eigentlich krank, aber ich fühle mich einfach nicht gut. Ich bin nervös und reizbar, meine Familie leidet unter mir. Kleinigkeiten können mich aus dem Häuschen bringen, ich muß immerzu weinen. Ich habe alle Freude am Leben verloren, ich mach mir richtig Sorgen über meinen Zustand.« Andere Frauen haben körperliche Beschwerden, die sie nicht schlafen lassen: einen steifen Rücken, ziehende Schmerzen in Armen und Beinen. Sie haben Kopfschmerzen, die sie vorher nicht hatten, oder geschwollene Gelenke, besonders an den Fingern. Manche Frauen fürchten auch, daß sie irgendetwas am Herzen haben, weil sie nachts plötzlich wildes Herzklopfen bekommen (merkwürdigerweise kann ein solcher Anfall von Herzjagen auch beim Mann ein Symptom der Menopause sein; es tritt dann nur etwa 10 Jahre später auf).

Solche Phänomene sind Folgen einer Umschaltung des hormonellen Gleichgewichtes der endokrinen Drüsen. Die Funktion der Eierstöcke läßt nach, die Menstruation wird unregelmäßig, sie wird entweder schächer oder umgekehrt, gerade stärker. Der Produktionsausfall des weiblichen Geschlechtshormons (der Östrogene) reizt die Hypophyse zu gesteigerter Aktivität, was sich wieder auf Schilddrüse und Nebennieren auswirkt – kurz: das ganze alte Gleichgewicht ist durcheinander gebracht, und es wird noch einige Jahre dauern, bis ein neues Gleichgewicht sich eingestellt hat. Ist es dann einmal so weit, dann verschwinden alle Beschwerden der Menopause, die Frau fühlt sich wie neugeboren und entwickelt eine neue, manchmal unbändige Lebenskraft.

Die männliche Menopause verläuft anders. Das gesteigerte sexuelle Bedürfnis des Mannes, das sich in der Regel Mitte Vierzig manifestiert, kann als eine Erscheinung der Vormenopause angesehen werden. Daneben ruft diese hormonelle Umstellung wahrscheinlich auch die psychische Unruhe hervor. Aber sonst verläuft die Menopause beim Mann viel langsamer; man nimmt sogar an, daß sich der eigentliche Involutionsprozeß erst in der zweiten Hälfte der fünfziger Jahre vollzieht. Die körperlichen Phänomene gehen Hand in Hand mit seelischer Labilität. Plötzlich hat der Mann Tränen in den Augen oder einen Kloß im Hals, wenn ihn Dinge seelisch berühren. Außerdem neigt er zu Anfällen von Herzjagen (Tachykardie), die zwischen wenigen Minuten und einer Viertelstunde dauern können. Sie können dem Mann psychologisch einen großen Schrecken einjagen, weil sie bei ihm meistens tagsüber auftreten, mitten in der Arbeit, und weil sie den Eindruck machen, lebensgefährlich zu sein (was aber nicht der Fall ist). Da aber in der Phase zwischen 45 und 60 der Prozentsatz von Herzinfarkten tatsächlich sehr hoch ist, macht ein tachykardischer Anfall auf den Betreffenden und seine Umgebung verständlicherweise einen großen Eindruck. Sicher ist es richtig, nach einem solchen Anfall auf jeden Fall das Herz untersuchen zu lassen.

Die echte hormonelle Involution kann nach dieser Vormenopause noch zehn bis zwanzig Jahre dauern. Eine ihrer Folgen ist das »Altmännerleiden«, die Hypertrophie der Prostata, die mit nachlassender Testikelfunktion eintritt. Eine weitere unangenehme Nebenerscheinung ist, daß ältere Männer im Verlauf der hormonellen Involution der Geschlechtsdrüsen manchmal durch sexuelle Phantasien heimgesucht werden, die vor allem im Halbschlaf kommen und die zu einer Manie werden können, vor allem wenn der Betreffende sie aus moralischen Gründen zurückzudrängen versucht. Über dieses Problem äußern sich die Männer nur in sehr vertraulichen Gesprächen. Zum Glück gibt es dafür schnell wirkende Medikamente. Im alten Testament ist dieses Problem in der Geschichte von Susanna im Bade, die von den alten Richtern beobachtet wird, festgehalten. Diese Greise waren nicht die geringsten »aus dem Volk«, und gerade sie taten so etwas!

Abgelenkt durch das Thema der männlichen Menopause haben wir schon die Problematik einer sehr viel späteren Lebensphase angeschnitten. Es wird wohl deutlich geworden sein, daß in den vierziger Jahren nur von einer Vormenopause des Mannes gesprochen werden kann und daß sich in diesen Jahren beim Mann die Problematik mehr im psychischen, vor allem aber im geistigen Bereich zeigt. Psychisch macht der Mann einen Konflikt durch: er will einerseits wieder jung sein, noch einmal 20 sein und die ganze expansive Phase noch einmal durchleben, jetzt aber mit den Erfahrungen, die er beim erstenmal gesammelt hat; andererseits will er zu seiner wirklichen Lebensaufgabe vorstoßen, zur Verwirklichung seines Leitmotives und zur Sicherheit der geistigen Realität, in der das eigene höhere Ich gründet. Der Wunsch, wieder jung zu sein (der die innere Sehnsucht nach etwas Neuem im Leben verdecken soll) kann sich in Projektionen nach außen richten: Viele Männer tragen in diesem Alter plötzlich flotte und sportliche Kleidung, bekommen einen federnden Gang und bemühen sich, witzig zu sein. Der Gockel im Mann wird andeutungsweise sichtbar.

Aber auch Frauen lassen sich plötzlich bei der Kosmetikerin verjüngen und wollen gerne für die ältere Schwester ihrer Tochter gehalten werden. Die Illusion, daß man noch einmal von vorn anfangen, noch einmal zwanzig sein kann, muß natürlich enttäuscht werden, es gibt aber Männer und Frauen, die sich diese Illusion sehr lange erhalten können. In diesem

Moment ist die entscheidende Frage, ob man sich aus der übertriebenen Ichverhaftung, wie Jung es nennt, lösen kann. Dies ist ein Umstrukturierungsprozeß, den ich mit dem Begriff »geistige Reifung« umschreiben möchte. Dieser Prozeß geht Hand in Hand mit einem neuen *Zeitgefühl.* Bis zu seinem vierzigsten Lebensjahr hat der Mensch nur Zukunft vor sich. Alles ist noch möglich, das Eigentliche kommt erst. Jetzt bekommt diese Zukunft einen Horizont, eine Grenze. Noch 25 Jahre bis zur Pensionierung und was kommt dann? Die Zeit verrinnt plötzlich immer schneller, während die Vergangenheit immer länger wird. Der Willensimpuls wird schwächer (man braucht mehr Druck, um dasselbe leisten zu können), vor allem bei Arbeiten mit schnell wechselndem Inhalt. Man interessiert sich jetzt mehr für Arbeiten, bei denen Wissen, Lebenserfahrung und Urteilsfähigkeit eine Rolle spielen. In den letzten Jahren dieser Phase sucht man vor allem nach schöpferischer Tätigkeit oder nach großen Leistungen komplexer geistiger Natur. Dies gilt für alle beruflichen Niveaus, und man sollte diese Tendenz bei einer gesunden Personalpolitik für die entsprechende Altersgruppe berücksichtigen (mehr darüber in einem gesonderten Kapitel).

Der Prozeß, den Jung »sich aus der Ichverhaftung lösen« nennt, beschreibt Martha Moers mit folgenden Worten: »zu sehr ichgebunden und von Geltungsdrang und Machtstreben getrieben, auf den Nützlichkeitsaspekt gerichtet, kommt der Mensch, kurz vor dem nahenden Alter, in die Krise des Wendepunktes seines Lebens. Hat er sie überwunden, muß er sich nun endgültig entscheiden, in welcher Haltung er dem Ende seines Lebens entgegengeht.«

Gerade Menschen mit einer geistigen Aufgabe, Künstler etwa oder politische Führungspersönlichkeiten, kommen jetzt erst richtig zum Zuge, sie erleben die fünfziger Jahre als den Beginn einer wirklich schöpferischen Phase. Lehmann nennt daher auch die Jahre nach der Krise »the age of the eminent leaders«, die Zeit der großen Führungspersönlichkeiten. Besonders für Menschen, die berufsmäßig mit jungen Leuten zu tun haben, zum Beispiel für Lehrer und Dozenten, bedeuten die Jahre der Krise eine wirkliche Probe. Wer die Krise überwindet und sich aus der Ichverhaftung lösen kann, entwickelt sich zu einer wirklich führenden Autorität, die die Jugend akzeptiert; wer aber über seine Krise nicht hinauswächst, hat bei der Jugend ausgespielt. Junge Menschen haben ein feines Gespür für die Authentizität eines Menschen und sehen deutlich, ob jemand sich neurotisch an seine Stellung, sein Wissen oder sein Prestige klammert. In dieser Hinsicht sind also die vierziger Jahre, wenn auch nicht die letzte Möglichkeit, so doch eine besondere Chance im potentiellen Reifungsprozeß.

»Zu keiner Zeit des Lebens ist die seelische Konstellation noch einmal so günstig für eine weitgehende Loslösung aus einer allzugroßen Ichverhaftung und damit auch für die Entwicklung echten Mitgefühls und selbstloser Hilfsbereitschaft wie jetzt«, sagt Martha Moers. Ich möchte hier noch einmal an den Unterschied erinnern, den ich zwischen biologischen Trieben, psychischem Begehren und geistigen Strebungen oder Willensimpulsen gemacht habe. Auf die menschliche Seele wirken von zwei Seiten Kräfte ein, die im Erleben des eigenen Daseins ihren Niederschlag finden, »von unten« wirken die Triebe oder Begierden, »von oben« die Strebungen.

Das Ich muß in der mittleren Phase des Lebens alle Triebe und Begierden nach »oben« holen und sie dann in der Seele mit den Strebungen konfrontieren. Das Ergebnis dieses Prozesses ist die Entwicklung der verschiedenen Aspekte der menschlichen Seele, die ich nach Rudolf Steiner Empfindungsseele, Verstandesseele und (Ich)Bewußtseinsseele genannt habe.

In den vierziger Jahren stehen dem Menschen all diese Aspekte seiner Psyche zur Verfügung, sie können jetzt im weiteren Verlauf seines Lebens eingesetzt werden. Damit stellt sich aber die große Frage: Wofür will ich sie gebrauchen? Was soll ich eigentlich in diesem Leben tun? Was ist meine wirkliche Aufgabe?

Ein persönliches Wort ist hier vielleicht nicht fehl am Platze. Seit ich dreißig war, hatte ich mich theoretisch mit all diesen

Problemen beschäftigt. Ich wußte genau, was kommen würde, und dachte, ich selbst würde mit vollen Segeln durch die Krise segeln, wenn es einmal so weit wäre. Aber in Wirklichkeit kam es anders. Die Kenntnis bestimmter Prozesse enthebt uns nicht der Aufgabe, sie in dem Moment, wo wir mit ihnen konfrontiert sind, zu durchleben und zu durchleiden. Einige Jahre lang habe ich nachts oft und lange wach gelegen und mir die Frage gestellt, was ich nun eigentlich tun sollte, was meine eigentliche Lebensaufgabe sei. Dabei hatte ich eine interessante Arbeit als Kinderpsychiater und leitete eine große Anstalt für die Erziehung geistig behinderter Kinder. Diese Arbeit hatte ich selbst aufgebaut, ich war umgeben von hervorragenden Mitarbeitern. Und doch! Die Antwort kam von so unerwarteter Seite, daß ich selbst nie darauf gekommen wäre. Kreise der Wirtschaft baten mich, die Bildungsarbeit für junge, ungelernte Fabrikarbeiter, später deren Fortbildung und die Organisation ihrer Arbeit zu übernehmen. Im Nachhinein ist mir klar, daß dies tatsächlich mein »Leitmotiv« war, aber andere mußten es an mich herantragen, erst danach konnte ich selbst es erkennen. Ich bin an diese Arbeit mit besonderem Einsatz und besonderer Freude herangegangen, gerade weil ich über lange Jahre hinweg voll innerer Verzweiflung darauf warten mußte. Ich habe oft erleben können, daß der Anstoß von außen kommt, daß man darauf aber nicht reagiert, wenn man noch nicht die nötige Reife hat. Diese Reife zu erlangen, ist ein Entwicklungsprozeß, der niemandem erspart bleibt, auch nicht dem Wissenden. Und doch hat die Kenntnis von der Krise der vierziger Jahre einen großen Vorteil. Man weiß, daß es hier einzig und allein um einen selbst geht, und man verfällt nicht in den Fehler, in der Umgebung oder in den Umständen nach Sündenböcken oder Widerständen zu suchen. Wenn das Wort von H. Künkel »das Schicksal kommt von innen« jemals Gültigkeit hat, dann für diese Phase. Das Schicksal kommt von innen, auch wenn es die Außenwelt ist, die es einem sagt.

7. Der Anfang der fünfziger Jahre

Gegen Ende der vierziger Jahre schwächt sich die Krise allmählich ab. Nun stellt sich heraus, ob man das Neue gefunden hat oder nicht. Ist dies nicht der Fall, dann werden die kommenden Phasen zu einer ins Tragische abgleitenden Lebenslinie. Der Mensch stürzt sich dann immer mehr in seine Arbeit. Jeder begabte jüngere Mensch in der expansiven Phase seines Lebens wird als Bedrohung empfunden. Immer öfter meint man, man müsse auf seinen sich aus Rang und Stellung ergebenden Rechten bestehen, das heißt: man klammert sich an seine nominelle Position. Neues kann nicht verarbeitet werden, die eigene Vergangenheit und die eigene Lebenserfahrung werden idealisiert. Die Jugend von heute kann nichts mehr, ist verwöhnt, verdient viel zuviel, ist frech und hat keinen Respekt mehr vor dem Alter (dieselben Äußerungen liest man schon in altägyptischen Texten).

Wer so redet, sagt nicht viel über die Jugend von heute, dafür um so mehr über seine eigene tragische Situation. Im Berufsleben sind solche Menschen für jeden Betrieb ein Klotz am Bein. Um ein Beispiel zu geben: In einer Verwaltungsorganisation saß ein Abteilungsleiter von Mitte Fünfzig, der sich angewöhnt hatte, jeden Morgen 10 Minuten vor Dienstbeginn zu kommen, sich mit der Uhr in der Hand hinzusetzen und jedesmal beim Eintritt eines Untergebenen aufzublicken. Nur am Montagmorgen kam er 10 Minuten nach Dienstbeginn, holte einen dicken Stapel Akten aus der Tasche, knallte sie auf seinen Schreibtisch und seufzte: »Sie, meine Herren, können natürlich zu Hause ein ruhiges Wochenende verbringen. Wenn ich hier nicht die Arbeit erledigen würde, würde sie nie getan werden.« Jeder senkte den Kopf und murmelte: »Jawohl, Herr Müller«, aber hinter seinem Rücken tippte man sich bedeutungsvoll an die Stirn.

Auch eine Bemerkung wie »Ich bin noch da, mit mir muß man noch rechnen, einige Jahre habe ich hier noch die Sache in der Hand«, zeigt nur den aussichtslosen Versuch, eine Autorität zu behaupten, die tatsächlich schon gar nicht mehr vorhanden ist. Es fragt sich, ob eine solche Situation nicht bei einer guten Personalpolitik von vornherein vermieden werden kann. Ich werde darauf später noch eingehen.

Für den Mann, der die Krise der vierziger Jahre überwunden hat, sind die fünfziger Jahre eine Art Befreiung. Der Horizont wird weiter, neue und weiterreichende Probleme werden sichtbar. Das Leben wird interessanter, der Abstand zu den kleinen, alltäglichen Problemen wird größer. Man interessiert sich jetzt mehr für allgemeine Planungs- und Führungsprobleme. Man empfindet eine ungekannte und tiefe Freude, wenn man junge Menschen in der expansiven Phase ihres Lebens wachsen sieht. Aus solch einer Haltung kann man jungen Menschen mit Rat und Tat zur Seite stehen und wird von ihnen auch akzeptiert. Ich habe schon gesagt, wie wichtig eine solche Entwicklung für Menschen ist, die berufsmäßig mit der Ausbildung und Erziehung junger Menschen zu tun haben.

Jetzt zeigen sich neue schöpferische Fähigkeiten, man kann zum Beispiel mit 35 schon ein guter Rechtsanwalt oder ein aktiver Chef gewesen sein, aber jetzt wird man ein hervorragender Jurist und ein weiser, gütiger Chef. Ein Mensch, der sich kontinuierlich entwickelt, erreicht Mitte Fünfzig einen zweiten, schöpferischen Höhepunkt. Er kann seine Erfahrungen überschauen und einordnen, und er ist noch vital genug, sie in seine Arbeit einzubringen. Dies ist das Alter der »eminent leaders«, der großen Führungspersönlichkeiten.

Auch der Frau stehen zwei Möglichkeiten offen. Die negative Reaktion sieht so aus: sie hat die Menopause hinter sich und fühlt, daß ihre Lebenskraft zurückkehrt, oft sogar stärker als zuvor. Sie hat aber keine neue Aufgabe gefunden und klagt jetzt: »Ich habe nie etwas für mich tun können. Immer war ich nur für die Familie da, von morgens bis abends habe ich nur geschuftet, nie Zeit gehabt, mal ein Buch zu lesen, meistens war ich sowieso zu müde, irgend etwas aufzunehmen. Jetzt ist es zu spät. Die Kinder sind aus dem Haus. Mein Mann geht in seinem Beruf auf, und ich stehe mit leeren Händen da.« Und mit verbissener Wut stürzt sie sich in den Haushalt, putzt, was schon sauber ist, wischt imaginären Staub und tyrannisiert ihre ganze Umgebung, unentwegt klagend, daß sie alle Arbeit allein machen muß.

Eine makabre Geschichte illustriert diese Skizze: ein Mann war mit Anfang Sechzig plötzlich gestorben. Der Notar öffnete sein Testament und verlas Folgendes: der letzte Wille des Verstorbenen sei es, kremiert zu werden. Danach solle seine Asche auf dem Wohnzimmerteppich verstreut werden. Man kann das Elend nur ahnen, das den Mann zu solch einem Testament gebracht hat.

Aus eigener Anschauung kenne ich die Situation älterer, berufstätiger Frauen, ich denke da zum Beispiel an Oberschwestern im Krankenhaus. Auch hier gibt es zwei Möglichkeiten: die Oberschwester, die ihre Verbitterung an den Schwesternschülerinnen ausläßt, und die Oberschwester, die junge Menschen wie eine Mutter anleiten kann und auf deren Station immer eine fröhliche und freundliche Atmosphäre herrscht.

In den erzieherischen und versorgenden Berufen wird Schwerarbeit geleistet. Es ist richtig, daß Frauen in solchen Berufen heute schon mit 60 pensioniert werden können. Sie haben dann noch genügend Zeit und Energie, um sich nach Beendigung ihrer Berufstätigkeit ein Leben aufzubauen. Das Gegenstück zum putzenden Hausdrachen und der verbitterten Berufstätigen ist die Frau, die ihre Krise positiv verarbeitet hat. Sie stellt jetzt mit Genugtuung fest, daß sie sich wieder allerhand zutraut, daß sie jetzt endlich einen neuen Aspekt ihres Leitmotivs verwirklichen kann. Sie ist dankbar für die hinter ihr liegende Zeit, in der sie für andere da sein konnte. Jetzt kann sie eine soziale Aufgabe finden, sich in ihrem Garten ausleben oder noch einmal anfangen, ein früher gelerntes Instrument zu spielen. Und sicher wird sie sich auch mit Zurückhaltung und Elan in ihre neue Aufgabe als Großmutter einfühlen und noch einmal eine Umgebung schaffen, in der sich eine neue Kindergeneration geborgen fühlt und Geschichten hört, die sonst nirgendwo mehr so lebendig erzählt werden können.

8. Die Zeit nach 56

Noch ist die Entwicklung jedoch nicht abgeschlossen. Ungefähr mit 56 (merkwürdigerweise kommt diese Zahl bei fast allen Wissenschaftlern vor) zieht ein neues Gewitter herauf. Das Leben spielte sich in der letzten Phase gleichsam auf einem Hochplateau ab: zwar hatte man eine weite Aussicht, aber man erfaßte doch hauptsächlich die Welt um einen herum. Jetzt wendet sich der Blick wieder nach innen. Es scheint fast, als müßten alle Werte noch einmal existentiell durchlebt werden (Rümke und Charlotte Bühler sprechen daher auch von dieser Phase als dem Präsenium; sie betonen, daß das nun unmittelbar in Sicht kommende Ende oder zumindest die Realität der Pensionierung ein entscheidender Faktor sei). Ich selbst möchte die Problematik etwas weiter fassen, obwohl es sicher richtig ist, daß die Konfrontation mit dem Ende, mit einer Art endgültigen Bestandsaufnahme, eine Rolle spielt.

Jetzt kommt bei manchen das Gefühl auf, man müsse noch einmal durch eine schwere Zeit hindurch. Noch einmal muß alles durch das »Stirb und Werde« gehen. Die gefundenen Werte geraten nicht eigentlich ins Wanken, aber es wird deutlich, daß wir sie uns noch nicht tatsächlich angeeignet haben. Wenn wir uns ehrlich fragen, was wir denn nun als die Frucht unseres Lebens durch das Tor des Todes mitnehmen werden, dann fällt vieles von dem weg, was immer noch an Wissen, Stellung und Erfahrung geknüpft ist. Viele erleben den Anfang dieser Phase als einen Vorgeschmack noch größerer Prüfungen, bei manchen steht das Gefühl im Vordergrund, es kämen noch Aufgaben auf sie zu, die sie sich nicht gewünscht haben. Für den Mann bringt der Beruf oft auch einige Enttäuschungen. Ist man einmal über Sechzig, meinen die anderen leicht, man sitze nur noch seine Zeit ab, auch wenn man noch perfekt funktioniert. Noch einmal muß man sich von Dingen lösen, die man selbst aufgebaut hat und die andere sicher anders fortführen werden. Jetzt erst wird diese Loslösung Realität. Vorher hat man nur theoretisch darüber nachgedacht.

Jetzt wird es höchste Zeit, sich auf das vorzubereiten, was man noch tun will, das auszusondern, was man bleiben lassen kann, und das in Angriff zu nehmen, was man noch zu Ende führen will. Man macht sich mit wachsender Angst klar, daß man vielleicht weniger schaffen wird, als man gedacht hat. Die Vergangenheit zieht an einem vorüber – unbegreiflich, daß man so viel kostbare Zeit an irgendwelche Nichtigkeiten verschwendet hat. Manch einer denkt: »Hätte ich doch noch die ganze Zeit vor mir, die ich früher wie Sand durch die Finger gleiten ließ.« Dieses Leben hat keine große Zukunft mehr – was wird, allem zum Trotz, das Bleibende sein?

In gewisser Hinsicht ist die Lebensentwicklung mit 63 zu einem vorläufigen Abschluß gekommen. Als Kleinkind, Schulkind und Adoleszent haben wir unsere Jugend durchlebt, in der wir unendlich viel empfangen haben. Wie üblich, gibt diese Welt Freud *und* Leid, Erlebnisse, die uns hemmen, *und* Erlebnisse, die uns voranbringen. Vital-seelische, sachliche und geistige Strebungen haben die expansive Phase bestimmt. In dieser Phase konnte der Welt viel Arbeitskraft gegeben werden, viel Freundschaft und Feindschaft, Herrschaft und Gehorsam. Andererseits war es auch eine Phase, in der Verinnerlichung und Aneignung alter Erfahrungen möglich und nötig war. Aus dieser Phase der Expansivität sind wir als erwachsener Charakter hervorgegangen, als ein Mensch, der weiß, was er will und was er wert ist. Krise und Involution, der Höhepunkt der fünfziger Jahre und schließlich die letzte, endgültige Bestandsaufnahme haben aus uns einen reifen Menschen gemacht, der ein Gefühl für den Unterschied zwischen Klugheit und Weisheit, Stolz und Bescheidenheit entwickelt hat. In den letzten Jahren vor dem biblischen Alter können wir nun Bilanz ziehen und uns auf die Stille und den Frieden des Alters einstellen, aber auch auf dessen erhöhte innere Aktivität, aus der schließlich Güte wächst. Aber auch auf das Abnehmen der körperlichen Kräfte, auf Gebrechlichkeit und Abhängigkeit von anderen muß man sich jetzt einstellen. Wer erinnert sich nicht aus seiner Jugend an die Geschichte von dem Großvater,

der nicht mehr bei Tisch mitessen durfte, weil er seine Suppe verschüttete. Er mußte in der Ecke sitzen und aus einer hölzernen Schüssel essen. Eines Tages sieht der Vater den Sohn an einem Stück Holz schnitzen. »Was wird das?« fragt er ihn. Die Antwort lautet: »Ich mache schon einen hölzernen Napf für dich, Vater, wenn du einmal so alt bist wie der Großvater.«
Werden wir noch lernen müssen, unseren körperlichen Verfall zu akzeptieren, oder werden wir gesund sterben dürfen? Dies sind konkrete Probleme für jeden, der sich auf das Alter vorbereitet. Über die Phase des Alters selbst kann ich nicht sprechen. Wer kann schon mit Autorität eine Lebensphase behandeln, die er selbst noch nicht durchgemacht hat? Für die er seine eigenen Erfahrungen noch nicht mit den aus freundschaftlichen oder therapeutischen Gesprächen gewonnenen Erfahrungen anderer vergleichen kann? Allerdings zeigen Briefe und Äußerungen sehr alter Menschen, daß die letzten Jahre sehr unterschiedlich erfahren werden. So schreibt ein alter Mensch, der schon weit über 80 ist, daß die totale Abhängigkeit ihn schließlich dahin geführt hat, mit sich selbst ins Reine kommen zu können und das Wort »Christus in mir« real und tief zu erfahren. Andere alte Menschen klammern sich verzweifelt an das Leben, das ihnen langsam davongleitet.
Man weiß, daß schöpferische Kräfte auch im hohen Alter noch entwickelt werden können. Vor ungefähr zwanzig Jahren hatte Grandma Moses, eine Frau, die mit beinahe 80 angefangen hat zu malen, mit Ausstellungen und Bildern in Zeitschriften einen großen Publikumserfolg. Viele sind in ihre Fußstapfen getreten, nicht immer mit dem gleichen Erfolg, aber immer mit großem inneren Gewinn. Der alte Goethe hat die Lebensphasen einmal so charakterisiert: das Kind ist Realist, der Jüngling Idealist, der Mann Skeptiker und der Greis Mystiker.
Alten Menschen zu helfen, einen schöpferischen und immer noch fruchtbaren Lebensabend zu gestalten, ist eine wichtige Aufgabe. So wie für die Kinder eine Familienkultur entwickelt werden muß, so müßte es für die alten Menschen eine in den Heimen entstehende und von ihnen ausstrahlende Kultur

geben. Altersheime müßten Zentren werden, in denen Vorträge, Konzerte und kreative Kurse stattfinden, an denen auch die Menschen aus der Nachbarschaft teilnehmen können. Beide Seiten könnten davon profitieren, die Nachbarschaft hätte ein Zentrum, wo es interessante Sachen gibt, und die alten Menschen würden den Kontakt zur lebendigen Welt um sie herum nicht verlieren. Man weiß, daß der Gesundheitszustand von aktiven alten Menschen besser ist als der von Greisen, die nur noch vor dem Fernseher oder dem Radio dahinvegetieren oder selbst dazu nicht mehr die Kraft aufbringen. Es gibt viele Künstler, die noch bis weit in die Siebzig hinein ihre besten Werke geschaffen haben. Der Überlieferung nach hat der japanische Maler Hokusai gesagt, alles, was er vor seinem 73. Lebensjahr gemacht habe, sei wertlos, seine künstlerische Laufbahn beginne erst danach. Tizian hat mit beinahe hundert Jahren seine ergreifendsten Bilder gemalt. Verdi, Richard Strauß, Schütz, Sibelius und andere Komponisten haben bis weit in die Achtzig hinein gearbeitet. Eine Liste der Musiker, die noch mit über Siebzig schöpferisch tätig waren, ist zu lang, als daß man sie hier aufführen könnte. Schriftsteller, Maler und Musiker können im Vergleich mit Wissenschaftlern und Unternehmern oft länger ihre Arbeit ausüben. Das liegt wohl daran, daß man im hohen Alter auf dem Weg nach innen immer weiter vordringt, während die Wahrnehmungsfähigkeit für das, was außen geschieht, abnimmt. Ich habe öfters erlebt, daß bei alten Unternehmern, die ihren Platz nicht räumen wollten, zwar Intelligenz und Routine erhalten blieben, die Fähigkeit aber, *neue Situationen richtig einzuschätzen,* rapide abnahm. Dadurch ist schon manches erfolgreich aufgebaute Unternehmen an den Rand des Ruins und in Konkurs gebracht worden.

Sobald es um die Errungenschaften reiferer Menschlichkeit geht, wird deutlich, daß Altersweisheit sich in einer zeitlosen Welt offenbaren kann. Für jeden, der noch aktiv ist, öffnet sich hier ein weiter Bereich. Jetzt kann man die Essenz des Lebens zusammenfassen und eine Welt der Werte und der Sinngebung finden, die der Vergänglichkeit nicht mehr unterworfen ist.

III. Entwicklung des Mannes – Entwicklung der Frau – Lebensphasen und Ehe

Das »Jahr der Frau«, in dem die Gleichberechtigung der Frau so sehr betont wurde, hat uns in dieser Frage eher verunsichert, als daß es Klarheit gebracht hätte. Ich gehe in diesem Kapitel davon aus, daß Mann und Frau in ihrer geistigen Entwicklung, das heißt in der Formung ihres Ichs, gleichwertig sind. Beide sind Menschen und haben als solche eine Individualität, die den Entwicklungsweg im Lauf des Lebens immer stärker bestimmt. Abgesehen davon müßte man blind sein, wollte man die biologischen Unterschiede zwischen den Geschlechtern leugnen. Biologisch ergänzen sich Mann und Frau, sie brauchen einander zur Erhaltung der Art, wie das bei allen höheren Lebewesen der Fall ist. Wo der Inhalt des seelischen Erlebens unter dem Einfluß des Bios oder der biologischen und zugleich auch der geistigen Kräfte steht, werden Mann und Frau auch psychisch unterschiedlich reagieren.

Auf die Psyche des Mannes und der Frau wirken zwei verschiedene Kraftfelder ein. Jeweils unterschiedliche Impulse und Sehnsüchte dringen aus dem Bereich der biologischen Triebe in die Seele ein, aus den geistigen Strebungen folgt aber bei beiden Geschlechtern *dasselbe* Problem der Individuation. Da der Mensch eine Einheit aus drei Aspekten – nämlich Körper, Seele und Geist – ist, wird auch der geistige Weg der Individuation beim Mann und bei der Frau mit unterschiedlichen Nuancen verlaufen. Jede Individuation ist einzigartig und doch gleichwertig, selbst wenn das Niveau der geistigen Entwicklung und die moralische Qualität verschieden sein sollten. Der Wert der Individualität hängt schließlich nicht davon ab, wo ein Mensch sich auf seinem Entwicklungsweg befindet, weshalb denn auch der Greis nicht mehr und nicht weniger gilt als das Kind. Wer mehr Einsicht erlangt hat, der hat auch in seinem Ringen um moralische und soziale Probleme oder um Fragen des Wissens größere Verantwortung zu tragen. Darum betone ich, daß jedes Individuum als strebender Mensch gleichwertig ist. Ich habe an anderer Stelle gesagt: »Die menschliche Psyche ist der Bürger zweier Welten, einer geistigen und einer biologischen Welt.« Im biologischen Einfluß liegt auch der Unterschied im seelischen Erleben von Mann und Frau begründet.

Der Tiefenpsychologe C. G. *Jung* hat in seinem reichen, langen Leben nicht nur das wachende und träumende Seelenleben seiner Patienten, sondern auch sein eigenes Seelenleben phänomenologisch beschrieben. Er war ein subtiler Beobachter, der immer versuchte, Phänomene ohne die Scheuklappen einer Theorie oder eines Systems zu sehen, da er vermeiden wollte, daß er bestimmte Erscheinungen vielleicht scharf erkennen, andere aber übersehen würde. Er wollte Psychologe sein und bleiben und sich nicht auf theologisches oder philosophisches Terrain verirren. Mancher hat ihm den Mangel an Systematik vorgeworfen, mancher findet nur schwer einen Zugang zu seinem umfangreichen Werk. Seinem aufmerksamen Blick ist nicht entgangen, daß Mann und Frau nicht einfach nur einander ergänzen, sondern daß jeder Mann in der Tiefe seiner Seele eine weibliche Komponente hat, jede Frau eine männliche. Dieses »Seelenbild« nennt Jung die Anima des Mannes und den Animus der Frau. Dem Mann, dessen biologisches Wesen sich in der Aktivität nach außen, im Erobern und Unterwerfen äußert, tritt in seiner Anima die regulierende Kraft entgegen, die ihm im Traum als weibliches Wesen erscheinen kann, ihm Einhalt gebietet und klar macht, daß er Gefahr läuft, sein eigentliches Leitmotiv zu vergessen.

Anima und Animus sind etwas ganz anderes als der grob biologische Ödipuskomplex. Die Anima steht im Dienst der Strebungen, die – wie wir gesehen haben – im Lauf des Lebens auf drei verschiedenen Ebenen wirken. Im Dienst der Strebungen stehen – das bedeutet hier: Normen setzen und zur

Weiterentwicklung auf dem Weg zur Verwirklichung des Leitmotives anspornen.
In seinen Werken gibt Jung viele Beispiele für tiefgreifende Animus- oder Animaträume, die manchmal wieder- und wiederkehren, bis die in ihnen enthaltene Wertung verstanden und angenommen ist.
In biologischer Hinsicht ist jeder Mensch zunächst doppelgeschlechtlich. Die Urniere, in der in der frühen Embryonalphase das ganze Urogenitalsystem angelegt ist, entwickelt lange beide Organsysteme nebeneinander, bis sich in einem bestimmten Moment das männliche oder das weibliche System durchsetzt und das andere System in der Entwicklung zurückbleibt. Beim erwachsenen Mann und der erwachsenen Frau finden sich noch Reste der Organe des anderen Geschlechts. Auch die Brustdrüsen sind bei Mann und Frau gleichermaßen angelegt, jedoch werden sie nur bei der Frau voll entwickelt.
Was potentiell angelegt ist, physisch jedoch nicht entwickelt wird, bleibt weiterhin vorhanden und beeinflußt die Psyche, allerdings nicht auf hormonellem Weg oder durch physisch-biologische Triebe und Reize, sondern in den tieferen Schichten des Unbewußten.
Jung unterscheidet drei Schichten des Unbewußten:
(1) das persönliche Unbewußte; es enthält unsere Erinnerungen und verdrängten Eindrücke und die Komplexe, die wir im Lauf unseres Lebens ausbilden;
(2) das kollektive Unbewußte; es enthält Emotionen und Invasionen, die ganzen Gruppen, Völkern und Rassen z. B., gemeinsam sind.
(3) die Archetypen; sie haben allgemein menschlichen Charakter, ihre Bildsprache ist auf der ganzen Welt gleich.
Die Archetypen werden in Symbolen erfahren, man findet sie in allen Religionen und in vielen Märchen. In ihrem allgemein Menschlichen haben sie zugleich etwas von dem, was Jung den Animuscharakter nennt. Sie erwecken Anstoß, wirken aber gleichzeitig auch als Gewissen, wenn der Mensch unter sein menschliches Niveau abzusinken droht.

Zu den wichtigsten Archetypen gehören Anima und Animus. Wo der Mann einseitig männlich zu werden und seine Menschlichkeit zu verlieren droht, erhebt die Anima die Forderung nach allgemeiner Menschlichkeit. Das gleiche gilt für die Frau.

Jung umschreibt es auch anders: Jeder Mann trägt seine Eva in sich, jede Frau ihren Adam. Jeder sucht auf dieser Welt den Menschen, der der eigenen Eva oder dem eigenen Adam am meisten ähnelt, und versucht so, das geistige Gleichgewicht zu erlangen. Dies ist zum Beispiel das Gretchen, das nach ihrem Tod Faust auf seinem Weg begleitet, oder die tote Beatrice, die Dante durch die höchsten Sphären führt. Goethes Faust endet mit dem Chorus mysticus: »Das Ewigweibliche zieht uns hinan.«

In der Pubertät erwacht im Menschen nicht nur die Fähigkeit, seine eigene Geschlechtlichkeit innerlich zu erleben, und die Neugier nach dem anderen Geschlecht, er erfährt auch vor allem in den Jahren nach der Pubertät, zum ersten Mal den eigenen Animus oder die eigene Anima. In der frühen Adoleszenz gibt es eine homoerotische Phase. Der Jüngling erlebt das Weibliche in sich und sucht in der Verehrung eines männlichen Wesens sein inneres Gleichgewicht. Dies ist die Zeit, in der Mädchen für eine Lehrerin schwärmen und Jungen einen älteren Menschen als Leitfigur verehren. Dies kann sich in der banalen Welt der Fußballhelden oder Filmstars abspielen, aber auch in feinsinnigen und sehr persönlichen Tagtraumerlebnissen.

Bei fortschreitender Adoleszenz folgt dann das seelische Erwachen für das andere Geschlecht in der Form des Eros. Die Suche nach dem eigenen Adam oder der eigenen Eva in der Begegnung mit dem anderen Geschlecht ist der beste Nährboden für diesen Eros.

Der Übergang von der Homoerotik zur Heteroerotik ist ein normaler Entwicklungsschritt, und es ist verständlich, daß in einer solchen Übergangsphase Störungen auftreten können. Sind die ersten sexuellen Erfahrungen abstoßender oder aggressiver Natur, dann kann dies dazu führen, daß der junge Mensch homoerotisch fixiert bleibt. Ob sich daraus eine echte Homosexualität entwickelt, hängt dann zum größten Teil von den Beziehungen ab, die der Jugendliche eingeht.

Das Problem der Homosexualität, oder um einen neuen Begriff zu gebrauchen, der Homophilie, ist sehr komplex. In den dreißiger Jahren hatte ich in meiner psychotherapeutischen Praxis ziemlich viele Künstler; durch sie habe ich die homoerotische Komponente der menschlichen Seele als ein Phänomen sehen gelernt, das bei Menschen auftritt, die sich mehr nach dem eigenen Inneren richten als nach den Eindrücken der harten Realität der Welt. Als Studentenpsychiater habe ich mich in den fünfziger Jahren vor allem mit der Homoerotik der Adoleszenz auseinandergesetzt. Meiner Meinung nach gibt es einen Unterschied zwischen der biologischen Homosexualität, die sich in manchen offensichtlichen Fällen bereits in der Jugend manifestiert, und der psychischen Homoerotik, die aus der Entdeckung der Existenz der eigenen Anima oder des eigenen Animus folgt.

Bei jedem Menschen sind biologisch beide Möglichkeiten angelegt, abgesehen von den Chromosomen, die wahrscheinlich mitbedingen, daß eine der beiden Anlagen zum Tragen kommt (ich sage bewußt »wahrscheinlich mitbedingen«, weil ich gelernt habe, mich bei der Behandlung lebendiger Phänomene vor einem Denken in rein mechanischen Ketten von Ursache und Wirkung zu hüten. Denn was ist hier wirklich primäre Ursache und was nur das Instrument eines gemeinsamen, höheren Ordnungsprinzips? Schließlich produziert auch die Violine keine Sonate, obwohl die Sonate ohne das Instrument nicht erklingen kann.

Aus der Erfahrung der doppelgeschlechtlichen Anlage und aus der Realisierung der einen Möglichkeit auf Kosten der anderen folgt die unterschiedliche Erfahrung der individuellen Situation. Allgemeinverständlich ausgedrückt: Es gibt Männer (und genauso natürlich Frauen), die zu 90 Prozent Mann und zu 10 Prozent Frau sind, dies sind die eindeutigen Vollmänner. Da-

neben gibt es Männer (und Frauen), die zu 10 Prozent Mann und zu 90 Prozent Frau sind, das sind die echten Homosexuellen. Dazwischen liegen alle möglichen Abstufungen von 60:40, 50:50, 40:60 usw. Bei dieser Gruppe wechselt das Selbstverständnis je nach der Art der Beziehung, die sie eingehen.
Allgemein kann man sagen, daß die Menschen, bei denen die Verhältnisse völlig klar liegen, für ihre Sicherheit mit einer Beschränkung ihrer inneren Erlebnismöglichkeiten büßen müssen, daß aber Ausgewogenheit nach beiden Seiten seelische Bereicherung bringt.
Ich werde auf diese Problematik noch einmal eingehen, wenn ich die ehelichen Beziehungen in den verschiedenen Lebensphasen besprechen werde. Was ich hier gesagt habe, trifft besonders für den Vollmann und die Vollfrau zu. Beide sind so in ihre eigene Welt eingeschlossen, daß sie kein Gefühl für die Andersartigkeit des Partners entwickeln können. Sie sind gar nicht besonders egoistisch, sie sind nur »farbenblind« und können andere psychische Verhaltensformen nicht nachempfinden. Man begreift den Partner mit dem Teil seines Selbst, der weiblich bzw. männlich ist. Die ganz Eindeutigen und Einseitigen wirken nach außen immer etwas infantil; sie leiden oft darunter, daß man sie zunächst immer als Vertreter ihres Geschlechtes und dann erst als Person anspricht.
Als Studentenpsychiater lernt man Menschen in der labilen Phase der Adoleszenz kennen, in der der erwachende Jugendliche herauszufinden versucht (und das viel öfter, als man gemeinhin denkt), ob er wohl »normal« oder vielleicht homosexuell sei. Nur ein gemeinsames, vorsichtiges Abtasten der persönlichen Erlebnisse kann dem Jugendlichen helfen, in diesem so lebenswichtigen Bereich über sich selbst Klarheit zu bekommen. Ein einziges unvorsichtiges Wort kann suggestiv wirken und über Jahre hinweg eine innere Problematik verfestigen, die genauso gut hätte überwunden werden können. Andererseits kann eine eingestandene und akzeptierte Homosexualität der erste Schritt sein, einen eigenen Weg, ein individuelles Leitmotiv in einer heterosexuellen Welt zu finden.

Es ist schon ein großer Fortschritt, daß man heute über diese Probleme offen sprechen kann. Aber man muß auch sehen, daß die überzogene und verkrampfte Art, in der viele Homosexuelle meinen, um ihr Recht kämpfen zu müssen, mehr über deren individuelle Frustrationstoleranz, als über das Problem der Homosexualität an sich aussagt. Homosexualität ist nie ein Entweder-Oder, immer gibt es ein breites Spektrum von Möglichkeiten zwischen beiden Extremen. Dasselbe gilt auch für das Problem der Emanzipation der Frau. Auch hier kann man eine wirkliche Befreiung, die die vielen verschiedenen Möglichkeiten des Frau-seins gleichberechtigt nebeneinander toleriert, nicht durch vereinfachende Polarisierung erreichen.
Mit diesen einleitenden Worten habe ich zu zeigen versucht, daß es für das Mann- oder Frau-sein eine Abstufung der verschiedenen Möglichkeiten gibt. Ich komme nun auf die Entwicklung von der Sexualität über den Eros zur Liebe zurück, die für das Verhältnis zwischen Mann und Frau (und selbstverständlich auch zwischen Frau und Mann) die Grundlage bildet.
In der Vorpubertät entdeckt der Jugendliche zum ersten Mal die eigene Sexualität, beim Mädchen ist diese Phase durch die erste Menstruation gekennzeichnet, beim Jungen durch die ersten Erektionen und die nächtlichen Ejakulationen. In diesem Moment konzentriert sich das Interesse noch auf die Vorgänge im eigenen Körper, sehr bald richtet es sich dann aber auf das andere Geschlecht. In einer gesunden Atmosphäre ohne neurotische Umgangsformen läuft das Leben der Jungen und Mädchen normal weiter, man treibt zusammen Sport, geht gemeinsam auf Zeltlager, arbeitet und feiert zusammen. Für die Seele sind diese Dinge wesentlich wichtiger als sexuelle Probleme.
Danach verläuft die Entwicklung in den verschiedenen sozialen Schichten in mancher Hinsicht unterschiedlich. Mein beruflicher Umgang mit jugendlichen Arbeitern hat mir klar gezeigt, in welchem Maße Berufstätigkeit im Alter von 14, 15 oder 16 Jahren die Entfaltungsmöglichkeiten von Sexualität, Erotik

und Liebe einschränkt. Wo der ganze Lebensinhalt 8 Stunden am Tag geisttötende Arbeit mit eingeschränkter Bewegungs»freiheit« ist, kann sich auch die Psyche nicht entfalten. Diese Menschen sind dazu verurteilt, auf einem pubertären Entwicklungsniveau erwachsen zu werden. Wer Packerinnen am Fließband oder Mädchen in einem Schreibbüro beobachtet, für den ist mit Händen zu greifen, wie die Seele hier in halbwachem Zustand dahinvegetiert. Dasselbe gilt für Jungen, die ungelernte Arbeit verrichten oder vorprogrammierte Handgriffe tun müssen. Auf dem Bau oder beim Schiffsbau, wo die Arbeit noch mehr nach handwerklichen Prinzipien und auch abwechslungsreicher gegliedert ist, sind die Entfaltungsmöglichkeiten viel größer.

Wenn die Psyche in halbwachem Zustand viele Stunden des Tages bei ermüdender, eintöniger Arbeit existieren muß, bekommen sexuelle Gefühle und Phantasien ein unangemessenes Gewicht und verformen die Seele. Man braucht nur an irgendeinem Moment des Tages ein paar Minuten lang die Gespräche von Packerinnen anzuhören, um unmittelbar von der Einseitigkeit dessen berührt zu sein, was in einer solchen Lage die Psyche erfüllt. Kommt es dann in der späteren Adoleszenz zu einem festen Verhältnis oder einer Ehe, dann ist eine unbewußte, ganz wichtige Phase der Entwicklung übersprungen, die nur bruchstückweise noch einzuholen ist. Man staunt immer wieder über die Flexibilität der menschlichen Entwicklungspotenz, wenn man sieht, wie viel Positives auch unter solchen Umständen noch herauskommt. Aber das enthebt uns keineswegs der Verpflichtung, über Generationen hinweg für die Verbesserung der Entfaltungsmöglichkeiten des größten Teils der Bevölkerung zu kämpfen.

Natürlich liegen die Probleme bei dem priviligierten Teil der Jugend, die eine höhere Schule besuchen kann, wieder ganz anders. Hier wird viel zu früh die allgemeine Bildung den Ansprüchen einer auf den Numerus clausus hin orientierten Spezialisierung geopfert. Das vorsichtige Erforschen der eigenen seelischen Möglichkeiten ist nicht mehr möglich, wenn kollektive Chancengleichheit zu individueller Ungerechtigkeit wird.

Doch genug hiervon! Ich möchte wieder auf das Verhältnis zwischen Mann und Frau in der Adoleszenz zurückkommen, und ich gehe hier davon aus, daß sich die Entwicklung unter nicht allzu ungünstigen Bedingungen vollzieht. Diese Formulierung macht schon deutlich, daß ich mich im folgenden nicht mit statistischen Untersuchungsergebnissen einer sich im allgemeinen unter ungünstigen Umständen vollziehenden Entwicklung befassen will. Ich möchte meine Beschreibung der Situation eher eine bewußt gewählte, idealtypische Charakterisierung nennen.

Der Adoleszent, der seine eigene Sexualität akzeptiert hat und in seiner Seele den Eros entdeckt, betritt ein Zauberland voll unerwarteter und atemberaubender Erfahrungen. Hoffnung und Angst, Entzücken und Enttäuschung wechseln sich ab, Gefühle der Zärtlichkeit und der Verehrung erwachen neben Entrüstung und Abscheu. Jetzt muß er das ganze Spektrum der Gefühle erfahren, damit er in der großen, mittleren Phase des Lebens zum wahren Menschsein vordringen kann. Dann nämlich muß man über alle Nuancen der seelischen Kräfte verfügen, die gegenseitiges Verstehen, Annehmen und Vergeben möglich machen. Die Adoleszenz ist die Phase, in der jeder Mensch seine Männlichkeit oder Weiblichkeit erfährt. Jeder Mann sucht seine Eva und jede Frau ihren Adam. Tief in der Seele lebt ein Idealbild, das die eigene Seele vervollständigt. Wird man den Richtigen finden, oder wird man den ersten besten, der diesem Idealbild in etwa entspricht, nehmen müssen? Die erste Liebesbeziehung wird zum Übungsterrain für die weitere Entwicklung. Egal wie das Verhältnis endet – beide Beteiligten werden bereichert daraus hervorgehen. Viele Menschen brauchen mehr als eine Liebesbeziehung, um die innere Sicherheit zu erreichen, aus der das Erkennen des Partners kommt.

Auch wer an Vorherbestimmtsein für einander glaubt, muß doch eine gewisse Reife erlangen, um den anderen erkennen zu können. Die erste Begegnung mit dem anderen Geschlecht wird verzerrt, wenn sie zu sehr auf den sexuellen Bereich beschränkt bleibt. Die massive Konfrontation Jugendlicher mit der groben Sexualität in unseren Zeitungen und Zeitschriften und vor allem in den Sexfilmen, greift störend in den psychischen Reifungsprozeß ein. Eine auf sexuelle Anziehungskraft gegründete Ehe wird nicht lange halten. Im Grunde genommen gibt es nichts Langweiligeres als reinen Sex, die Variationsmöglichkeiten sind ziemlich bald erschöpft, und die Seele geht leer aus. Partnertausch, Gruppensex und andere Praktiken können vielleicht neue Reize vermitteln, aber das Verhältnis zweier Menschen wird dadurch nicht vertieft, der Mensch selbst bleibt unbefriedigt und einsam.

Im Lauf der zwanziger Jahre, wenn die Empfindungsseele sich erkundet und darin die »vital-seelischen Strebungen« wirken, wird der in der Adoleszenz entdeckte Eros in der Seele erlebte Wirklichkeit. Dieser Eros, der in der Begegnung mit dem Lebensgefährten erwacht ist, kann sich nun ausbreiten und auch das Verhältnis zur Natur und zu anderen Menschen durchdringen.

Die allgemeine Charakterisierung, die ich für die zwanziger Jahre gegeben habe, das tastende Erfahren, die »Vorläufigkeit« in Form und Inhalt der menschlichen Beziehungen, die emotionale Reaktion auf Erfolg und Mißerfolg, das »Himmelhoch jauchzend – zum Tode betrübt«, dies alles gilt natürlich genauso für die Ehe. Die Entwicklung eines eigenen gemeinsamen Lebensstiles ist die Basis für eine Gemeinsamkeit, aus der in späteren Jahren eine geistige Übereinstimmung wachsen kann. Das Schaffen einer Umwelt für die nächste Generation ist ein gemeinsamer schöpferischer Akt. Man erlebt gemeinsam und intensiv das Kinderkriegen, die Sorge um die Kinder und die Vertiefung der Verantwortung, die Kinder mit sich bringen. Dies alles formt und bestimmt die erste Phase der Ehe.

Der Junggeselle oder die unverheiratete Frau erleben in dieser Phase eine offene, unkomplizierte und kameradschaftliche Freundschaft zum anderen Geschlecht, die von den positiven

und negativen Schwingungen der Empfindungsseele getragen wird.
Gegen Ende der zwanziger, Anfang der dreißiger Jahre wird dies anders. Die Versachlichung der allgemeinen Lebenshaltung wirkt sich auch auf die Ehe aus. Unterschiede in Temperament, Lebensanschauung und Lebensstil bekommen ein eigenes Gewicht. Während in den zwanziger Jahren Meinungsverschiedenheiten zu aufbrausendem Streit und herrlicher Versöhnung führen konnten, ändert sich nun ihr Charakter. Einerseits sagt man sich: »So ist es nun einmal, ich werde mich anpassen müssen«, andererseits kann man sich in seine eigene Arbeit oder seine Aufgabe zurückziehen, woraus unmerklich gegenseitige Entfremdung wächst. Der Glanz des Eros droht zu verblassen, der sexuelle Verkehr ist zur Routine geworden, jetzt muß eine tiefere Bindung heranwachsen, damit die Beziehung nicht in Sachlichkeit erstickt. Diese tiefere Bindung kann nur der bewußte Entschluß sein, im Verhältnis zum Lebenspartner das Wesentliche vom Unwesentlichen zu scheiden. Schon der Wille, danach zu suchen, öffnet die Augen für die Individualität des anderen. Daraus wächst zunächst ein Gefühl der warmen Kameradschaftlichkeit, des gegenseitigen Vertrauens. Später wird sich herausstellen, daß diese in der Phase der Entwicklung der Verstandesseele gewachsene Kameradschaftlichkeit das Fundament für eine Vertiefung der Beziehung ist, die sich dann zu einer echten, auf geistiger Verbundenheit ruhenden Liebe entwickeln kann.
Andererseits kann in den dreißiger Jahren der Grund für praktische Zusammenarbeit zwischen Mann und Frau gelegt werden*, und die Familienkultur aufblühen (z. B. in der Kunst, die Ferien als eine Phase des innigen Zusammenseins zu gestalten).
In den dreißiger Jahren werden die beiden Entwicklungsmöglichkeiten für die Ehe in den vierziger Jahren im Keim

* Schulsorgen und Elterninitiativen für einen individuelleren Unterricht in einer Zeit, da Bildungstechnokraten herrschen und der Staat allmächtig wird, können zur Zusammenarbeit mit anderen Familien führen.

angelegt: die Ehekrise oder eine neue Beziehung in geistiger Nähe und Verbundenheit. Gerade die Verstandesseele sieht die positiven und negativen Seiten des Partners sehr deutlich; dies kann zu emotionaler Abkühlung und Versachlichung führen. Diese Versachlichung kann aber auch die notwendige Voraussetzung dafür sein, daß der Partner so akzeptiert wird, wie er nun einmal ist. Daraus wächst eine Gemeinsamkeit, die das Leitmotiv, das nun im anderen allmählich hörbar und sichtbar wird, mitträgt.

Viel hängt in dieser Phase von der Einstellung ab, die man sich selbst gegenüber hat. Wer sich selbst nicht mit allen Schwächen und Stärken annehmen kann, wer der Konfrontation mit sich selbst aus dem Weg geht, indem er rastlos der Karriere, dem Erfolg und der Befriedigung seines Ehrgeizes nachjagt, der wird auch nicht fähig sein, dem anderen in seinem wahren, persönlichen Wesen zu begegnen.

Entweder beginnt die Ehe dann zu zerbrechen, oder sie dient nur noch als Kulisse für ein Schauspiel, das für die Außenwelt aufgeführt wird. In diesem Fall kann die Kulisse brauchbar sein oder stören. Wenn sie stört, meint man, man müsse sie durch eine andere ersetzen, die besser zum sich gerade abspielenden Akt des Lebensdramas paßt.

Über die Krise der vierziger Jahre ist schon viel gesagt worden. Wer im dritten Lebensjahrzehnt nicht wenigstens die Basis für eine tiefere Verbundenheit gelegt hat, wird nun in große Schwierigkeiten geraten. Diese tiefere Verbundenheit hängt aufs engste mit dem Menschenbild zusammen, das man bewußt oder unbewußt in sich trägt. Wer davon überzeugt ist, daß der Mensch einzig und allein eine biologische Existenz hat, wird nun mit Schrecken an die Zeit denken, da die bescheidenen Freuden des Körpers schwinden werden. Es ist daher begreiflich, daß man in der Sehnsucht nach der eigenen Jugend wenigstens einen viel jüngeren Lebenspartner haben will. Dies gilt besonders für den Mann – die Frau weiß, daß sie unwiderruflich vor der Menopause steht, und so manch kleiner Nachkömmling ist als Versuch, diesen Moment noch hinauszu-

schieben, geboren worden. So kündigte zum Beispiel eine 46jährige Frau ihre Schwangerschaft mit den Worten an: »Der hat sich gerade noch vor Ladenschluß reingedrängelt.«
Der amerikanische Psychoanalytiker Edmund Bergler beschreibt in seinem Buch »Die Revolte der Fünfzigjährigen«* die männliche Menopause und ihre Auswirkungen auf die Ehe. In der Einleitung zur niederländischen Ausgabe sagt Van Emde Boas: »Der Mann in den Wechseljahren gehört, verglichen mit der Frau in derselben Lebensphase, zu einer *vergessenen Gruppe.*« »Man weiß, daß das Klimakterium (die Menopause) der Frau oft eine Ehe schwer belastet. Das Klimakterium des Mannes aber ist häufig eine direkte Bedrohung der Ehe, denn in vielen Fällen versucht der Mann in den Wechseljahren, die *Fesseln* zu sprengen, die seiner Meinung nach seine Existenz einengen.«
Auch wenn man der Ansicht Berglers nicht folgen will, daß alle Neurosen, also auch diese, Ausdruck eines »psychischen Masochismus'« sind, wird man doch dies äußerst nützliche Buch begrüßen. Bergler beginnt seine Darstellung mit den Worten: »Die Rebellion des Mannes in mittleren Jahren – die Unzufriedenheit mit allem (einschließlich Ehe, Berufspflichten, konventionelle Vergnügungen), die den Mann im mittleren Alter plötzlich überfällt – ist die trübselige Geschichte einer zweiten Pubertät, in der die Worte des Helden bombastisch, seine Taten inadäquat und seine schließliche Niederlage unvermeidlich sind. Die Auflehnung ist von Anfang an zum Scheitern verurteilt und kann nur zu einer von zwei Konsequenzen führen: entweder der Rebell fügt sich gutwillig in sein individuelles und unabänderliches (weil selbstgestaltetes) Schicksal – wozu auch gehört, daß er sich trotz hochfliegender Pläne nicht scheiden läßt – oder er verstrickt sich immer tiefer in Schwierigkeiten und befindet sich zuletzt wieder genau dort,

* Zürich 1955; Titel der amerikanischen Ausgabe: »The Revolt of the Middle-aged Man«, New York 1954. Niederländische Ausgabe »De illusie van de tweede jeugd – gevaarlijke jaren in het leven van de man«, Amsterdam 1956.

von wo er ausgegangen ist; aber er ist dann voller Bitterkeit und Vorwürfe.«

Bergler beschreibt in den dann folgenden Kapiteln den endlosen und sinnlosen Streit um Nichtigkeiten, in dem es für den Mann immer wieder darum geht, daß »sie ihn nicht los läßt«, daß er wegen seiner häuslichen Bindungen nicht schöpferisch sein kann. Die verständnisvolle Freundin wird aber meistens nicht in den Ehestand erhoben – eine Scheidung nützt nichts, wenn sich die Schwierigkeiten zur Neurose verhärtet haben. Das Verhältnis wird weiter dadurch belastet, daß bei der Frau nach der Menopause (wie wir schon gesehen haben) ein neues Lebensgefühl erwacht, das ihr die Illusion gibt, außerhalb der Zeit zu leben, nicht zu altern und noch immer unverändert attraktiv zu sein. Der Mann dagegen lebt in dieser gefährlichen Phase in der Illusion einer zweiten Jugend. Die Frau sieht mit voller Schärfe die Torheit seines Verhaltens und ist durch seine Vorwürfe tief gekränkt; der Mann will aus der beklemmenden Enge ausbrechen, weil er keinen anderen Ausweg mehr für eine menschenwürdige, eigene Existenz sieht.

Es ist wohl offensichtlich, daß diese Situation bei Paaren auftritt, die unfähig waren, einzeln oder gemeinsam ihrem Leben einen neuen, geistigen Inhalt zu geben, der neue Dimensionen erschließt und das Gefühl gibt, endlich dort angelangt zu sein, wo das Leitmotiv des Lebens bewußt wird und *neue* Zielsetzungen die Seele erfüllen. Nicht der Rückgriff auf eine biologische Vergangenheit löst einen solchen Konflikt, sondern die Erschließung mitreißender Aufgaben in einem neu sich eröffnenden Horizont.

Es ist verständlich, daß Bergler als Psychoanalytiker der festen Überzeugung ist, daß niemand der Revolte der mittleren Jahre entgehen kann, »weil die Jugend nicht zurückgeholt werden kann«, und »daß jeder die bittere Pille schlucken muß und zugeben muß, daß die Jugend unwiederbringlich vorbei ist«. Kenntnis des »typischen und unvermeidlichen inneren Konfliktes, der von hypochondrischen Beschwerden begleitet wird, aber auch von dem vorübergehenden und, was die schließlichen Folgen anbelangt, doch harmlosen Charakter dieses Sturmes im Wasserglas« – Kenntnis also der verschiedenen Aspekte der Krise könnte vor allem der Frau helfen, ihrem Mann in dieser Phase beizustehen, so wie auch sie zuvor erwartet hatte, daß man ihr bei der Bewältigung der eigenen Menopause zur Seite stand. Schwere Fälle allerdings können, laut Bergler, nur durch eine psychoanalytische Behandlung gelöst werden. Was ich aber in seinem Buch vermisse, ist der Hinweis auf die Möglichkeit, einen neuen Lebensinhalt zu finden und eine neue, aus dem Geist geborene menschliche Beziehung aufzubauen. In einer wirklichen therapeutischen Behandlung wird daher nicht nur der biologische Verfall akzeptiert, sondern auch gemeinsam nach neuen Lebensinhalten gesucht werden müssen, die wiederum zu einer neuen Begegnung, auch zwischen beiden Ehepartnern, führen können. Selbstverständlich kann sich diese Situation auch in der Einstellung zum Beruf entladen. Auch hier sind es dann immer »die anderen«, die die eigene (illusorische) Entfaltung verhindern. Auch dann ist für den Mann in dieser Lage die Zukunft tragisch, oft voller Verbitterung über die fehlende Anerkennung seiner rechtmäßigen Ansprüche auf eine bestimmte Stellung. Schwierig wird die Lage dadurch, daß er meistens eine wirkliche Therapie ablehnt und der Realität nicht ins Auge sehen kann und will. Nur eine neue Begegnung könnte hier Hilfe bringen.

Eine solche Hinwendung wird in der Ehe erst möglich, wenn die volle Persönlichkeit des anderen jenseits seiner Körperlichkeit erfaßt werden kann. Dies ist auf dem Boden einer religiösen Überzeugung möglich, kann aber auch von einer Weltanschauung oder einer tiefen Ehrfurcht vor der Individualität des Mitmenschen getragen sein. Auf jeden Fall muß man erst auf diese andere »personale Gestalt« aufmerksam werden, um sie kennen und lieben zu lernen.

Meistens ist dies für die Frau leichter als für den Mann; der Mann erlebt das andere Ich mit Hilfe der »weiblichen« Seite in sich, die im Lauf des vierten Jahrzehnts eine besondere Rolle spielt.

Aus dieser Beziehung, die nun allmählich Liebe genannt werden darf, wächst die Treue, die über die Grenze des Todes reicht und die positiv bleibt, was auch mit dem anderen geschieht. Diese Beziehung wird in den dreißiger Jahren mit der Entwicklung der Verstandesseele geboren, sie muß lange und sorgfältig gehütet werden und sie reift in den fünfziger Jahren voll aus. Diese Liebe fordert nicht, sondern sie gibt. Im Alter kann die Ehe noch an Intensität zunehmen. Wo gemeinsame geistige oder künstlerische Interessen sich entwikkelt haben, ist auch im Alter ein stimulierendes Gespräch möglich. Aber auch das wortlose Zusammensein im Bewußtsein des anderen kann ein tiefes Glücksgefühl schenken. Das krasse Gegenteil dazu sind die alten Ehepaare, die man in Hotelhallen trifft; sie sitzen sich schweigend gegenüber, nach einer Weile bemerkt der eine: »Laß doch das blöde Nasenreiben!« – worauf als Antwort kommt: »Wenn ich mich an meiner Nase reiben will, dann tu ich das auch«, wonach man sich wieder feindselig anschweigt. Eine solche Ehe ist zu einem Schlachtfeld geworden, auf dem ein lautloser Kampf um die Erhaltung von ein paar Freiheiten auf beiden Seiten geführt wird, wobei in einer Art Stellungskrieg dieselben trivialen Vorwürfe endlos wiederholt werden.

Mit der wachsenden Kenntnis der Persönlichkeit des anderen kommen aber auch wesentliche negative Aspekte des Nächsten zu Bewußtsein. In dieser anderen »Gestalt« kann der Partner als ein abstoßendes Wesen erlebt werden, oder wenigstens als Karikatur seines positiven Charakters.

Die Frau eines Schriftstellers, die selbst eine sehr gebildete und begabte Frau war, berichtete mir von einer typischen Erfahrung (ihre Ehe wurde von vielen Freunden als beispielhaft angesehen): ihr Mann hatte ein Buch geschrieben und war danach auf eine längere Reise gegangen. Sie blieb mit den Kindern zurück und erklärte sich bereit, die Korrekturfahnen des Buches zu lesen. Eines Abends, als sie in diese Arbeit vertieft war und durch das sorgfältige Lesen besonders intensiv den Inhalt aufnahm, stand plötzlich ein schauerliches Wesen vor ihr, das in ihr allen Haß weckte, dessen sie fähig war. Im nächsten Augenblick schon war das Bild verschwunden, aber die Emotionen, die diese »Begegnung« in ihr wachgerufen hatte, wirkten noch lange nach, so wie ein bedeutungsvoller Traum uns wochenlang beschäftigen kann. Ihr wurde bewußt, daß sie in dem gräßlichen Wesen alles gesehen hatte, was an ihrem Mann abstoßend war. Verstärkt wurde die Empfindung durch die physische Abwesenheit des Mannes und seine gleichzeitige geistige Anwesenheit durch sein Buch. In der ihr eigenen nüchternen Art sagte sie: »Da mußte ich auch noch hindurch, um ihn noch mehr lieben zu können.«

Nicht jeder wird eine ähnlich eindringliche Erfahrung machen, dafür muß man ein Künstler sein, der an den intuitiven Umgang mit solchen Erlebnissen gewöhnt ist; aber halbbewußt machen wir alle diese Erfahrung. Wir kennen den »Doppelgänger« des Partners, der uns in kleinen und großen Dingen irritiert und oft störend in das bewußte Sagen und Tun eingreift.

Wir kennen den »Doppelgänger« des anderen besser als unseren eigenen. Diesen eigenen »Doppelgänger« lernen wir erst kennen, wenn wir wahrnehmen können, wie wir auf andere wirken, wie gute Absichten immer wieder falsch verstanden werden. Statt die Schuld dann bei den anderen zu suchen, muß man es wagen, sein negatives Ich als »Gestalt« oder zumindest als die »Ahnung einer Gestalt« zu sehen.

Im *Parzival* von Wolfram von Eschenbach tritt am äußeren Höhepunkt von Parzivals Leben, als er nämlich als Ritter in König Arthurs Tafelrunde aufgenommen werden soll, plötzlich die Gestalt der schrecklichen Kundrie auf. Sie ruft aus, daß Parzival unrechtmäßig Ritter der Tafelrunde geworden sei. Denn auf ihm ruhe ein Fluch; er habe in der Gralsburg versäumt, nach dem Leiden des Königs Amfortas zu fragen.

Kundrie ist hier Animafigur und »Doppelgänger« des Parzival zugleich. Daß diese Interpretation richtig ist, zeigt auch der Schluß der Dichtung. Als Parzival am Ende aller Prüfungen

doch Gralskönig wird, kommt ihm Kundrie entgegen, nun aber in strahlender Gestalt. Sie ist von ihrer Aufgabe befreit, der negative Spiegel des Parzival sein zu müssen.
In der Ehekrise der vierziger Jahre spielt die Tatsache, daß man den eigenen Doppelgänger nicht erkennen will, den des Partners dagegen besonders scharf sieht, eine große Rolle. In meiner Arbeit bin ich leider häufig mit Scheidungsproblemen in Berührung gekommen. Wenn man intensiv mit beiden Beteiligten gesprochen hatte, blieb häufig der Eindruck zurück: Hier sind zwei an sich und jeder in seiner Weise treffliche Menschen, aber jeder sieht in dem anderen nur noch den Doppelgänger und hat die eigentliche Individualität aus dem Auge verloren. Bei näherem Hinsehen stellte sich oft heraus, daß diese Menschen zwar viele Jahre zusammen gelebt, aber eben nicht Freud und Leid miteinander geteilt hatten. Dadurch überlagerte eine vorwurfsvolle Grundstimmung das Gefühl der tiefen Freude, die aus dem Bewußtsein des gegenseitigen Vertrauens wächst. Leider ist es, wenn die Entfremdung einmal so weit fortgeschritten ist, selten möglich, beiden die Augen für das wirkliche Wesen des anderen zu öffnen. Das braucht oft den Abstand vieler Jahre, und danach ist es meistens zu spät.
So begleitet die Ehe den menschlichen Lebenslauf. Erst das Gelingen oder Scheitern einer Ehe zeigt, ob die Beziehung zwischen zwei Menschen sich zur vollen Reife entfalten kann. In der Ehe spiegelt sich der Weg zur inneren Reife der Partner; eine Ehe kann nur dann voll reifen, wenn die Partner zum vollkommenen Menschsein vordringen. Dieses vollkommene Menschsein kann die Frucht eines langen Lebens sein, in dem man die eigene Entwicklung gerade auf dem Hintergrund der kontinuierlichen Beziehung zu einer anderen Individualität messen kann. Wer nie die Sündenbockpsychologie abgelegt und nie gelernt hat, daß wirkliche Entwicklung mit der Annahme des eigenen Wesens, so wie es ist, beginnt, der wird nie zur wirklichen Selbsterkenntnis kommen. Diese Selbsterkenntnis wiederum begleitet den jeweils eigenen Lebensweg der beiden Partner.

Aus alledem darf nun aber nicht geschlossen werden, daß Unverheiratete keine Entwicklung durchlaufen. Hier war von der Ehe die Rede, der individuelle Entwicklungsweg wird in einem anderen Kapitel behandelt.

Zu Spannungen in der Ehe kann sicher auch ein großer Altersunterschied führen, er kann andererseits aber auch verhindern, daß Spannungen auftreten. Wer alle Aspekte des Problems erfassen will, wird zu dem Schluß kommen, daß nur eine dauernde Entwicklung des inneren Wesens eine menschliche Beziehung vor dem Scheitern bewahren kann.

Schwerer zu überwinden sind Spannungen, die dadurch entstehen, daß beide Partner eine unterschiedliche Lebensphilosophie oder einen anderen Glauben finden. Hier ist ein hohes Maß an Toleranz notwendig, die auch dem anderen die Freiheit zugesteht, die man für sich selbstverständlich in Anspruch nimmt.

Ein Wort muß noch über die Familienkultur in unserer Zeit gesagt werden. Dieser Begriff ist im Lauf des Kapitels eingeführt worden, und es ist wichtig, hierüber noch mehr zu sagen. Als die Familie noch ein sozialer Verband mehrerer Generationen war, konnte durch die Aufteilung der Pflichten und Aufgaben unter den Generationen Familienkultur entstehen. Die jungen Ehen mit neuen Ansichten über die Probleme dieses Lebens sorgten für Erneuerung, während die Kontinuität von der älteren Generation getragen wurde, die den Enkeln etwas von ihrer Lebensweisheit mitgeben konnte. So sind Volksmärchen entstanden, die von den Großmüttern erzählt wurden, und Bauernweisheiten, die die Großväter in Sprichwörter faßten. In manchen Biographien stoße ich auch heute noch auf eine Großmutter oder einen Großvater, die eine entscheidende Rolle im Leben des Betreffenden gespielt haben. Aber im allgemeinen wird dies doch immer seltener.

Eine neue Familienkultur wird heute durch den bewußten Einsatz der Eltern geschaffen werden müssen. Dies wird größtenteils Aufgabe der Frauen sein. Familienkultur ruht auf einer Reihe von Voraussetzungen. Zunächst muß in das Leben der Familie Rhythmus gebracht werden. Jeder weiß, daß der Säugling einen festen Tagesrhythmus braucht. Regelmaß in Ernährung, Schlaf und Spiel gibt dem Kind innere Sicherheit in seiner Abhängigkeit.

Dann muß dieser Rhythmus in der Kindergarten- und Schulzeit eine für die jeweilige Familie typische Form erhalten: Essenssitten, feste Momente, zu denen die Kinder damit rechnen können, daß Zeit und Raum für ihr Leben ist – so zum Beispiel die Regel, daß vor dem Schlafengehen eine halbe Stunde Zeit ist für ruhiges Beisammensein, wo erzählt oder vorgelesen und an den Erlebnissen des Tages Anteil genommen wird. Alte Volksmärchen haben auch heute noch unveränderlichen Wert für das kleine Kind, für ältere Kinder selbst ausgedachte Geschichten. Hier kommt dem Vater eine wichtige Rolle zu, wenn er zum Beispiel am Sonntagmorgen eine Geschichte in Fortsetzungen erzählen kann. Aus meiner eigenen Erfahrung erinnere ich mich eines Spieles, das wir mit unseren acht- bis zwölfjährigen Kindern spielten: sie durften sich einen Titel ausdenken, der Vater bekam drei Minuten Bedenkzeit und mußte dann über das vorgeschlagene Thema eine Geschichte erzählen. Die Herausforderung des Spieles bestand darin, ein Thema zu finden, zu dem dem Vater sicher keine Geschichte einfallen würde. Die Freude war dann doppelt groß, wenn es ihm doch gelang.

Nicht nur für die Kinder, sondern gerade auch für den Vater in den Dreißigern und Vierzigern ist diese Übung von großer Bedeutung! Er wird sehen, daß er Fähigkeiten entwickelt, die ihm auf seinem eigenen Weg nützen werden. Gelungene Geschichten werden zu Standardgeschichten, die es nur in der eigenen Familie gibt und die eine gute Basis für das Zusammengehörigkeitsgefühl bilden.

Eltern ist manchmal das Bedürfnis der Kinder, immer wieder dieselbe Geschichte zu hören, nicht ganz geheuer. Kinder verlangen oft monatelang immer wieder dieselbe Geschichte. Die heimliche Vorfreude auf die Wiederholung des schon Bekannten ist dabei groß; deshalb wollen Kinder auch immer wieder an denselben Ferienort, um die vertraute und bekannte Umgebung wiederzufinden. In der Vorpubertät schwindet dieses Bedürfnis und schlägt um in den Wunsch, immer etwas Neues zu hören oder zu erleben; hiermit beginnt die Eroberung einer weiteren Welt.

Neben dem Tages- und Wochenrhythmus (der Sonntag ist anders als der Werktag) ist das Festefeiern von besonderer Bedeutung. Ein festes Zeremoniell an Geburtstagen und Weihnachten ist wichtig, vor allem wenn die Kinder sich dann selbst an der Vorbereitung des schon bekannten Festes beteiligen können. Die Vorbereitung enthält ein besonderes Element: Man kann sich z. B. die Freude des anderen über seinen schön geschmückten Stuhl schon vorstellen.

Die Vorfreude ist immer größer als die Freude, die man im Moment empfindet. Deshalb behält man später auch die Vorfreude – im warmen Glanz der Kindheitserinnerung – im Gedächtnis.

Wir leben in harten und unsicheren Zeiten. Was wir unseren Kindern an Wärme und Sicherheit mitgeben, kann ihnen nicht mehr genommen werden – komme was wolle. Für die Kinder ist es wesentlich, eine Beziehung zu Kunst und Natur zu entwickeln. Begegnung mit der Natur auf Spaziergängen, Sammeln von Steinen, Muscheln oder Pflanzen und Vogelkunde sind Nahrung für die Seele, die ebenso wichtig ist wie eine gute Ernährung des Körpers. Hier sollte jeder versuchen, nach seinen Fähigkeiten und Möglichkeiten ein Stück Familienkultur zu schaffen. Und ist man ein phantasieloser Banause mit ungenügend entwickelter Naturliebe, dann kann man gemeinsam mit den Kindern in der Natur, beim Zeichnen, Malen und Erzählen neue Welten entdecken und damit in gewisser Weise selbst einen Teil seiner Beschränktheit verlieren und die eigene Jugenderfahrung korrigieren.

Ich wage die Voraussage, daß der Fortbestand unserer westlichen Kultur zu einem wichtigen Teil davon abhängen wird, ob sich auf breiter Basis eine neue Familienkultur entfalten kann.

IV. Die Grundhaltungen

Der junge Mensch kämpft im Prozeß der Selbstfindung mit den Fragen: Wer bin ich? Was will ich? Was kann ich? Die erste Frage greift am tiefsten; sie ist eine existentielle Frage, die im Lauf des Lebens immer wieder in neuen Dimensionen auftaucht. Vorläufig sind es jedoch die Fragen: Was kann ich und was will ich?, die Antwort verlangen. Nun gibt es eine Reihe von Versuchen, Menschen in Gruppen mit gleichen Anlagen einzuteilen und typologisch abzugrenzen. Jung unterscheidet z. B. extravertierte und introvertierte Einstellung mit jeweils vier Varianten: den extravertierten Denktypus, Fühltypus, Empfindungstypus und Intuitionstypus. Diese insgesamt acht Typen bilden eine Art von Kompaß, mittels dessen wir uns in der Struktur der Psyche orientieren können. Es gibt auch Versuche, die Neigung zu verschiedenen Berufen typologisch zu erfassen. Anhand von umfangreichem Material unterscheidet Hollander sechs Typen: den intellektuellen Typ, den aktiven Typ, den realistischen Typ, den sozialen Typ, den konventionellen Typ und den künstlerischen Typ. Diese Einteilung beruht auf der statistischen Auswertung der psychischen Neigung für bestimmte Berufe. Aus meiner eigenen Erfahrung, die ich im Lauf von 40 Jahren aus Gesprächen mit Jugendlichen gewonnen habe, bin ich zu einer Einteilung in sechs Typen mit jeweils zwei Varianten gekommen: der forschende, der denkende, der organisierende, der pflegende, der reformierende und der bewahrende oder verwaltende Typ. Diese sechs Typen treten jeweils in einer kreativen und einer nicht-kreativen Variante auf. In ihrer kreativen Form wird aus der Grundhaltung eine schöpferische Kraft, in nicht-kreativer Form bleibt sie eine Anlage. Ich habe diese sechs Typen Grundhaltungen genannt.

Im Gegensatz zu Hollander, der seine Typen anhand von real existierenden Berufen entwickelt hat, möchte ich mit dem Begriff »Grundhaltung« andeuten, daß diese verschiedenen Möglichkeiten gleichsam eine Tonart bilden, in der die Komposition der Biographie gesetzt ist. So wie auch die Tonart eines Stückes nicht viel über den Inhalt, das Tempo oder die Instrumentierung sagt, wohl aber zeigt, welche »Stimmung« die Komposition wiedergibt, so sagt auch die Grundhaltung nichts über den Inhalt des Lebensdramas, das Tempo oder die Instrumentierung, die von der Ausbildung oder den erworbenen Fähigkeiten abhängt, aber sie gibt dem Leben eine besondere Eigenschaft: *Die Grundhaltung ist Ausdruck des eigentlichen Wesens der Psyche selbst.*

Unsere Psyche nimmt einerseits aus der Welt des Geistes die Leitmotive auf, andererseits aus dem biologischen Bereich die Triebe und Begierden. Die Seele hat jedoch auch eine eigene Struktur, die in der Grundhaltung erkannt und erforscht werden kann. Ein Mensch mit forschender Grundhaltung wird immer den Drang zum Forschen haben, sei er nun Student der Natur- oder Geisteswissenschaften, Hausfrau oder Gärtner.

Musikalität kann erblich sein, das Temperament gestaltet diese Anlage aktiv oder passiv aus, während die Grundhaltung ihr eine bestimmte Qualität gibt, aber erst das Ich entscheidet, ob die Musik in diesem individuellen Leben ein Leitmotiv oder eine erfreuliche Nebenerscheinung sein wird. Nur im ersten Fall kann aus dem betreffenden Menschen ein Musiker werden. Erbanlagen und Temperament erlebt der Mensch in der Psyche deutlich als Möglichkeiten, als Eigenschaften, denen er nachgeben und die er entwickeln kann oder nicht. Man kann sich im psychisch-seelischen Erleben nur sehr schwer von der eigenen Grundhaltung distanzieren. Meistens gelingt dies erst, wenn man im Alter sein Leben rückblickend überschaut. In der Adoleszenz, wenn das individuelle Leitmotiv noch nicht klar hervorgetreten ist, tritt die Grundhaltung oft ersatzweise an dessen Stelle und wird damit zum Kriterium für die Wahl von Studium oder Beruf.

Eigentlich ist jede Grundhaltung in jedem Beruf denkbar. Ein Arzt kann forschende, denkende, organisierende, pflegerische, erneuernde und administrative Tendenzen in seinem Beruf verwirklichen. Von welchem Aspekt er sich stärker angezogen fühlt und auf welchem Gebiet er dann meistens auch mehr leistet, hängt ganz von seiner psychischen Struktur, das heißt von seiner Grundhaltung, ab. Wenn sein individuelles Leitmotiv jedoch einmal bewußt geworden ist, kann er auch auf eine andere Modalität überwechseln und somit eine andere als die bestimmende Grundhaltung entwickeln. In diesem Fall laufen die Dinge weniger automatisch, dafür aber viel bewußter ab.

Die Grundhaltungen haben in der ersten Lebenshälfte einen bestimmenderen Einfluß als in der, mit den vierziger Jahren beginnenden zweiten Lebenshälfte. Wie ich zu zeigen versuchte, ist die Grundhaltung die Modalität, der Farbton oder die Tonart der Psyche, *sie wird also die mittlere Phase am stärksten* beeinflussen. In der Adoleszenz bestimmt die Grundhaltung in hohem Maße die kulturell bedingte Wahl des Studiums oder des Berufes. Eine Wahl, die eindeutig der dominierenden Grundhaltung zuwider läuft, führt zu Widersprüchlichkeit und Insuffizienzgefühlen. Meiner Meinung nach ist dies eine der Hauptursachen für die besonders schlechten Ergebnisse bei Universitätsstudiengängen, die immer häufiger vorprogrammiert sind und immer weniger Gelegenheit bieten, einen eigenen Lernstil zu finden.

Ich gebrauche hier den Begriff »dominierende Grundhaltung«, den ich näher erläutern muß. Die sechs oder sieben Grundhaltungen sind bei jedem Menschen vorhanden, aber eine oder einige dieser Grundhaltungen dominieren, sie bestimmen die erste Lebenshälfte bis einschließlich der expansiven Phase. Menschen mit nur einer eindeutig dominierenden Grundhaltung haben in dieser Hinsicht keine Probleme. Der Adoleszent wird in einem solchen Fall deutlich fühlen, daß er einer bestimmten Lebenshaltung den Vorrang gibt. Hollander weist aber auch darauf hin, daß viele Menschen mehr als nur eine mögliche Grundhaltung haben. Für diese Menschen ist die

Wahl weniger einfach. Sie neigen dazu, wechselweise dem einen oder dem anderen seelischen Aspekt den Vorrang zu geben. Ihnen fällt die Berufswahl besonders schwer; in solchen Fällen ist es für den Berufsberater übrigens genauso schwer, einen sinnvollen Rat zu geben.

Meiner Meinung nach hat Rogers in diesem Zusammenhang mit der Methode des non-direktiven Gesprächs einen Weg gezeigt, jungen Menschen zu helfen, ihre eigene definitive Wahl im vollen Bewußtsein zu treffen, daß eine andere Wahl ebenso gut möglich gewesen wäre. Aber diese andere Möglichkeit kann unter gewissen Umständen später im Leben eine Rolle spielen oder als Nebenbeschäftigung neben dem Beruf wichtig werden. Die eindeutige Grundhaltung erleichtert zwar anfänglich die Wahl, führt jedoch später zu einer Einschränkung der Möglichkeiten. Auf das Problem der verschiedenen Grundhaltungen kann ich hier nur oberflächlich eingehen, man darf es jedoch bei der Behandlung der Faktoren, die den menschlichen Lebenslauf beeinflussen, nicht gänzlich außer acht lassen; weiter ausgearbeitet werden müßte dieses Problem in einer besonderen Publikation. Hier möchte ich nur kurz die verschiedenen Grundhaltungen charakterisieren und darauf hinweisen, welche einander bestärken oder einander widersprechen.

Der *forschende Typ* fühlt den Drang, das Funktionieren der Welt um ihn herum zu untersuchen und den Zusammenhang der Phänomene zu erklären. Dabei ist es nicht so wichtig, worauf sich der forschende Geist richtet, es können so unterschiedliche Dinge sein wie Sprache, Materie, Kooperation oder Düngemethoden. So gibt es Menschen, die ihr ganzes Leben der Erforschung des Regenwurmes widmen, die alles wissen, was man über dieses Tier wissen kann. Forscher, die sich auf ein enges Gebiet spezialisieren, sei es ein chemisches Problem oder der Kiefer der Käfer, laufen Gefahr, »Fachidioten« zu werden und mit Scheuklappen durchs Leben zu gehen. Wer ein Forschungsinstitut leiten muß, weiß, wie schwer Wissenschaftler zur Zusammenarbeit zu bewegen sind. Der

kreative Forscher neigt zum Alleingang, der nicht-kreative zur Routinearbeit, letzterer ist jedoch unter Umständen bereit, von anderen etwas anzunehmen.
Der *denkende Typ* fühlt den Drang, die Welt seiner Ideen in Systemen und Theorien zu ordnen und in größeren Zusammenhängen zu sehen. Abgesehen von den Philosophen, die das Denken zu ihrem zentralen Lebensthema gemacht haben, findet man in jeder Wissenschaft neben dem Forscher den Denker. Die meisten Forscher sind armselige Denker, sie fühlen sich nicht zu existentiellen Fragestellungen hingezogen, sie wollen auch selten ihr Teilwissen in einem größeren, erkenntnistheoretischen Zusammenhang sehen. Bei der Behandlung des Nativismus habe ich schon gezeigt, welch bedenkliche Simplifizierung große Forscher zustande gebracht haben, die auf dem Gebiet der Biochemie über die Zukunft des Menschengeschlechtes nachgedacht haben. Andererseits haben die einseitigen Denker Mühe, an konkrete, menschliche Dinge anzuknüpfen. Der denkende Typ manifestiert sich bereits in früher Jugend, er hat in der Schule oft große Schwierigkeiten, weil er überall Inkonsequenzen entdeckt und lästige Fragen stellt. Diese Menschen empfinden die heute in vielen Ländern üblichen multiple-choice Examina als eine Beleidigung ihrer Intelligenz. Sie kommen leicht ins Hintertreffen, weil sie sich, im Gegensatz zu ihren mittelmäßigen Mitschülern, weniger leicht in das Denkschema ihrer Prüfer und in deren »one best way«-Philosophie einfühlen können. Mit typisch englischem Humor hat Benn Hoffmann in seinem Buch »The Tyranny of Testing« dieses Problem ausführlich behandelt.

Den *organisierenden Typ* kann man leicht beschreiben. Für ihn ist die Welt dazu da, in Angriff genommen, geordnet und beherrscht zu werden. Auch dieser Typ manifestiert sich schon in früher Jugend, man kann ihn in der Schule und in Clubs für Kinder und Jugendliche finden. Ich habe den Beginn der dreißiger Jahre als die organisatorische Phase des Lebens

charakterisiert, verständlicherweise erlebt der organisierende Typ jetzt den Höhepunkt seines Lebens.
Diese Menschen laufen allerdings Gefahr, später das Organisieren nicht mehr lassen zu können, sie sind oft unfähig, anderen Werten als dem praktischen Funktionieren in ihrem Leben Raum zu geben. Der organisierende Typ ist aktiv bis zur Aggressivität und strebt bewußt oder unbewußt nach Macht über Menschen und Dinge. In unserer industriellen Gesellschaft bilden diese Menschen die Gruppe der erfolgreichen Manager und Karrieremacher. Wird diese Grundhaltung durch eine der anderen Grundhaltungen abgeschwächt (was glücklicherweise häufig der Fall ist), dann bekommt der Organisationsdrang einen etwas milderen Charakter. Der organisierende Geist kann sich auf Forschung, reines Denken, das Umsorgen anderer, Erneuerung oder Verwaltung richten.
Der *pflegerische Typ* fühlt den Drang, Lebendiges zu nähren, zu versorgen und zum Wachsen zu bringen. Diese Haltung ist die Grundlage für die Erziehungs- und Bildungsarbeit und für die pflegerischen Berufe und spielt eine wichtige Rolle in Landwirtschaft, Gärtnerei und Viehzucht. Im sozialen Bereich schafft dieser Typ, ohne selbst in den Vordergrund zu treten, ein Milieu, in dem andere sich entfalten können. Ohne die pflegerische Grundhaltung gäbe es keine Behaglichkeit und keine Geborgenheit. Besonders wichtig ist es, daß Kinder unter dem Einfluß einer pflegerischen Grundhaltung aufwachsen können. Eine zu aktive Mutter, die alles immer schon im voraus organisiert hat, weckt bei heranwachsenden Kindern eine Grundstimmung des Bedrohtseins oder das Gefühl, den Ansprüchen nicht genügen zu können.
Die *reformierende Grundhaltung* tritt in vielen Varianten auf. Sie impliziert, daß man das Bestehende verändern und verbessern will. Im Leben ist diese Haltung vielfältig anzutreffen: vom Therapeuten, der Kranke heilen will, bis hin zum Revolutionär, der bereit ist, die existierende Gesellschaft zu zerstören, um aus dem Nichts eine bessere Gesellschaft zu schaffen. Diese summarische Charakterisierung zeigt schon,

daß die reformierende Grundhaltung viele Aspekte haben kann.
Alle großen Neuerer in Erziehung, Wissenschaft, Religion und Gesellschaft hatten diese Grundtendenz. Sie haben oft für ihre innere Überzeugung ihr Leben gegeben, sie sind – mit einem Begriff Neumanns –»die Ketzer der inneren Stimme«. Man wird sie immer wieder verfolgen, aber sie werden nie ihren Reformdrang aufgeben. Bei der Berufswahl halten sie gern nach neuen Berufen Ausschau, die es noch nicht gibt und die sie selbst erst schaffen müssen. Der Erste zu sein in einem neuen Beruf oder einer neuen Berufsform – das gibt ihnen die Freiheit, die sie zum Leben brauchen. In weniger extremen Fällen gehen solche Menschen als Nonkonformisten durchs Leben. In der Heilkunde kann man eindeutig den wissenschaftlich interessierten Forscher und den primär therapeutisch ausgerichteten Arzt unterscheiden. Letzteren findet man häufig unter den praktischen Ärzten und den Hausärzten alten Typs. Für sie ist der konkrete kranke Mensch etwas Unerträgliches, und sie versuchen daher, dem individuellen Patienten mit allen Mitteln zu helfen.
Die *bewahrende oder verwaltende Grundhaltung* will das Bestehende erhalten, registrieren, wiedergeben, kontrollieren und, wenn möglich, in ein Wertsystem gliedern. Diese Grundhaltung findet man häufig bei Buchhaltern, Bibliothekaren und ähnlichen Berufen, auch bei Journalisten und Diplomaten. Der gute Journalist bringt beispielsweise die Information so objektiv und so systematisch wie möglich, der Diplomat repräsentiert seine Regierung und vertritt nicht seine eigene Meinung. Ich muß aber betonen, daß ich diese Grundhaltung keineswegs negativ darstellen möchte. Alle Entwicklung und aller Fortschritt ruht auf schwankendem Grund, wenn das Bestehende nicht erhalten und gepflegt wird. Eine systematisch erschlossene Vergangenheit ist die Basis für die Gegenwart und der Ausgangspunkt für die Zukunft.
Die *kreative Grundhaltung* findet man nur selten in ihrer reinen Form, am ehesten vielleicht noch bei einem Künstler. Die

kreative Grundhaltung durchdringt die sechs anderen Grundhaltungen, bringt sie zu Leben und Wirksamkeit. Der kreative Denker, der kreative Organisator, der kreative pflegerische Typ, der kreative Reformator und der kreative Verwalter bringen ihre individuelle Motivation in die Grundhaltung ein und machen daraus etwas ganz Persönliches. Hierdurch erst kann aus der individuellen Biographie ein wirklich gestalteter Lebenslauf werden, der andernfalls nur ein passiv ertragenes Los bliebe. *Geist tritt in der Psyche als Kreativität in Erscheinung.*

Die Grundhaltungen sind ein ureigenes Element der psychischen Struktur. Das Ich ist von ihnen ebenso abhängig wie ein Musiker von der Qualität seines Instrumentes; es muß mit ihnen umgehen und sie einsetzen können. Die psychische Grundhaltung entspricht der körperlichen Konstitution eines Menschen. Das Ich muß auch mit der Konstitution als einer gegebenen Größe rechnen – schließlich besteht der Mensch aus Körper, Psyche *und* Geist. Die Freiheit des Individuums wird dadurch zwar eingeschränkt, der Mensch ist aber frei in der Haltung, die er diesen Bedingungen gegenüber einnimmt. Mit anderen Worten: das Ich bleibt frei in seiner Einstellung zu seiner Konstitution und seiner Grundhaltung, es kann selbst wählen, in welcher Weise es beides in den Dienst seiner Zielsetzung stellt.

Adler hat schon darauf hingewiesen, daß körperliche Gebrechen kompensiert werden können, dies gilt auch für die seelischen Grundhaltungen. In der Einstellung zum Leben und zur Welt, wo das Ich seine eigene Wahl trifft und später auch eine nur potentiell vorhandene Grundhaltung zur Entfaltung bringen kann, zeigt sich diese Möglichkeit.

Auch wer in einer bestimmten Religion oder Weltanschauung groß geworden ist, wird sie, wenn er sie sich erhalten will, doch später selbständig erobern und verwirklichen müssen. Denn mit »Taufscheinanhängern« einer Religion oder einer Weltanschauung ist niemanden gedient.

Möglich ist es auch, den Glauben oder die Weltanschauung, in denen man erzogen worden ist, später abzulegen und sich als erwachsener Mensch neu zu entscheiden. Daß es sich hierbei für das Ich um eine existenzielle Entscheidung handelt, wird deutlich, wo Menschen einen solchen Schritt tun, obwohl dies aus kulturellen und politischen Gründen lebensgefährlich ist. Immer wieder erleben wir, daß Menschen eher bereit sind, ihr Leben zu lassen als den Geist zu verleugnen.

V. Karriereaussichten und Personalpolitik

Die Erwartungen, die junge Menschen an ihren Beruf und ihre Berufsaussichten stellen, sehen recht unterschiedlich aus. Jugendliche ungelernte und gelernte Arbeiter mußten sich schon immer sehr früh für einen Beruf oder einen Ausbildungsweg entscheiden. Wie die Zukunft für einen 16jährigen Jungen oder ein gleichaltriges Mädchen auf den untersten Stufen der Berufshierarchie aussieht, wie gering die Hoffnung ist, dem jemals zu entrinnen, kam den Betroffenen meistens erst später zu Bewußtsein. Das hat sich inzwischen geändert. Die Arbeiterjugend hat sich eine eigene Interessenvertretung aufgebaut, deren Tätigkeit man wirklich bewundern muß. Die Berufsschularbeit der fünfziger Jahre, die häufig eher gut gemeint und nur selten geeignet war, die Verhältnisse zu ändern, hat im Lauf der Jahre eine positive Entwicklung durchgemacht und ist inzwischen, wenn auch zögernd, dazu übergegangen, bereits innerhalb der Lehrlingsausbildung den Kontakt zur weiterführenden fachspezifischen Ausbildung herzustellen. Ich will hier nicht näher auf den fruchtlosen Streit um die beiden Ausbildungskonzepte eingehen. Der »partizipierende Unterricht«*, wie ihn die Lievegoed-Kommission für die Niederlande vorgeschlagen und dessen Konzept die niederländische Regierung übernommen hat, macht eine positive Kombination beider Entwicklungswege möglich.

In dem Bericht der Kommission wird davon ausgegangen, daß jeder bis zu seinem 18. Lebensjahr das Recht auf Bildung und Ausbildung hat, daß diese Bildung jedoch den Bedürfnissen, der Persönlichkeitsstruktur und den Zukunftsvorstellungen

* Fortbildung für 16- bis 18jährige, bei der Schule und Berufstätigkeit abwechseln.

eines großen Teils der Jugendlichen entsprechen muß. Zur Verwirklichung dieses Konzepts führt ein mühsamer Weg, der erst seit kurzem beschritten wird. Dabei sind Zwischenlösungen notwendig, damit die pädagogisch-didaktischen Erfahrungen für einen völlig neuen Bildungsgang gesammelt werden können. Die Hiberniaschule in Wanne-Eickel, die das Konzept der Gesamtschule in Deutschland entscheidend beeinflußt hat, stand uns dabei als nachahmenswertes Vorbild vor Augen. Hier hat man einer 12klassigen Waldorfschule verschiedene handwerkliche Ausbildungsgänge angegliedert, an denen alle Schüler teilnehmen. Dadurch steht ihnen bis zuletzt die Möglichkeit offen, eine höhere Schulbildung mit handwerklicher Lehrlingsausbildung oder eine höhere Schulbildung mit einem Abschluß, der den Zugang zur Universität eröffnet, zu wählen.
Die derzeitigen Experimente mit der sogenannten Mittelschule in den Niederlanden müssen erst erweisen, ob diese Schulform für die Zukunft brauchbar ist.
Obwohl die Jugendlichen heute dank einer schrittweisen Verlängerung der Schulpflicht erst später in die Arbeits- und Produktionswelt der Erwachsenen eingegliedert werden, ist doch ihre Zukunft auf Grund ihrer Ausgangssituation schon mehr oder weniger klar, außer wenn sie die Möglichkeit haben, an einer Art »éducation permanente« mit lebenslangem Lernen zu partizipieren. Nach einer Zeit, in der sie den Mindestlohn für Jugendliche bekommen, werden sie in die erwachsenen Lohngruppen übernommen, die ihnen keine Aussichten mehr bieten, da hier die obere Grenze sehr schnell erreicht ist. Eine »Karriere«, das heißt weiterer Aufstieg, ist nur dann möglich, wenn man sich spezialisiert oder in unteren Verwaltungs- und Führungspositionen arbeitet. Aber für beide Wege gibt es nur wenig Stellen. Ich werde an einem Beispiel im Verlauf dieses Kapitels zeigen, was von Seiten der Unternehmerschaft in diesem Fall getan werden kann. Für die Jugendlichen, die eine weiterführende Schulbildung absolvieren können, liegen die Dinge wieder anders. Realschulen und Gymnasien sind Endstufen eines solchen Bildungsweges und gleichzei-

tig Startblöcke für eine mehr wissenschaftlich orientierte Ausbildung.

Hier stehen wir nun vor einem speziellen Problem: Unter dem Motto des individuellen Schwerpunktunterrichts können und *müssen* in den letzten Klassen der niederländischen weiterführenden Schulen individuelle Fächerkombinationen gewählt werden. Diese Wahl, von der später auch die Studienmöglichkeiten abhängen, wird mitten in der Pubertät oder am Übergang von der Pubertät zur beginnenden Adoleszenz getroffen. Der Schüler selbst ist zu diesem Zeitpunkt noch nicht imstande, eine wirkliche Wahl zu treffen; die sogenannte Wahl ist dann auch meistens von den Noten abhängig, die man im Moment zufällig in bestimmten Fächern hat. Der soziale Verband der Klassen wird von jetzt an aufgelöst, jeder geht seine eigenen Wege von einem Kursraum zum nächsten. Wer sich öfter mit Jugendlichen in dieser Lage unterhält, merkt, daß hier, wie anderswo auch, die soziale Erziehung zugunsten der intellektuellen Ausbildung geopfert wird. Viel schwerwiegender ist jedoch, daß viele Jugendliche das Gefühl haben, durch die Wahl, die sie getroffen haben, in ihren Möglichkeiten beschnitten worden zu sein. In dem Moment, wo sich ihnen die Welt öffnet, stellt sich heraus, daß ihnen viele Türen doch verschlossen bleiben. Sie können zwar in bestimmten Fächern Prüfungen nachholen, dies ist jedoch eine Notlösung, die nur wenig einbringt. Der Adoleszent sollte sich möglichst breit über gesellschaftliche Strukturen, Berufsbilder, Ausbildungsmöglichkeiten und weltanschauliche und philosophische Probleme informieren können. Dies ist ein ganz zentraler Punkt, denn der Ausbildungsweg, den der Jugendliche einschlägt, mündet schließlich in einen Beruf, der für die meisten nur in Umrissen sichtbar ist. Berufsberatung ist daher dringend notwendig.

Der Jugendliche, der mit Anfang *Zwanzig* eine Stellung in einer Fabrik, einem Büro oder im Dienstleistungsbereich annimmt, hat die Zeit des tastenden Suchens nach einer eigenen Lebenseinstellung noch vor sich. In gewisser Weise sollte er die Bedingungen der Gesellenzeit vorfinden oder sich selbst schaffen können. Es sollte völlig normal sein, daß man eine Stellung verläßt, wenn man dort nichts mehr lernen kann. Die meisten Jugendlichen haben jedoch eine eintönige Arbeit, die schnell erlernt ist und dann nichts Neues mehr bietet, wenn nicht der Arbeitgeber so vernünftig ist, für verschiedene Lernsituationen zu sorgen. Zwischen Zwanzig und Dreißig sollte man noch so viele verschiedene berufliche Situationen wie möglich kennen – und den unterschiedlichsten Herausforderungen zu begegnen lernen. Mit ungefähr achtundzwanzig ist diese Phase zu Ende, dann hat man genügend Erfahrungen gesammelt und kann die Aufstiegsmöglichkeiten innerhalb des gewählten Berufsgebietes überblicken.

Für die akademische Jugend wird die Abhängigkeit der Adoleszenzphase durch das längere Studium künstlich ausgedehnt. Die Tatsache, daß diese Jugendlichen erst verspätet verantwortungsvolle Stellungen mit all deren Herausforderungen, Hoffnungen und Befürchtungen übernehmen können, bedeutet einen unwiederbringlichen Verlust. Man kann später die ganze Intensität des »Himmelhoch jauchzend – zum Tode betrübt« dieser Phase nicht mehr nachholen.

Im späten Mittelalter wurde der Jugendliche schon während der Pubertät zu einem Meister in die Lehre gegeben, er wohnte in dessen Haus und wurde in seine Familie aufgenommen. So übernahm er unbemerkt Lebensstil und Berufsethos. Mit Anfang Zwanzig begannen für den Gesellen die Wanderjahre. Er zog durchs Land und suchte verschiedene Meister, von denen er bestimmte Dinge lernen wollte. Mitte Dreißig konnte er dann die Meisterprüfung ablegen und sich niederlassen. Nur wer verheiratet war, durfte Lehrlinge annehmen, denn der Lehrling sammelte seine Erfahrungen in der Familie des Meisters. In diesem System lebte noch ein instinktives Verständnis für die wesentlichen Elemente der verschiedenen Lebensphasen. Heute muß jeder selbst aus eigener Einsicht und Erfahrung seinen beruflichen Werdegang entwerfen. Eine gute Personalpolitik sollte jedoch den Rahmen geben, in dem dies möglich ist. Jedenfalls ist es in dieser Phase die denkbar schlechteste Lösung, zehn Jahre hintereinander dieselbe Arbeit zu tun.

Die *dreißiger Jahre* sind die Zeit der Anstrengung, des Organisierens, der Kontinuität und des Beharrens auf der einmal eingeschlagenen Richtung. Man muß zeigen, daß man seinen Mann stehen kann. Erfolge und Mißerfolge können in dieser Phase nüchtern eingeschätzt werden. Wie sonst nie im Leben, ist dies die Zeit, in der man auch bereit ist, um Einsichten und Ergebnisse zu kämpfen. So wird man sich in zunehmendem Maße seiner Sache sicher, man sieht auch, was man offensichtlich nicht kann und was man auch nicht mehr zu erreichen versuchen sollte. In der zweiten Hälfte der dreißger Jahre steht der berufstätige Mensch, quantitativ gesehen, auf dem Gipfel seiner Leistungsfähigkeit. Er kennt sein Metier, und er weiß, was er wert ist und was er erreichen will.

Die *vierziger Jahre.* Ich habe schon beschrieben, wie diese Sicherheit beim Herannahen und Überschreiten der Grenze um Vierzig herum rissig wird. Man bezweifelt, ob es sich nun eigentlich lohnt, den eingeschlagenen Weg fortzusetzen, hat Angst vor dem Absinken der Leistungsfähigkeit, und aus beiden Komponenten wächst das Verlangen nach neuen Werten. Dies ist der richtige Augenblick für einen außerbetrieblichen Fortbildungskurs oder ein Seminar; für die Begegnung mit Menschen, die in anderen Berufen dasselbe Problem haben; für die Konfrontation mit neuen Arbeitsmethoden, vor allem aber mit neuen Werten und Einsichten. Kurz: in diesem Moment muß der Gesichtskreis dringend erweitert werden. Innerhalb des neuen Gesichtskreises, in dem sich nun Zielsetzungen abzeichnen, die vorher verborgen waren, muß der Mensch eine Bestandsaufnahme und Kurskorrektur vornehmen. Die Fragen, auf die er jetzt eine Antwort finden muß, sind: Was will ich? Bin ich am richtigen Platz? Muß ich eine andere Stellung suchen? Muß ich selbst mich ändern? Was muß ich anders machen?

Von der Antwort auf diese Fragen hängt es ab, ob man

schließlich sein Ziel und die Erfüllung dessen, was man sich für dieses Leben vorgenommen hat, erreicht. Diese Jahre sind eine Art Feuerprobe: Kann ich eine führende Stellung erreichen? Kann ich das innerhalb meiner jetzigen Stellung oder muß ich vielleicht noch einmal etwas völlig Neues anfangen? Findet man gegen Ende Vierzig im derzeitigen oder in einem neuen Wirkungsbereich eine neue Aufgabe, dann wirkt sich das auf den Betreffenden *verjüngend* aus. Diese Verjüngung strahlt bis in den physischen Bereich aus, sie führt in den fünfziger Jahren zu einer neuen Vitalität. Bleibt dieser Anstoß aus, dann kommt es sehr schnell zu Alterserscheinungen wie hohem Blutdruck, frühzeitiger Vergreisung und äußerlichem Verfall.

Die *fünfziger Jahre* werden so zu einer Zeit, in der man sich entweder zu einem »eminent leader«, einer großen Führungspersönlichkeit, oder zu einem »frustrierten Tyrannen« entwikkeln kann. Man kann zwar dem Leben, der Stellung oder der Familie die Schuld dafür geben, daß man ein frustrierter Tyrann geworden ist, aber man hat es sich selbst eingebrockt. Man hat immerhin jahrzehntelang hart gearbeitet, um es zu werden. Es ist die direkte Folge einer *Lebenswahl!*

Aber selbst dann ist noch nicht alles verloren. Wer in dieser Phase bei sich Symptome der Frustration entdeckt und sieht, daß er dazu neigt, diese Frustration auszuleben, indem er seine Umgebung tyrannisiert, der kann die Entwicklung, die er eigentlich in den Vierzigern durchlaufen hätte müssen, noch nachholen. Ich kenne aus meiner Praxis heroische Beispiele dafür. Allerdings brauchte es fast immer einen Anstoß von außen, manchmal auch eine berufliche Veränderung, die dem Betreffenden aufgezwungen wurde. Aber ich weiß, daß die Umkehr manchmal auch schon durch ein einziges, entwicklungstherapeutisches Gespräch herbeigeführt werden kann.

Große Führungspersönlichkeiten bringen in ihrer Umgebung andere hervor, dies gilt für alle Gebiete, vom Vorarbeiter bis zum Direktor, aber leider bringen frustrierte Tyrannen auch wieder nur frustrierte Tyrannen hervor. Schon deshalb sollte man nichts unversucht lassen, den Betreffenden doch noch zum weiteren Entwicklungsschritt zu bringen. Der amerikanische Ausdruck »keep the man on the move« gilt vor allem für die vierziger Jahre und für den Übergang von den Vierzigern zu den Fünfzigern.

Eine gute Hilfe, die den Entwicklungsprozeß wieder in Gang bringen kann, ist die Einübung von positiver Bestätigung. Dafür gibt es ein ganz einfaches Hilfsmittel. Man nehme einen normalen Notizblock und schreibe darin jeden Abend ein positives Ereignis des Tages mit einigen Worten auf. Dies können so simple Dinge sein wie z. B.: Als ich heute früh nach draußen kam, schien die Sonne auf den Kastanienbaum an der Ecke, oder: Als ich in die Sitzung kam, schaute X mich erfreut an. Hält man das einige Monate durch, dann sieht man erst, wieviel Positives man jeden Tag erleben darf.

Eine zweite Möglichkeit wäre das Einüben von Gleichmut. Man sollte sich öfters sagen können: »Was soll's«! Auch sollte einmal notiert werden, wie oft man sich *nicht* aufgeregt hat, obwohl aller Grund dazu bestanden hätte.

Als dritte Möglichkeit käme in Frage, sich wirkliches Interesse an der Entwicklung jüngerer Mitarbeiter zur Pflicht zu machen. Überprüfen Sie doch einmal, was z. B. Müller vor einem Jahr konnte und was er inzwischen gelernt hat. Auch könnten Sie einmal ein Lob aussprechen, einen väterlichen Rat geben oder jüngeren Menschen bei ihren Entwicklungsschwierigkeiten helfen.

Dann kommen die *sechziger Jahre.* Nur nicht zu spät aus dem Geschäft aussteigen! Man sollte die Möglichkeit verkürzter Arbeitszeit oder frühzeitiger Pensionierung nützen und eine neue Aufgabe vorbereiten. Wesentlich dabei ist, daß zu seinem Recht kommt, was man im Lauf seines Lebens gelernt hat. Und ist das Pensionsalter erreicht, so sollte man für eine neue, schöpferische Beschäftigung sorgen: malen oder ein Boot bauen, ein Studium aufnehmen oder ein Land, dessen Kultur, Kunst, Sprache und Menschen intensiv kennenlernen. Egal was, aber man sollte *etwas Neues tun!* Daneben gibt es meistens auch noch allgemeine soziale Aufgaben, denen man sich jetzt ohne Hetze widmen kann. Sorgen Sie dafür, daß Sie geistig frisch bleiben, positiv und voller Interesse für das, was um Sie herum vorgeht, und versuchen Sie, für andere ein Segen zu sein. Wenn das möglich ist, kann man in den letzten Jahren die Früchte seines Lebens ernten.

Personalpolitik

Zu einer gesunden Personalpolitik gehören die Verwaltung, die Sorge für die Mitarbeiter, die menschlichen Beziehungen und als Kernstück die Entwicklung der Mitarbeiter. Letzteres geht uns hier an.

Wer Jugendliche unter Zwanzig einstellt, weiß, daß er damit eine Gruppe in den Betrieb holt, die organisatorisch nur schwer zu integrieren ist. Dies ist deshalb so schwierig, weil man bei zwei vollen Tagen Abwesenheit für Berufsschulbesuch und Fortbildung nur mit Mühe für kontinuierliche Arbeit sorgen kann. Natürlich läßt sich theoretisch alles organisieren, aber bei bestimmten Arbeiten, die einen gewissen Grad von Übung voraussetzen, kann es spezifische Schwierigkeiten geben. Die Kehrseite der Medaille ist in der Übergangsphase zur partiellen Schulpflicht dann auch die höhere Jugendarbeitslosigkeit. Die Kommission, die für die Niederlande das Konzept der partiellen Schulpflicht vorbereitet hat, war sich des Problems durchaus bewußt. Sie hat daher vorgeschlagen, diese verlängerte Schulpflicht schrittweise und zunächst erst in experimentellen Zentren einzuführen und sie dann erst im Lauf der nächsten 5 bis 10 Jahre auf das ganze Land auszudehnen.

Aber aus politischen Überlegungen mußte der Wechsel sofort und vollständig vollzogen werden. Hierauf waren weder die Lehranstalten noch die Wirtschaft vorbereitet. Die bitteren Früchte der politischen Überstürzung ernten jetzt die arbeitlosen Jugendlichen. Diese Jugendarbeitslosigkeit kann in einer Übergangsphase mit ungünstig verlaufender Konjunktur – noch dazu bei einer von Natur aus hohen Arbeitslosenziffer bei den weiblichen Arbeitswilligen – nicht durch personelle Maßnehmen eines einzelnen Industriebetriebes gelöst werden.

Anders liegen die Dinge bei den Jugendlichen über Zwanzig, die zur permanent berufstätigen Bevölkerung gerechnet werden müssen. Man kann für diese Gruppe ein funktionierendes System der Karriereberatung schaffen. Das NPI (Niederländisches Pädagogisches Institut) hat für bestimmte Gruppen gelernter jugendlicher Arbeitskräfte in einem großen Betrieb ein solches System entwickelt. Man hat mit jüngeren Arbeitern (die zum Teil schon ihren Militärdienst geleistet hatten) ein persönliches Gespräch geführt und sie vor die Wahl gestellt, in der derzeitigen Stellung mit guter Bezahlung aber ohne Aufstiegsmöglichkeiten zu bleiben, oder sich einer Reihe von differenzierten Fortbildungsschritten zu unterziehen. Diese Fortbildung war so konzipiert, daß die Jugendlichen für jeweils etwa anderthalb Jahre mit den verschiedenen Arbeiten ihres Betriebes vertraut gemacht wurden. Jeder hatte eine Personalakte, in der festgehalten wurde, wie er die notwendige Einarbeitung geleistet hatte und wie sich seine sozialen Fähigkeiten entwickelt hatten. Mit ungefähr Vierundzwanzig fand ein zweites Gespräch statt, wieder wurde der Betreffende vor die Wahl gestellt, in den nun bekannten Arbeitsgebieten zu bleiben, oder für weitergehende fachliche Spezialisierung ausgebildet zu werden. In einer kürzeren Zeitspanne von etwa einem halben Jahr führte man sie dann in die Bedingungen und Voraussetzungen der verschiedenen Fachrichtungen ein. Man zeigte ihnen beispielsweise auch die administrative Arbeit in den Magazinen und in der Planungsabteilung. In einem dritten Gespräch wurde dann geklärt, ob sie bei einer der Fachrichtungen bleiben oder ob sie in Führungspositionen in der Verwaltung und im Management aufsteigen wollten. In letzterem Fall mußten sie noch einige Praktika absolvieren, um alle Gebiete, mit denen man als Führungskraft zu tun hat, aus persönlicher Anschauung kennenzulernen. Bei diesen Praktika wurden sie schon als Unterabteilungsleiter angestellt, bis ein Abteilungsleiterposten frei wurde. Dieses System funktionierte gut, nur wurden manchmal so viele Unterabteilungsleiter gebraucht, daß die Praktikanten schon angestellt werden mußten, bevor sie alle Stadien durchlaufen hatten. Eine solche Situation ist jedoch konjunkturabhängig und sieht vielleicht zu einem anderen Zeitpunkt wieder anders aus.

So war für den jüngeren Arbeiter die Sache klar: Wenn ich will, kann ich aufsteigen. Will ich es nicht, dann trage ich dafür selbst die Verantwortung. Außerdem ergab sich ganz von selbst eine Scheidung in eine Gruppe von Arbeitern mit mehr technischem Interesse (den späteren Facharbeitern) und einer Gruppe mit sozialem und menschlichem Interesse (den späteren Abteilungsleitern). Die »Beurteilung«, die die ganze achtjährige Ausbildungszeit begleitete und die den Betreffenden jederzeit zugänglich war, gab außerdem einen deutlichen feed-back Effekt für die individuelle Leistung.

Bei der Behandlung dieser Phase habe ich bereits darauf hingewiesen, wie wichtig in den zwanziger Jahren eine solche Bestätigung ist, da in dieser Zeit das Selbstwertgefühl sich noch an der Beurteilung durch die Außenwelt orientiert. Dasselbe System läßt sich, mutatis mutandis, natürlich auch für Berufe in der Verwaltung verwenden.

Für kleinere Betriebe, die nur hin und wieder jugendliche Arbeitskräfte einer bestimmten Kategorie einstellen, kann das System als Beispiel dafür dienen, wie man Erfahrungen so weit wie möglich streut. In kleineren Betrieben sind die verschiedenen Funktionen nie so getrennt und so formalisiert wie in größeren Firmen. In einem solchen Betrieb kann die »Gesellenzeit« viel persönlicher und informeller aussehen. So können die Jugendlichen einem älteren Arbeiter zugewiesen werden, der den Auftrag erhält, ihnen alle Aspekte des Faches beizubringen.

Damit die Entwicklungsmöglichkeiten auf lange Sicht gesichert sind, muß die Personalabteilung gemeinsam mit einer Kommission aus der Arbeiterschaft die fachlichen Voraussetzungen für die verschiedenen, schon existierenden Posten und die Dauer der Ausbildung und Praktika für das Erreichen bestimmter Funktionen festsetzen. Natürlich muß man sich dabei an dem quantitativen Stellenbedarf des Betriebes orientieren. Nur so kann sowohl die Personalabteilung wie die Arbeiterschaft einen fundierten Einblick in die Ausbildungsbedingungen für bestehende Posten erhalten und abschätzen, welche realen Möglichkeiten es für Positionen auf den verschiedenen Niveaus gibt. Jeder kann daraus seine Konsequenzen ziehen und seine Pläne entsprechend konzipieren. Seit einigen Jahren herrscht allgemein die Überzeugung, daß alles möglich sein muß. Jeder muß eine höhere Schule besuchen können, jeder muß studieren können, und jeder muß auf dem von ihm angestrebten Niveau einen Arbeitsplatz erhalten können. Die Folgen dieser illusorischen Haltung sehen wir jetzt: Die Sache ist völlig verfahren. Man wird einsehen müssen, daß für jeden Menschen Zeit und Kultur entscheidende Komponenten der Biographie sind. Jede Zeit und jede Kultur hat positive und negative Aspekte und bietet den Menschen nur begrenzte Möglichkeiten. Man muß nur lernen, mit solchen Beschränkungen, mit solchen Grenzen umzugehen.

Für junge Menschen, die erst später in den Arbeitsprozeß eintreten, weil sie eine höhere Fachausbildung oder ein Universitätsstudium absolvieren, wird die Phase des Erfahrungsammelns unter unterschiedlichen Bedingungen und in verschiedenen Stellungen anders aussehen. Wenn ein Betrieb jährlich eine bestimmte Zahl etwa dreiundzwanzigjähriger Absolventen von Technischen Hochschulen oder Fachhochschulen aufnehmen muß, dann können diese Neuankömmlinge wieder durch die verschiedenen Abteilungen geschleust werden. Sie sollten allerdings in jeder Abteilung lang genug bleiben, damit sie nicht in einer Art »sightseeing« stecken bleiben. Zwei Jahre scheint in dem Fall eine gute Spanne zu sein. Diese Zeit muß wieder in eine echte Lehrzeit und eine Zeit verantwortlicher Arbeit unterteilt werden.

Mit Anfang dreißig steht man dann wiederum vor der Entscheidung, entweder in eine andere Abteilung zu wechseln und sich einer spezialisierten Fachausbildung zu unterziehen, oder die Laufbahn einer Führungskraft einzuschlagen und etwa als Assistent des Abteilungsleiters zu arbeiten. Zieht man die erste Richtung vor, dann ist man mehr technisch oder wissenschaftlich orientiert, wählt man die andere, dann arbeitet man eher auf organisatorischem Gebiet oder in der Menschenführung.

Auf diese Art und Weise hat der Betrieb ein ausreichend großes Kontingent motivierter Mitarbeiter von etwa Mitte Dreißig, die alle in einer individuellen Laufbahn ihren Weg gefunden haben. Es kann natürlich Fälle geben, wo ein bestimmter Werdegang in einem Betrieb nicht realisiert werden kann. Dann liegt es meistens im Interesse der Firma und des Angestellten selbst, in einen anderen Betrieb überzuwechseln, wo dieser Entwicklungsweg möglich ist. Dies ist ein typischer Fall, wo das Interesse der Firma mit dem des Angestellten übereinstimmt.

Unzufriedene Mitarbeiter sind für einen Betrieb nicht unbedingt ein Gewinn, und keinem Mitarbeiter ist mit einer Arbeit gedient, die in offenem Widerspruch zu seinem biographischen Entwicklungsweg steht. Daraus ergibt sich wiederum die Forderung nach einer größeren Mobilität der Arbeitskräfte, die bis vor kurzem in Europa noch gar nicht üblich war. Wer sich zum Beispiel vor zehn Jahren mit Mitte Dreißig um eine Stellung bewarb und schon in vier verschiedenen Betrieben gearbeitet hatte, dem traute man nicht so recht über den Weg. In Amerika galt das allerdings für jemanden, der sich im gleichen Alter bewarb und nur eine einzige andere Stellung gehabt hatte. Der Betreffende hatte offensichtlich wenig Initiative und Ehrgeiz. Ganz allgemein müßte einmal eine Lanze für größere berufliche Mobilität gebrochen werden.

Wenn ein Kind geboren wird, wissen wir alle, daß es nicht ewig leben wird; es wird sterben und dem nächsten Platz machen. Organisationen, so meint man, müßten dagegen ewig Bestand haben, sie dürfen wohl entstehen, aber – weil das eine Schande wäre – nicht untergehen.

Aber genau wie andere Daseinsformen haben auch menschliche Organisationen eine individuelle Lebensdauer. Will man sie künstlich am Leben erhalten, dann werden sie zu Fossilien mit verknöcherten Strukturen. Sie müssen entweder durch neue und unverbrauchte Initiativen ersetzt oder von innen her durch eine neue Generation so gründlich reformiert werden, daß dies faktisch einer Neugeburt gleichkommt. Unsere Universitäten zum Beispiel zeigen deutlich Spuren einer solchen Vergreisung; es wäre nur gut, wenn dort ab und zu kräftig ein neuer Wind wehte. Allerdings müssen sich Reformen immer erst im Lauf der Zeit bewähren.

Wer einmal auf eine solche Erscheinung aufmerksam geworden ist, der sieht bald, daß menschliche Organisationen die gleichen Lebensphasen durchmachen wie ihre Schöpfer. Man kann sozusagen den Zahnwechsel, die Pubertät und das frühe Erwachsenenalter von Organisationen erkennen. In meinem Buch »Organisationen im Wandel« habe ich dieses Problem angeschnitten, eigentlich müßte in einer speziellen Studie näher darauf eingegangen werden.

Eine besondere Aufgabe der Personalpolitik ist die Hilfestellung für Mitarbeiter (auf allen Niveaus), die sich den Vierzigern nähern. Um ihrer Neigung zu begegnen, sich in einer speziellen Aufgabe festzubeißen, die ihnen das Gefühl von Sicherheit gibt, sollte man folgende Fragen stellen: Weisen sie schon den Gedanken von sich, ähnliche oder andere Aufgaben zu übernehmen? Halten sie sich für absolut unentbehrlich und organisieren sie ihre Arbeit auch so, daß sie tatsächlich unentbehrlich werden? Kommen aus ihrem Zuständigkeitsbereich hoffnungsvolle jüngere Mitarbeiter, die mit ihrer Hilfe auch über sie hinauswachsen, oder halten sie auf alle aktiven, jüngeren Mitarbeiter den Daumen, weil sie sich von ihnen als Vorgesetzte bedroht fühlen?

Auf solche Fragen muß man gemeinsam mit dem Betroffenen eine Antwort finden. Um Mitte Vierzig herum zeigt sich meistens, ob jemand selbständig den letzten Entwicklungsschritt zum Erwachsensein tun und sich zu einer Führungskraft entwickeln kann oder ob ihm das ohne Stütze nicht möglich ist. Nicht jeder braucht sich bis an die Spitze vorzuarbeiten, aber ein Betrieb braucht in allen Bereichen – ob als Direktoren,

Oberschwestern, Buchhalter oder Verwalter – Menschen, die nicht im Begriff sind, frustrierte Tyrannen zu werden. Die kleinen Tyrannen um Mitte Fünfzig herum sind für jeden Betrieb ein Klotz am Bein und verursachen den anderen Mitarbeitern viel Kummer. Hier zeigt es sich, ob eine Personalabteilung sich nur mit Verwaltung und Organisation abgibt, oder ob sie auch entwicklungstherapeutische Arbeit zu leisten fähig und willens ist.

In vielen Fällen ist es besser, wenn die Hilfe von Außenstehenden kommt. Ein Außenstehender bedeutet keine Gefahr für die eigene Stellung, er kann einem Dinge sagen, die man von einem Kollegen nicht gerne anhört.

Schließlich ist es auch Aufgabe der Personalpolitik, die Mitarbeiter auf die Zeit nach der Pensionierung vorzubereiten und ihnen außerbetriebliche soziale Aufgaben in Nachbarschaftshilfe, Schule oder anderen gesellschaftlichen Bereichen zugänglich zu machen.

Beim Ausarbeiten der Konzeption der Personalpolitik müssen die höchsten Führungskräfte eines Betriebes beteiligt sein. Die Ausführung kann zwar Spezialisten überlassen werden, Stil und Zielsetzung muß jedoch die Betriebsleitung festsetzen. Schließlich hängt von der Personalpolitik das einwandfreie Funktionieren der innerbetrieblichen Organisation ab.

VI. Menschenbild und biographische Entwicklung. Über Psychotherapie und Psychotherapeuten

1. Moderne Menschenbilder

In diesem Kapitel möchte ich auf die Menschenbilder der verschiedenen psychologischen Richtungen zurückkommen, die im einleitenden Kapitel (»Erster Überblick«) nur kurz angedeutet wurden. Dort habe ich nämlich den inneren Lebenslauf aus der Sicht des Personalismus behandelt, unter einem anderen Blickwinkel hätte diese Beschreibung völlig anders ausgesehen. Der Leser hat nun ein Recht darauf, auch die anderen möglichen Standpunkte kennenzulernen und zu erfahren, welche Erkenntnisbereiche mit der jeweiligen Betrachtungsweise erfaßt werden können.

Grob gesagt, gehen die verschiedenen Richtungen von unterschiedlichen Menschenbildern oder Denkmodellen aus. Vier solcher Denkmodelle sind prinzipiell möglich:

(1) das technisch-mechanistische und das physikalisch-chemische Denkmodell. Letzteres wird auch das medizinische Modell genannt;

(2) das biologische Denkmodell, dessen wichtigster Aspekt das Modell der Vererbung, der Nativismus, ist;

(3) das psychologische Denkmodell, zu dessen wichtigsten Richtungen der Behaviorismus oder die Lehre vom menschlichen Verhalten und der Empirismus oder die Lehre von den Erfahrungen zu rechnen sind. Eine Variante dieser Richtung ist das soziologische Denkmodell, das besagt, der Mensch sei gänzlich durch seine soziale Klasse bestimmt;

(4) das personalistische Denkmodell, das wiederum aufgegliedert werden kann in (a) den Pseudopersonalismus, der meint, die Persönlichkeit entstehe aus der Wechselwirkung zwischen Vererbung und Erfahrung; (b) den echten Perso-

nalismus, der eine authentische »dritte Kraft« neben Vererbung und Erziehung anerkennt. Diese dritte Kraft wird von den verschiedenen Autoren die Persönlichkeit, die Individualität, das höhere Ich oder das Selbst genannt. Dies höhere Ich, oder wie immer man es nennen mag, ist dann geistige »Gestalt« in einer geistigen Wirklichkeit.

Obwohl alle diese Richtungen nur das eigene Denkmodell als wissenschaftlich vertretbar ansehen, ist es für jemanden, der verschiedene Standpunkte einnehmen oder in verschiedenen Modellen denken kann, offensichtlich, daß jedes Denkmodell eine eigene wissenschaftliche Methode hat. Jedes Modell erlaubt ganz bestimmte Fragen und gibt bestimmte Antworten innerhalb der Grenzen, die das Modell selbst und die jeweilige wissenschaftliche Methode ziehen.

Man kann z. B. von einem psychologischen oder personalistischen Denkmodell aus keine physikalisch-chemischen Probleme lösen oder von einem biologischen Modell keine psychologischen oder personalistischen Probleme. Damit ist gesagt, daß jedes Modell ein *reduziertes Menschenbild* wiedergibt. Daher spricht man auch von Biologismus, Psychologismus und vom Soziologismus. Der Marxismus und der historische Materialismus basieren auf einem soziologischen, der Behaviorismus auf einem psychologischen Menschenbild.

Diese unterschiedlichen Menschenbilder werden in den verschiedenen psychologischen Schulen reflektiert. Wie man nachweisen kann, gibt es aber auch wechselnde Moden, ein bestimmtes Menschenbild ist dann die Grundlage dessen, was »man« so allgemein meint.

So war etwa Ende des letzten, Anfang dieses Jahrhunderts der *biologische Nativismus* »der« Standpunkt des aufgeklärten und wissenschaftlich auf der Höhe seiner Zeit lebenden Menschen. Der ganze Lebensweg galt als determiniert durch eine rein zufällige Mischung von Erbfaktoren, und mit dem Ende des Lebens war dann alles aus und vorbei.

In den zwanziger Jahren dieses Jahrhunderts setzte sich der *Behaviorismus* (die reine Verhaltenslehre) in der Psychologie immer mehr durch. Die Vererbung spielte jetzt kaum mehr eine Rolle, das Verhalten des Menschen wurde durch Erziehung und Kultur konditioniert. Von Watson stammt der Ausspruch: »Man gebe mir ein paar gesunde Säuglinge, und ich werde aus ihnen machen, was immer man von mir verlangt.«

Der Empirismus fand vor allem in Amerika großen Widerhall. Er rief dort großen pädagogischen Enthusiasmus hervor, da man aus ihm ableitete, daß durch eine besser konditionierte Erziehung auch eine bessere Welt entstehen könne.

Der *Personalismus* in seiner heutigen Form entstand erst in den dreißiger Jahren. Nach dem Zweiten Weltkrieg war ein etwas unbestimmter Pseudopersonalismus der Ausgangspunkt für die Reform des Erziehungswesens. Erziehung sollte nun nicht mehr Konditionierung oder Training sein, sondern die Voraussetzungen dafür schaffen, daß der Mensch sich selbst entdekken, entfalten und verwirklichen könne. Das Wecken der schöpferischen Kräfte der Persöhnlichkeit stand nun im Mittelpunkt des Interesses. Diese Ideen wurden dann auch auf die Erwachsenenbildung übertragen.

Gleichzeitig gibt es aber immer noch fanatische Anhänger des Nativismus und des Empirismus, die versuchen, die ethische Schönrederei vom Wert der Persönlichkeit im Erziehungswesen auszumerzen, *Selektion* ist für die einen, *programmiertes Lernen* für die anderen die Parole. Man ist sogar bereit, Hand in Hand zu arbeiten, solange man nur die »Person« aus dem Konzept heraushalten kann. Dieser Haß auf das Personale im Menschen kommt manchmal an ganz unerwarteter Stelle hoch. Eine Besprechung des Buches von Skinner »Jenseits von Freiheit und Würde« durch den bekannten niederländischen Biologen D. Hillenius beginnt z. B. mit den Worten: »Ich muß gestehen, die Lektüre von *Jenseits von Freiheit und Würde* ist vor allem zu Anfang erfreulich für Leute, die sich *immer wieder* an dem *Gerede* über die *tiefgründigen Motive* der menschlichen Seele, über die *Einzigartigkeit,* die *Autonomie,* das *Selbstverständnis,* die *Freiheit* des Menschen *ärgern.*« (Hervorhebungen von mir, L.)

Man sieht deutlich, daß hier ein echter Nativist das Buch *des* Vertreters des Empirismus bespricht. Der Spaß vergeht Hillenius dann auch bei der weiteren Lektüre, weil Skinner mit keinem Wort über die Vererbung spricht. Die Kritik bleibt allerdings innerhalb der Grenzen einer wissenschaftlichen Auseinandersetzung. Nur sind der herablassende Ton und die Irritation typisch, die laut wird, sowie vom Personalismus die Rede ist. Vielleicht bedeutet diese Irritation aber nichts anderes, als daß diese Menschen mit aller Gewalt etwas in sich selbst zum Schweigen bringen wollen.

Das technisch-mechanistische Denkmodell

Während des letzten und zu Anfang dieses Jahrhunderts fand die technisch-mechanistische Richtung eine ganze Reihe von Anhängern. Der Mensch wurde als eine Kombination verschiedener Maschinen gesehen. Von daher ist zum Beispiel die Ansicht, daß das Herz eine Pumpe sei, im medizinischen Modell immer noch im Schwange.

Neben dem technisch-mechanistischen Denkmodell entstand ein physikalisch-chemisches Denkmodell, demzufolge das Leben und der Mensch selbst eine ungeheure chemische Kettenreaktion sein soll, die »im Leben« nun einmal so ablaufe und aus der man alles erklären könne. Durch die Biogenetik fand in der Mitte unseres Jahrhunderts eine Renaissance des physikalisch-chemischen Modells statt. Ich werde darauf bei der Behandlung des biologischen Denkmodells des Nativismus noch zurückkommen.

Der Nativismus

Im modernen Nativismus begegnet uns ein reduziertes Menschenbild, das den Menschen als biologisches Objekt versteht, das gänzlich durch den genetischen Code oder – allgemeinverständlich ausgedrückt – durch die Vererbung vorprogrammiert ist.

Der Mensch ist in den Begriffen dieser Richtung »endosomatisch«, das heißt von innen her bestimmt. Daraus wird verständlich, daß der Nativismus auch kein Interesse an der »geistigen« Biographie eines Menschen hat; für die Vertreter dieser Richtung gibt es nur drei Phasen: das jugendliche Wachstum, das Gleichgewicht des Erwachsenenalters und den Altersabbau oder die Involution. Alle anderen Erscheinungen des menschlichen Lebenslaufes müssen auf Grund dieser Phänomene erklärt werden können, wobei nur in der Phase des jugendlichen Wachstums Entwicklung (als Entwicklung schon angelegter Gegebenheiten) möglich ist.

Der Nativismus ist so alt wie die Menschheit selbst. Die Züchtung von Haustieren geht zum Beispiel in graue Vorzeit zurück, diese ersten Züchter kannten intuitiv die Vererbungsgesetze. Andererseits war die Erblichkeit – der Kasten, des Königtums, des Adels und später auch der Berufe – in allen menschlichen Gemeinschaften die Basis der sozialen Ordnung. Erbliche Rechte bildeten das Fundament der Feudalgesellschaften, man erbte Rechte, aber auch Pflichten. Gott hatte die Menschen nach Rang und Stand geschaffen, man wurde als Meister oder Knecht geboren. Wer aus dieser Ordnung ausbrach, war ein Verräter und des Todes schuldig.

Im 19. Jahrhundert entstand aus der Suche nach einer Abstammungslehre des Menschen ein neuer Nativismus. Mit Namen wie Darwin und Haeckel ist diese Richtung wohl zur Genüge angedeutet. Im 20. Jahrhundert setzte sich die Abstammungslehre in der Psychoanalyse Freuds fort, der erklärte, alle Kultur sei nur Überbau oder Sublimierung des alles beherrschenden animalischen Trieblebens des Menschen. Und dies Triebleben wiederum sei durch Vererbung festgelegt. Außerdem werde das Verhalten des Menschen weitgehend von den Erfahrungen beeinflußt, die er nach seiner Geburt mache. Aber unter diesem angepaßten Verhalten lauere überall der animalische Mensch, der nur einen Trieb kenne, die sexuelle Libido.

Vor kurzem hat der niederländische Regisseur Haanstra in seinem Film »Bij de beesten af« versucht, die breite Öffentlichkeit mit einem primitiven Darwinismus oder Nativismus zu indoktrinieren. Typischerweise gibt er auch noch an, dieser Film sei unter der Beratung von »Biologen und Wissenschaftlern« entstanden. In dem Bestseller »Der nackte Affe« von Desmond Morris wird einem ebenso extremen Darwinismus gehuldigt.

Ein neuer Zweig des Nativismus ist seit der Mitte unseres Jahrhunderts in der Biogenetik entstanden. Biogenetiker haben die Erbfaktoren, die Gene, chemisch erforscht und das Modell des spiralförmigen Riesenmoleküls DNS nachgebaut. Wie das Magnetband eines Computers enthält dieses Molekül den Code der Erbmasse. Damit geriet der Mensch, der sich gerade von der religiösen Prädestinationslehre emanzipiert hatte, in die Fänge der biologischen Prädestinationslehre.

Der Nativismus hat also eine Entwicklung von uralten sozialen Institutionen zur hochmodernen, naturwissenschaftlichen Gesetzmäßigkeit durchgemacht. Beiden gemeinsam ist jedoch die Vorstellung, der Mensch sei durch seine Geburt determiniert, seine Freiheit mithin nur eitler Schein.

Die explizit formulierte axiomatische Wahl der biogenetischen Nativisten war legitim, solange sie die sogenannte reine Wissenschaft betrieben. Sie beschränkten sich dabei auf die biologische Vererbung, grenzten ihr Forschungsgebiet ab, stellten bestimmte Fragen, die in dem durch die Fragestellung umschriebenen Kontext zu immer präziseren Antworten führten. In dem Moment aber, in dem diese Nativisten das Gebiet der reinen, wissenschaftlichen Forschung verlassen und versuchen, die Menschheit durch Manipulation der Erbfaktoren zu verbessern, sieht die Sache schon anders aus. Sie werden damit zu Biotechnikern, die es auf *unser* Leben abgesehen haben! Und sie haben weitgesteckte Ziele: ihr Ideal ist eine von Biochemikern kontrollierte und gelenkte Welt. 1962 haben sie auf dem Londoner Symposion der Welt dieses Ideal bekanntgegeben. Die Hauptvertreter der Biochemie, unter denen sich eine nicht unbeträchtliche Anzahl von Nobelpreisträgern befand, nahmen an diesem Symposion teil. Man hielt es nicht nur für prinzipiell möglich, durch genetische Manipulationen nützliche Varianten der »Spezies Mensch« zu schaffen, dies Ziel schien auch schon innerhalb der nächsten 20 Jahre erreichbar.* Damit sollte ein neues Heilszeitalter für die Menschheit anbrechen. Und die zwanzig Jahre sind schon beinahe vorüber!

Die radikalen Nativisten versuchen, für *alle* sozialen Probleme eine endosomatische Lösung zu finden. Die gemäßigten Nativisten interessieren sich auch für die extragenetischen Erbanlagen, die sogenannten Plasmagene im Protoplasma. Diese Plasmagene der mütterlichen Eiweißzellen, über die man allmählich mehr weiß, beeinflussen in besonderer Weise die Vererbung. In seiner Kritik an den radikalen Biotechnikern sagt der Baseler Zoologe Adolf Portmann: »ist doch für radikale Biotechniker noch immer manche Wirklichkeit im Insektenstaat ein kaum recht eingestandener Wunschtraum für das menschliche Sozialleben.« Er weist auch auf die Gefahren hin, die drohen, wenn solche »Verbesserungstechniken« in die Hände von Machtgruppierungen oder doktrinärer Politiker geraten. Zudem steht er, nach allem, was über die extragenetische, protoplasmatische Vererbung bekannt geworden ist, den Aussagen der Genetiker skeptisch gegenüber.

Gemäßigte Nativisten fangen inzwischen an, sich mit dem Problem von Programm und Umwelt zu befassen. Ist der genetische Code tatsächlich verbindlich? Anders gesagt: ist durch ihn tatsächlich nicht nur die körperliche Erscheinung, sondern auch der Charakter für das gesamte Leben von vornherein festgelegt? Oder ist der genetische Code nicht doch nur *ein* Entwicklungsfaktor unter anderen? Gibt er nicht vielmehr die Entwicklungsmöglichkeiten an, deren Entfaltung dann durch die Umwelt, und damit meine ich das biologische und das embryonale Milieu, gefördert oder gehemmt, wird?

Aus dem Konzept des Nativismus folgt, daß die Lösung der Erziehungs- und Bildungsprobleme in einer ganz bestimmten Richtung zu suchen ist. Ein von Jahr zu Jahr immer feiner

* Siehe hierzu u. a. Ciba Congress: Man and his Future, London 1963.

werdendes *Auslesesystem* beherrscht das Bildungswesen. Nur wer den Selektionsprozeß durchgestanden hat und genau den vorher festgelegten Ansprüchen der Bildungstechnologen entspricht, erhält Zugang zu der – für die Superintelligenten geschaffenen – höchsten Form der Ausbildung.

In Frankreich wendet man dieses System schon seit langem an, es hat dort zu den schon mythischen »Superschulen« geführt, den Ecoles Superieures Polytechniques und den Hautes Ecoles d'Administration. Auffälligerweise sind viele Schüler dieser Schulen wieder Kinder von ehemaligen Absolventen eben dieser Schulen. Aber das soll dann nur wieder beweisen, daß hohe Begabung erblich ist. Man kann aber auch von einer »geschlossenen Gesellschaft« sprechen, in der sich die Insider gegenseitig den Ball zuspielen.

In den Niederlanden entwickelt sich das Bildungswesen auf Grund der objektiven Tests für alle Schulklassen zu einem kontinuierlichen Selektionsprozeß, wobei die Normen derjenigen, die die Tests zusammenstellen, für alle Kinder – egal, welcher Persönlichkeitsstruktur – bindend werden. Auf diese Tendenz, die versucht, die Kinder durch fortlaufende Selektion auf das ihnen gemäße Niveau zu dirigieren, hat man auf typisch englische Art und Weise geagiert.

Benn Hoffmann ironisiert in seinem Buch »The Tyranny of Testing« das ganze Testsystem und weist es in die Schranken. Die angeblich objektiven Ergebnisse der Schultests sind nämlich für verschieden geartete Kinder keineswegs gleich. Bei den multiple choice Tests sind besonders die intelligenten und zum Nachdenken neigenden Kinder eindeutig im Nachteil.

Das Buch »*Meritocracy*« schildert in science-fiction Manier die Welt von 2056; es beschreibt eine Gesellschaft, deren Basis intellektuelle Leistungen sind, die im Lauf des Lebens immer wieder durch Tests überprüft werden. Der Autor schildert, wie nun in einer solchen Gesellschaft nur die historischen Normen oder die Maßstäbe derer, die die Tests zusammenstellen, maßgeblich für alles Wissen sind. Alle werden über denselben Kamm geschoren. In dem Buch wird dann auch geschildert, wie schließlich ein Aufstand von Menschen ausbricht, die sich ihre Maßstäbe selbst setzen wollen.

Aber auch damit ist die Frage, was denn nun eigentlich erblich sei und was nicht, noch nicht beantwortet.

Alle potentiellen Faktoren können erblich sein. Nach Chorus sind die körperliche Konstitution, die Art der sinnlichen Wahrnehmung, die Gedächtnisfunktion, bestimmte Elemente der Konzentration und des Interesses, der Intelligenztyp, die emotionale Ansprechbarkeit und das Entwicklungstempo erblich.

Dies sind generelle Eigenschaften, in deren Gebrauch der Mensch noch weitgehend frei ist. Vielleicht kann man sagen, daß dem Menschen durch seine biologische Veranlagung ein weiter Fächer von Möglichkeiten mitgegeben wird. Jede Kultur fordert jedoch nur einen geringen Teil dieser Möglichkeiten, der Rest wird überhaupt nicht entwickelt. Der Mensch hat, genau wie eine Pflanze, unendlich viele »schlafende Augen«, die entweder nur unter extremen Bedingungen zur Entwicklung kommen (zum Beispiel im Konzentrationslager) oder wenn die Person selbst, das heißt: das Ich, den *Entschluß* faßt, sie in seiner individuellen Zielsetzung zu verwirklichen.

Die Empiristen haben Recht, wenn sie meinen, im Menschen schlummere viel mehr als das, was durch den zufälligen Lauf der Lebensgeschichte geweckt wird. Man muß dem Empirismus aber widersprechen, wenn er meint, Entwicklung sei mit Konditionierung (oder Abrichtung) gleichzusetzen.

Das Ich kann viel mehr erreichen, als gemeinhin gedacht wird. In jedem Menschen schlummern Kräfte, die er selbst zur Entfaltung bringen kann.

Nach dem Denkmodell des Nativismus gibt es nur eine Richtung, in der Lösungen für bestimmte Probleme gesucht werden können. Ich habe schon gezeigt, daß dies in der Schule die fortlaufende Selektion von einer Klasse zur nächsten bedeutet. Aus dieser Haltung folgt, was die Berufswahl angeht, die sogenannte Schlüssel-Schloß-Theorie – das heißt: die Meinung, mit einem nur genau genug umrissenen Profil des jungen Menschen oder des Bewerbers, das möglichst noch durch Tests zu bestimmen ist, werde man schon den richtigen, ebenso genau umrissenen Beruf finden. Die Idee dahinter ist, daß man nur »den richtigen Mann auf den richtigen Platz« zu setzen brauche, dann ergäbe sich alles weitere von selbst.

Der Nativismus hat darauf hingewiesen, inwieweit die Erscheinungsform des Menschen durch die Erbanlagen bestimmt wird. Die psychische Gestalt eines Menschen hängt jedoch von erblich angelegten Dispositionen ab. Diese Dispositionen sind allerdings so weit gefächert, daß Kultur und Umwelt jeweils nur einen geringen Teil davon abrufen können.

Außerdem gibt es beim Menschen noch den Vorgang der sogenannten Einverseelung, das ist die ständige Verarbeitung neuer Eindrücke, *die den Menschen gleichfalls formen* (Chorus, S. 72). »Alle instrumentalen, rein formalen Funktionen sind erblich. Abgesehen davon kann das Individuum nur lernen, wenn es einen bestimmten Reifegrad erreicht hat. Trotz aller psychisch bedingten und aller persönlichen Entwicklung, erhält sich das ganze Leben hindurch eine gewisse erbliche Grundstruktur, die gleichsam als Fundament für die verschiedenen Bauwerke dienen kann, für Bauwerke, die errichtet, teilweise wieder abgebrochen und wieder aufgebaut werden können.«

Der Empirismus und der Behaviorismus

Der Empirismus und der Behaviorismus setzen bei exosomatischen Umwelteinflüssen an, denen der Mensch *nach* seiner Geburt durch Erziehung und kulturelle Konditionierung seines Verhaltens unterworfen ist.

Mit Erfolg hat der Empirismus auf die Schwachstellen des Nativismus hingewiesen. Das entscheidende, kritische Argument ist biologischer Natur: der Empirismus betont, daß der Mensch ein Säuger ist, der im Gegensatz zu anderen höheren Säugetieren, instinktarm geboren wird. Wissenschaftlich ausgedrückt: Der Mensch ist ein zu früh geborener Nestflüchter. Er hat die offenen Sinne eines Nestflüchters, aber die Hilflosigkeit eines Nesthockers. Auch in dieser Hinsicht ist der Mensch also eine Ausnahmeerscheinung des Tierreiches. Haut- und Haarfarbe, allgemeine äußere Erscheinungsform und körperliche Konstitution sind zwar erblich, als Säuger aber wird der Mensch zu früh geboren. Seine Embryonalzeit ist verkürzt, das Nervensystem bei der Geburt noch nicht voll entwickelt. Das Kalb, ebenfalls ein Nestflüchter, kann bei der Geburt aufstehen, laufen und selbst den Weg zur Mutter finden, dem Säugling muß all dies in den ersten Jahren nach seiner Geburt durch die Umwelt beigebracht werden.

Die höheren Säuger erhalten durch die längere Embryonalzeit ein vollständiges Reflexsystem für alle Lebensäußerungen und das gesamte Instinktrepertoire der Art. Diese Instinkte setzen sich, auch in artfremder Umgebung mit anderen Verhaltensmustern, in seinem Verhalten durch. (Ein gutes Beispiel ist das Huhn, das Enteneier ausgebrütet hat und mit Erstaunen sehen muß, wie sich seine »Küken« ins Wasser begeben!).

Der Säugling wird erst dann zum Menschen, wenn ihm zu den angeborenen Reflexen (Saugen, Blinzeln usw.) auch die sozialen Verhaltensweisen (Sprechen, Denken) beigebracht werden. Um es mit einem Begriff Langevelds zu sagen: Der Mensch ist auf Erziehung und Lernen angewiesen. Der Begriff exosomatische Entwicklung umfaßt dann auch Laufen, Sprechen, Denken und andere menschliche Fähigkeiten, die unter dem Einfluß der Kultur erworben werden.

Außer der biologischen Vererbung gibt es auch eine Art kultureller Vererbung, durch die – über Erziehung und Lernen – Kultur an die nächste Generation weitergegeben wird. Von dieser Überlieferung hängt weitgehend ab, welche Möglichkeiten seiner offenen Erbanlagen der Mensch zur Entfaltung bringen kann.

Noch nicht einmal den aufrechten Gang lernt der Mensch ohne das Beispiel seiner Umgebung, ganz zu schweigen vom Sprechen und allen anderen menschlichen Kulturformen. Die Instinkte des Menschen sind nur rudimentär entwickelt, sie beschränken sich auf gewisse Basisinstinkte wie zum Beispiel den Überlebenswillen. Sollte sich der Mensch tatsächlich, wie es die Nativisten behaupten, aus in Herden lebenden Gruppen entwickelt haben, dann hat er selbst den Arterhaltungsinstinkt verloren. Denn bei Herdentieren wird ein Kampf zwischen Artgenossen sofort beendet, wenn eine Partei die Unterwerfungsgebärde macht. Der Kampf dient zur Feststellung der Rangordnung, nicht zum Töten des Artgenossen.

Die Empiristen leben, nach der Formulierung Gordon Allports, in der Locke'schen Tradition. Die bekannteste Annahme dieser Denktradition ist John Lockes Ausspruch, der Mensch sei bei seiner Geburt eine tabula rasa, ein unbeschriebenes Blatt, alles, was in ihm sei, habe er durch seine Sinne aufgenommen. An einem solchen Axiom kann sich tatsächlich eine Wissenschaft entwickeln, die sich zu Recht Verhaltenswissenschaft nennt. Folgt man außerdem noch Lockes Wissenschaftsverständnis, das besagt, das einfache Element (the simple idea) sei wichtiger als das komplexe Ganze, und das Komplexe sei gleich der Summe der einfachen Elemente, dann kann man ungehindert immer einfachere Konstellationen suchen und tatsächlich das Komplexe aus einfachen Elementen rekonstruieren.

Daneben gibt es aber immer noch Menschen, die feststellen, die Kathedrale sei zwar die Summe aller Bausteine, dazu gehöre jedoch der Entwurf, der jedem Stein seinen Platz und seine Bestimmung gibt. Im Gegensatz zur empiristischen Lehre von den Elementen, beschäftigen sich die Personalisten gerade mit den Problemen, die der Entwurf der Kathedrale mit sich bringt. Diese Probleme deutet man allgemein mit den Begriffen Ganzheit oder Gestalt, in unserem Fall mit dem Begriff Persönlichkeit an.

Das axiomatische Prinzip einer Wissenschaft findet man am reinsten bei den radikalen Exponenten einer Richtung vertreten, die den Mut haben, alle Konsequenzen dieses Prinzips zu tragen.

Schon vor einem halben Jahrhundert hat Watson behauptet, er könne aus ein paar gesunden Babys das machen, was man von ihm verlange, während der bekannte Lernpsychologe Skinner der Ansicht ist, jeder Mensch könne für jeden Beruf konditio-

niert werden, wenn man nur seiner – Skinners – Methode folge, die er allerdings anhand der Konditionierung ausgehungerter Ratten und Tauben entwickelt hat.
Laut Skinner liegt alles Elend dieser Welt nur daran, daß die Menschen unzureichend konditioniert sind, das Gute angenehm und das Schlechte unangenehm zu finden. Skinner übt noch immer großen Einfluß auf moderne Entwicklungen innerhalb der Pädagogik aus, obwohl er durch seine letzten Übertreibungen doch Anhänger verloren hat. Man realisiert nämlich je länger je mehr, daß auch der einfachste Stimulus für die betreffende Person eine bestimmte Bedeutung hat. Ändert sich diese Bedeutung nicht, dann findet auch keine Konditionierung statt. In der modernen Verhaltenstherapie ist diese Erkenntnis wichtig geworden, man hat hier die Methode der rein äußerlichen Konditionierung aufgegeben. Allerdings kommt aus der Skinner'schen Schule immer noch die Idee, man könne mit Erfolg durch programmiertes Lernen und damit verknüpfte multiple choice Examina Menschen bestimmte Verhaltensmuster für den Beruf oder die wissenschaftliche Arbeit anerziehen. In der Wirtschaft nennt man das »one best way training«.
Zu Skinners Leidwesen wenden wir aber seine hervorragende Methode immer noch verkehrt an. Seiner Meinung nach wird permanente Konditionierung nur erreicht, wenn man das richtige Verhalten *systematisch belohnt* und das falsche *ignoriert.* Wir jedoch bestrafen das falsche Verhalten (zum Beispiel durch schlechte Noten oder Durchfallen) und halten das richtige für selbstverständlich (ignorieren es also), dadurch wird der Mensch für die Angst vor dem falschen Verhalten konditioniert, die immer wieder das Bewußtsein beherrscht. Auch in der Wirtschaft wendet man die Skinner'sche Methode der positiven Bekräftigung (positive reinforcement) an, mit der man mit einigem Erfolg die Arbeitsmotivation steigern kann. Zur Zeit werden leitende Angestellte in Fortbildungskursen mit dieser Methode vertraut gemacht.
Skinner ist voll von heilbringenden Ideen, mit denen alle

Probleme der Welt gelöst werden können. Er verkündet die vollständig konditionierte Gesellschaft – frei von Aggressionen und mit verplanter Rollenverteilung, die jeder als das höchste Glück erleben wird. Er weicht dabei dem wichtigen Problem, wer nun eigentlich bestimmen soll, was gut und was schlecht sei, nicht aus. »Ich bin derjenige, der das bestimmt« hat er zu jemandem gesagt, der das von ihm wissen wollte. Er selbst will der einzige sein, der in seiner konditionierten Welt nicht konditioniert ist. Schließlich muß ja noch jemand übrig bleiben, der die Programme macht!

Seine Theorien hat Skinner anhand der Dressur ausgehungerter Ratten und Tauben entwickelt. Diese ausgehungerten Tiere waren offensichtlich bereit, ihre angeborenen Instinkte zu durchbrechen und alle vorgeschriebenen Kunststücke zu vollführen, um zu Nahrung zu kommen und ihren Hunger stillen zu können.

Diesen experimentellen Ansatz erklärt Skinner nun für identisch mit dem Lernprozeß des Menschen. Die Ratte ist keineswegs gewillt, irgendeins der Skinner'schen Kunststücke zu vollführen, wenn sie nicht hungrig ist. Ein ausgehungerter Mensch würde doch auch die komischsten Sachen tun, wenn es für sein Überleben notwendig wäre. Aber im Gegensatz zur Ratte kann der Mensch lernen, weil er sich für etwas interessiert, zum Beispiel für ein mathematisches Problem, das er lösen oder einen Sanskrittext, der er verstehen möchte. Das kann er nämlich *auch wenn er nicht hungrig ist.* Der wichtigste Punkt, den der Personalismus am Empirismus kritisiert, ist die mangelnde Fähigkeit, die verschiedenen Motivationsebenen zu unterscheiden.

Trotz dieser Kritik kann die Bedeutung des Empirismus und des Nativismus kaum überschätzt werden. Rund ein Jahrhundert eifrig forschender Verhaltenswissenschaft hat eine eindrucksvolle Menge Material zutage gefördert, eine schier unüberschaubare Sammlung einfacher Elemente und Theorien, die jeweils durch Laboratoriumsexperimente »bestätigt« worden sind. Aus diesen Elementen kann man dann wieder

Kombinationen herstellen, zum Beispiel soziotechnische Systeme bauen, die ihrerseits bestimmte Probleme wieder teilweise lösen können.
Der Behaviorismus bezeichnet sich selbst als »wissenschaftliche Psychologie«, weil er sorgfältig ausgewählte und umschriebene, einfache Erscheinungen durch wissenschaftliche Experimente zu erforschen versucht. Wer sich den von diesem Wissenschaftszweig gewählten (und daher axiomatischen) Zielsetzungen und Methoden nicht unterordnet, arbeitet unwissenschaftlich, gehört zu den Literaten oder zu denjenigen, die subjektive Behauptungen von sich geben. Jeder Satz muß durch nachvollziehbare Experimente oder durch statistische Massenuntersuchungen (van Leent) bestätigt werden.
Bestimmte Teilaspekte können so tatsächlich untersucht werden, will man jedoch den totalen Menschen in seiner Lebenssituation (und nicht in einer künstlich zu ein paar Variabeln vereinfachten Situation) erfassen, dann kann diese Methode nur wenig Erkenntnis liefern. Ich werde auf diesen Punkt bei der Besprechung des Personalismus noch zurückkommen.
Auf den Empirismus kann man das Wort aus Goethes Faust anwenden:

> »Dann hat er die Teile in seiner Hand,
> Fehlt, leider! nur das geistige Band«.

Schon das Suchen nach einem »geistigen Band« wird von den Vertretern des Empirismus als unwissenschaftlich angesehen.
Der Empirismus hat einen gewaltigen pädagogischen Enthusiasmus hervorgebracht. Der Ruf nach einer Pädagogik, die die Menschheit und die Gesellschaft verbessern sollte, ist von Dewey und seinen Nachfolgern mit neuer Hoffnung erfüllt worden. Die Idee, jeder Mensch sei so flexibel, daß er für die verschiedensten Berufe ausgebildet werden könne, führt zu einer Einstellung zu Ausbildungsproblemen, die das genaue Gegenteil dessen ist, was die Nativisten meinen, nämlich, daß der Mensch dank seiner Erbanlagen nur für einen ihm auf den

Leib geschriebenen Beruf vorherbestimmt sei. Diese sogenannte Schlüssel-Schloß-Theorie der Nativisten wird vom Empirismus auf den Kopf gestellt. Es gibt eine Reihe von Berufen (das wären die Schlösser), für die jährlich eine bestimmte Zahl Menschen (das wären die Schlüssel) gebraucht werden. Also muß man die »Schlüssel« produzieren! Man nennt das bedarfsorientierte Ausbildung, wobei alle überflüssige Ausbildung weggestrichen wird. Pro Jahr braucht man soundsoviele Techniker, Ökonomen, Lehrer usw., man darf also nicht zu viele produzieren und man muß sie schon von vornherein auf die Anforderungen ihres Berufes konditionieren. Konträr zu dieser Auffassung steht dann der Vorschlag der mehr oder weniger ausgesprochenen Personalisten. Sie meinen, man solle junge Menschen so breit wie möglich ausbilden, ihnen einen weiten Bereich von Möglichkeiten öffnen, sie motivieren, sich ihres Lebenszieles bewußt zu werden und ihnen helfen, auf diesem Weg den ersten Schritt zu tun. In diesem Konzept ist die Berufsausbildung nur der Steigbügel, mit dem man sich in den Sattel der ersten Stellung schwingt. Danach wird der Mensch noch einige Veränderungen mitmachen müssen, wobei er für alle »überflüssige« Ausbildung dankbar sein sollte.

Der Personalismus

Da ich die biographische Entwicklung des Menschen aus personalistischer Sicht beschrieben habe, muß ich hier auf den Personalismus etwas ausführlicher eingehen als auf den Nativismus und den Empirismus. Ich möchte daher erst eine allgemeine Übersicht über die Entstehungsgeschichte und die Problemstellung des Personalismus geben und dann einige Punkte genauer behandeln.

Der Personalismus ist das älteste uns bekannte Menschenbild. Alle alten, spiritualistischen Kulturen beschreiben den Menschen als ein Wesen göttlichen Ursprungs, das über den Tieren und Pflanzen steht. Der lebendige Atem wurde ihm eingeblasen, und er erwachte zu Bewußtsein und Entscheidungsfreiheit. Der Mensch lebt auf seine *eigene Zukunft* hin, er ist fortwährend auf ein Ziel hin unterwegs. Seine Handlungen sind zwar durch das Instrumentarium, das er sich in der Vergangenheit erworben hat, eingeschränkt, aber in dieser Beschränkung wählt sich der Mensch selbst sein Ziel. Notfalls kann er sogar den Entschluß fassen, sich ein neues Instrumentarium zu eigen zu machen. Dadurch unterscheidet er sich vom Tier. Der Mensch ist *final orientiert.*

Die ausgehungerte Ratte kann man zwar konditionieren, doch läßt die Konditionierung nach einiger Zeit nach. Man muß daher für immer neue Bekräftigung (reinforcement) sorgen. Dies hatte schon Pawlow aus seinen Versuchen mit Hunden gelernt. Es ist die typische Reiz-Reaktions-Situation des Tieres. Der Mensch allerdings kann im Prozeß seines Erwachsenwerdens die Erziehung von außen durch Selbsterziehung auf ein eigenes Lebensziel hin ablösen. Und dies kann er tun, unabhängig davon, ob er nun hungrig ist oder nicht. Zudem hat jeder Stimulus, jeder Reiz für die gesamte Psyche eine bestimmte Bedeutung.

Der moderne Personalismus (in Amerika »humanistic psychology« genannt) leugnet keineswegs das Prinzip der Vererbung, auch bestreitet er nicht, daß die Erziehung des instinktarmen und hilflosen Säuglings notwendig ist und auf die Persönlichkeitsbildung großen Einfluß hat. Aber er weist darauf hin, daß der Prozeß des Erwachsenwerdens des Menschen gerade darin besteht, daß der Mensch seine biologischen Möglichkeiten erkennt, seine Erziehung überblickt und selbst bestimmt, *was er daraus machen wird.* Neben Vererbung und Beeinflussung durch Umwelt und Erziehung tritt damit eine »dritte Kraft«, durch deren Existenz erst das komplexe Verhalten des Menschen begriffen und erklärt werden kann.

Der Nativismus sieht den Menschen als befruchtete Eizelle.

Der Empirismus sieht den Menschen als Heranwachsenden, der durch Imitation und Anpassung, durch Reiz und Reaktion in die menschliche Gemeinschaft eingegliedert wird.

Der Personalismus sieht den Menschen als Erwachsenen, der seinen eigenen Weg sucht und der stets nach höheren Ebenen von Erwachsensein und Reife strebt.

Der Personalismus steht und fällt mit der sogenannten »dritten Kraft«, wie die amerikanischen Personalisten es nennen. Wie diese dritte Kraft aber umschrieben werden soll, das ist noch nicht geklärt. Die Auseinandersetzung wird von verschiedenen Ausgangspunkten her geführt. So sagt Strasser in seinem Buch »Phänomenologie und Erfahrungswissenschaft vom Menschen«, die Hauptaufgabe der Wissenschaft vom Menschen sei es, die essentiellen Wesenszüge der Struktur des Menschen aufzudecken. Aber was ist essentiell? Ist dies für jeden dasselbe oder, anders ausgedrückt, gibt es ein abstraktes, menschliches »Sein« im Sinne Descartes, ein »Sein«, das von außen her objektiv untersucht werden kann?

Strasser bemerkt: »Es ist immer bereits etwas vorausgesetzt, wenn ich beginne zu philosophieren: meine Existenz.« *»Ich philosophiere z. B. als jemand, der im abendländischen Kulturkreis aufgewachsen ist, ich philosophiere immer zusammen mit anderen.«*

Um zur Erkenntnis zu gelangen, muß das menschliche Bewußtsein eine Leistung vollbringen, Erkenntnis ist das Ergebnis von Ent-hüllung oder Ent-deckung. Aber ent-hüllt wird nach Strasser nur, »was sich von einem bestimmten Standpunkt und in gewisser Weise enthüllen läßt, und was so enthüllt wird, ist wesensmäßig nicht *die* Wirklichkeit, wohl aber *ein* Aspekt der Wirklichkeit«. Wahrnehmung, ein zentraler Begriff der objektivistischen Wissenschaft, ist dann auch etwas anderes als ein Sinneseindruck. Wahrnehmung ist ein aktiver Vorgang, eine Frage. Die Frage stößt auf etwas, das gesehen oder betastet werden kann. Der Fragesteller weiß schon, wonach er fragt; kommt er durch Entdeckung auf ein ihm wesentliches Phänomen, dann ist dies für ihn evident. »Was evident ist, kann nicht bewiesen werden. Alle Argumente, Ableitungen, Schlußfolgerungen müssen schließlich zu Einsicht führen, zu direkter oder indirekter. Was direkt erschaut wird, kann wesensmäßig von nichts anderem abgeleitet werden.« Ich habe diese Sätze von Strasser zitiert, um die Position der Personalisten deutlich darzustellen:

Für den einen ist »evident«, daß der Mensch nichts anderes ist als ein durch seine Erbfaktoren bestimmter Säuger. Umwelteinflüsse sind für ihn sekundär und unwichtig – der nackte Affe zeigt sich, sowie man die Kulturtünche wegkratzt.

Für den anderen ist es genauso »evident«, daß die Vererbung eine ganz nebensächliche Rolle spielt, und daß das Verhalten des Menschen wie das einer Ratte konditioniert werden kann. Dieses Verhalten ist dann das einzige, was diese Menschen erforschen wollen.

Das gleiche Verhalten, über einen längeren Zeitraum und außerhalb der experimentellen Bedingungen eines Labors beobachtet, gilt für eine dritte Gruppe als Manifestation persönlicher Entscheidung, die unabhängig von Vererbung und Konditionierung getroffen wird.

Welchen dieser drei Standpunkte man nun einnimmt, hängt davon ab, ob man im Menschen geistige Faktoren anerkennen will oder nicht. Frankl hat gezeigt, daß viele offenbar blind sind für das Geistige, das in einem materialistischen Weltbild ja auch nur als Illusion seinen Platz finden kann.

Der Weg vom Behaviorismus zum modernen Personalismus ist mühsam gewesen. In den dreißiger Jahren entstand in der Sozialpsychologie eine Richtung, die sich mit »human relations« befaßte. Sie knüpfte an Untersuchungen von *Roethlisberger* aus der Zeit zwischen 1928 und 1932 an, bei denen sich herausstellte, daß die Arbeitsproduktivität nicht nur von meßbaren physikalischen Faktoren wie Temperatur, Licht oder reiner Luft abhing, sondern viel mehr vom Grad des menschlichen Interesses, das andere für diese Arbeit zeigten. Warme Anteilnahme und menschlicher Kontakt, beides zu dieser Zeit »unwägbare« Faktoren, hatten offenbar meßbare Wirkungen! Hier drang zum ersten Mal der psychische Aspekt des Menschen in Denken und Handeln innerhalb des sozialen Bereiches vor. Die Human relations-Bewegung, die das

Ergebnis dieser Erkenntnis war, hat jahrzehntelang gegen Arbeitsorganisatoren ankämpfen müssen, die nur das, was sie selbst als meßbar ansahen, messen und in Betracht ziehen wollten.

Dasselbe gilt für *Kurt Lewins* mutigen Versuch, in der Sozialpsychologie, und zwar u. a. im Bereich der Gruppendynamik, neue Gebiete zu erschließen. Sein Ansatz entsprang einer einfühlenden Teilnahme an Gruppensituationen. Allerdings gibt er in seinen Äußerungen und Theorien nicht mehr als mechanistische Modelle, wodurch er in vieler Hinsicht wieder in einen reinen Behaviorismus zurückfällt. Dies gilt vor allem für seine sogenannte Feldtheorie, auf der die moderne Reklamepsychologie aufbaut, die sich, bei Licht besehen, herzlich wenig dafür interessiert, was in dem Käufer tatsächlich vorgeht, wenn nur das Resultat der verschiedenen treibenden und hemmenden Kräfte ist, daß der Konsument die richtige Marke kauft. Daß Lewin sich nicht aus dem Bann des Behaviorismus lösen konnte, war wohl zeitbedingt. Er starb 1947, zu einem Zeitpunkt, als man in Amerika noch wenig Verständnis für Alternativen zum Behaviorismus hatte. Lewin blieb deshalb ein mutiger Vorläufer, dem erst nach seinem Tod Menschen folgten, die seinen Ansatz weiter ausarbeiteten.

Carl Rogers ist einen entscheidenden Schritt weiter gegangen, er hat versucht, phänomenologische Beobachtung mit empathischer Diagnose zu verbinden. Der absolute Respekt vor dem anderen Menschen als einer eigenen Persönlichkeit ist für ihn ethische Verpflichtung. Man darf dem anderen Menschen nur helfen, seine Entscheidungen selbst zu treffen, seine Probleme selbst zu lösen und seine Zukunft selbst in die Hand zu nehmen. Therapeutische Hilfe ist nur dann emanzipatorisch, wenn für das Verhältnis zwischen »Klient« (ein bewußt gewähltes Wort, das deutlich machen soll, daß kein Beraterverhältnis und keine hierarchische Situation gegeben ist) und Psychologe sechs Bedingungen gegeben sind:

(1) Beide Personen haben psychologischen *Kontakt,*

(2) der Klient befindet sich im Zustand der Verletzbarkeit,

(3) der *Therapeut* ist ruhig und in die Situation einbezogen,
(4) der *Therapeut* empfindet uneingeschränkt positive Gefühle gegenüber dem Klienten,
(5) der *Therapeut* erlebt einfühlendes Verständnis gegenüber dem Klienten,
(6) die *Kommunikation* des positiven Gefühls und des empathischen Verstehens ist bis zu einem gewissen Grad möglich.

Wer sich diesen Bedingungen unterwirft, oder, besser noch, wer sie praktisch kennen- und auszuüben lernt, der befindet sich tatsächlich in einer ganz anderen Lage als die Wissenschaftler, die aus der Schule Lewins hervorgegangen sind und die das begeisterte Spiel eines Kindes kaltherzig unterbrechen können, um dann zu untersuchen, welchen Effekt diese Frustration auf das Spiel hat. Solche Wissenschaftler rechtfertigen sich damit, daß man für den Fortschritt der Wissenschaft solche Situationen verarbeiten muß, aber das Verarbeiten müssen dann doch immer die Versuchspersonen leisten.

Rogers hat eine ganze Schule von Psychotherapeuten und Beratern hervorgebracht, die es sich zur Aufgabe gemacht haben, Menschen in ihren persönlichen Schwierigkeiten beizustehen und ihnen bei ihrer persönlichen Entwicklung zu helfen. Die Methode, die er dafür entwickelt hat und deren 6 Prinzipien ich eben aufgeführt habe, nennt man die non-direktive Psychotherapie oder Beratung. Leider haben Rogers Nachfolger die non-direktive Methode beinahe ad absurdum geführt und zum Dogma erhoben, was Rogers selbst in den sechziger Jahren peinlich vermieden hatte.

Rogers strebte eine Persönlichkeitsentwicklung an (er nennt es »personality change«), die gerade *nicht* vom Pädagogen, Therapeuten oder Trainer entworfen, dem Klienten aufgezwungen oder eingetrichtert und dann anhand von vorher festgelegten Tests abgehört wird, sondern für die der Klient sich persönlich entscheidet und die er selbst zustande bringt. Die Hilfestellung des Therapeuten muß sich darauf beschränken, dem Klienten das Verstehen der eigenen Gefühle und Zielsetzungen möglich zu machen und ihm das Finden alternativer Möglichkeiten in seinen Lebenssituationen zu erleichtern.

Zu den Personalisten gehören auch Maslow, Gordon Allport und McGregor.

Gordon Allport hat das personalistische Denken in Amerika und Europa vor allem durch sein Buch »Werden der Persönlichkeit« stark beeinflußt. Der Titel deutet schon an, daß eine Persönlichkeit nie *ist,* sondern immer »im Werden« begriffen ist. Diese Entwicklung setzt in den ersten Lebensjahren ein und führt zu immer höheren Stufen des Erwachsenseins und der Weisheit.

Diese Entwicklungsstufen habe ich in den Kapiteln über den menschlichen Lebenslauf ausführlich beschrieben. Ich habe gezeigt, wie auf den Menschen immer wieder neue Aufgaben zukommen, er immer neue Situationen verarbeiten und sich zu eigen machen muß. Wenn der Mensch sich diesen Aufgaben nicht stellt, stagniert seine geistige Entwicklung. Er ist dann den Gesetzen seiner aus Aufstieg, Gleichgewicht und Niedergang bestehenden biologischen Entwicklung ausgeliefert.

Hieraus wird wohl verständlich, daß eine personalistische Lebenseinstellung (die allerdings schon für die Erziehung des jungen Menschen wichtig ist) in der zweiten Lebenshälfte, in der neue Entwicklungsimpulse nur noch aus der geistigen Persönlichkeit kommen können, von ganz entscheidender Bedeutung ist. In der ersten Lebenshälfte wird durch Erziehung und durch die nach der Adoleszenz einsetzende Selbstbestimmung der Grund für das künftige kreative Wachstum in der Zeit des biologischen Niedergangs gelegt.

Die naturwissenschaftlich orientierten Empiristen haben den Personalisten vorgeworfen, philosophisches Denken in die Psychologie eingeführt zu haben. Das ist sicher richtig; die Personalisten halten dies sogar für unerläßlich, damit man endlich von der Beschäftigung mit Fragmenten des psychischen Lebens wegkommt und zu einer umfassenden Problemstellung und ganzheitlichen Modellen gelangt. Außerdem braucht die Methode, die man mit Erfolg auf die anorganische Welt anwendet, nicht unbedingt auch die Methode zu sein, mit der man die menschliche Seele erfassen kann.

Chorus schreibt: »Wir sind davon überzeugt, daß wir nichts gründlicher kennen können als den Menschen, während wir die Natur doch nur oberflächlich kennen können. Wir können sie beschreiben, Abläufe konstatieren und Zusammenhänge feststellen, deren wirkliche Natur wir doch nicht begreifen. Die naturwissenschaftliche Erkenntnis ist, wie Hearing das nennt, eine *Resignationsstufe der menschlichen Erkenntnis,* eine Form von Wissen, mit dem man sich zufrieden gibt, weil man eben nicht weiter kann.« Folglich, so argumentiert *Allers,* sei es falsch, bei einem Forschungsobjekt wie dem Menschen, das gerade einen höheren Grad des Wissens, nämlich das einfühlende *Begreifen von innen her* oder Verstehen, möglich mache, sich auf das rein naturwissenschaftliche Wissen zu beschränken. Die höhere Form des Wissens ist das verstehende Begreifen. »Wir müssen versuchen, so weit wie *möglich* zu verstehen oder psychologisch zu durchschauen; *erst wenn alle Mittel des psychologischen Verstehens erschöpft sind,* können wir uns mit dem reinen Feststellen von Tatsachen oder faktischen Zusammenhängen nach Art der Naturwissenschaften begnügen!«

Ich möchte nun als Vertreter der amerikanischen Schule *Abraham Maslow* (1908–1970) besprechen. Sein wichtigstes Werk ist *Motivation und Persönlichkeit,* das 1954 zum ersten Mal in Amerika erschien. Eine zweite, vollständig überarbeitete Ausgabe erschien 1970, dem Todesjahr Maslows, versehen mit einem ausführlichen Vorwort des Autors, in dem er seinen Entwicklungsweg seit 1954 beschreibt. Auffällig ist, daß Maslows Interesse sich auf die gesunde Persönlichkeit richtet, während das Menschenbild der klinischen Psychologie bisher hauptsächlich vom Studium des kranken Menschen ausging.

In diesem Zusammenhang möchte ich einige Passagen aus dem Kapitel »Persönlichkeit« (Appendix A. S. 398–400) zitieren: »Der Begriff der gut angepaßten Persönlichkeit oder der guten Anpassung stellt für die Möglichkeit des Fortschritts und

Wachstums eine zu niedrige Decke dar. Die Kuh, der Sklave, der Roboter können alle gut angepaßt sein.

Das Über-Ich des Kindes wird gewöhnlich als eine Introjektion von Angst, Bestrafung, Liebesverlust, Verlassenwerden und so weiter definiert. Die Untersuchungen von Kindern und Erwachsenen, die sicher, geliebt und geachtet sind, deutet die Möglichkeit eines im Inneren gegebenen Gewissens an, das auf der Liebesidentifikation, dem Verlangen, anderen Freude zu bereiten, wie auch auf Wahrheit, Logik, Gerechtigkeit, Konsistenz, Recht und Pflicht beruht.

Das Verhalten der gesunden Persönlichkeit wird weniger von Angst, Furcht, Unsicherheit, Schuld, Scham determiniert und mehr von Wahrheit, Logik, Gerechtigkeit, Realität. Fairneß, Schönheit, Richtigkeit usw. Wo gibt es Untersuchungen über Selbstlosigkeit? Mangel an Neid? Willenskraft? Charakterstärke? Optimismus? Freundlichkeit? Realismus? Selbsttranszendenz? Mut, Courage? Mangel an Eifersucht? Aufrichtigkeit? Geduld? Loyalität? Verläßlichkeit? Verantwortlichkeit?

Selbstverständlich ist die relevanteste und deutlichste Wahl des Gegenstandes einer positiven Psychologie das Studium der psychologischen Gesundheit (und anderer Arten der Gesundheit, ästhetischer, Wert-Gesundheit, physischer Gesundheit und ähnlich). Doch eine positive Psychologie erfordert auch mehr Untersuchung des guten Menschen, des sicheren und des zuversichtlichen, des demokratischen Charakters, des glücklichen Menschen, des heiteren, friedlichen, ruhigen, mitleidvollen, großzügigen, freundlichen, des Schöpfers, des Heiligen, des Helden, des starken Menschen, des Genies und anderer guter Spezies der Menschheit ...

Wie werden Menschen verschieden von einander anstatt einander ähnlich (angepaßt, von der Kultur flachgebügelt und so weiter)? ...

Der Geschmack, Werte, Haltungen und die Wahl der selbstverwirklichenden Menschen sind in einem großen Ausmaß auf eine wesenhafte und von der Realität bestimmte Basis gestellt, eher als auf eine relative und äußere. Es ist deshalb ein

Geschmack für das richtige und nicht das Falsche, das Wahre und nicht das Verlogene, das Schöne und nicht das Häßliche. Sie leben in einem System von stabilen Werten und *nicht* in einer Roboterwelt *ohne Werte* (nur Moden, Trends, Meinungen anderer, Nachahmung, Suggestion, Prestige).

Das Frustrationsniveau und die Frustrationstoleranz können bei selbstverwirklichenden Menschen sehr wohl *viel* höher sein. Dies gilt auch für das Schuldniveau, für das Konfliktniveau und das Schamniveau.

Die Kind-Eltern-Beziehungen sind gewöhnlich untersucht worden, als wären sie nur eine Garnitur von Problemen, *nur* eine Gelegenheit, Fehler zu begehen. Sie sind primär eine Freude und ein Genuß, und eine große Gelegenheit zu genießen. Dies stimmt sogar für die Pubertät, die häufig behandelt wird, als wäre sie mit der Pest verwandt.«

Ich kann hier nicht ausführlich auf Maslows theoretisches Konzept (die holistische Dynamik) eingehen. Der interessierte Leser sei auf Appendix B in »Motivation und Persönlichkeit« verwiesen. Interessanterweise nennt Maslow die innere Natur des Menschen teilweise instinktoïd, nämlich den Teil des Innenlebens, der unter dem Einfluß der Vererbung steht und die Tendenz zeigt, das ganze Leben hindurch konstant zu bleiben. Diese instinktoïde Natur des Menschen umfaßt seine primären Grundbedürfnisse – sein Temperament und die Beeinflussung des Temperamentes durch eventuelle Frühschäden während der Schwangerschaft und Geburt.

Nach Maslow geht es hier mehr um das »Rohmaterial« als um das fertige Produkt, *auf das reagiert wird:* durch das Individuum selbst, durch wichtige Andere, durch sein Milieu usw. Dieses Rohmaterial beginnt schon ganz früh, sowie es mit der Außenwelt in Berührung kommt und eine Wechselwirkung entsteht, sich zu einem Selbst zu entwickeln. Dies sind *Möglichkeiten.* Darum haben sie eine Lebensgeschichte. Die Möglichkeiten werden verwirklicht, geformt oder erstickt durch außerpsychische Determinanten (Kultur, Familie, Schule usw.).

Zum anderen ist die erwachsene Persönlichkeit aber auch eine Schöpfung der Person selbst. Maslow sagt dazu, man könne sich die Person nicht länger als »völlig determiniert« vorstellen, wenn mit diesem Begriff »nur außerhalb des Individuums liegende Kräfte« gemeint seien. Die Person sei, soweit sie eine *wirkliche* Persönlichkeit ist, ihre eigene, wichtigste Determinante. Jede Person sei »zum Teil ihr eigenes Projekt« und schaffe sich selbst. Maslow geht sogar so weit zu sagen, daß in der normalen Entwicklung des normalen Kindes das Kind selbst besser als jeder andere weiß, was gut für es ist, vorausgesetzt es kann sich frei entscheiden. Man achte daher auf das, was das Kind selbst wählt, und schreibe nicht zuviel vor.

Der Mensch wächst als Person an ästhetischen Erfahrungen, an Kreativität, vor allem an Erlebnissen von höchster ästhetischer Kraft und an einem allgemeinen Interesse an der Welt.

Maslow unterscheidet zwischen der Kreativität der spezifischen Begabung (der mathematischen oder musikalischen usw.), die weitgehend erblich ist und der sich selbst verwirklichenden Kreativität, die unmittelbar aus der Persönlichkeit selbst kommt und im täglichen Leben weit verbreitet ist. Diese sich selbst verwirklichende Kreativität, die der eigenen Persönlichkeit entspringt, drückt sich in allen Bereichen aus: in Haushalt, Unterricht usw.

Verfügt die Person auch noch über eine (erbliche) spezifische Begabung, dann kann sie sich *auch* darin ausdrücken, muß es aber nicht notwendigerweise.

Es gibt einen bestimmten Typ, der sich an einer mehr oder weniger ausgesprochenen, spezifischen Begabung festbeißt, und einen Typ, der den Entschluß faßt, seine besondere Begabung für seine Freizeit oder sein Hobby aufzuheben und als Beruf etwas ganz anderes zu wählen. Für Maslow kann jede Rolle, jede Tätigkeit, jeder Beruf sowohl kreativ wie nicht kreativ sein.

Überblicken wir die Grundgedanken der amerikanischen Personalisten, dann fällt auf, daß sie alle um eine Definition des

Persönlichkeitsbegriffes ringen. Die echten Phänomenologen wollen die Persönlichkeit nicht einmal versuchsweise definieren, weil für sie die reiche Realität der Person nur unter vielerlei Aspekten erschlossen werden kann, die man zunächst so detailliert möglich beschreiben muß.
Die humanistischen Psychologen gehen einen Schritt weiter und versuchen zu unterscheiden, wo offensichtlich erbliche Eigenschaften zu finden sind, wo die Umwelt formend oder ver-formend eingegriffen hat und wo man schließlich auf Phänomene stößt, die mit diesen Gebenheiten in souveräner Weise umgehen und von einer neuen Dimension her eine eigene Zukunft entwerfen.

2. Psychotherapeutischer Ansatz und Menschenbild

Auch die Psychotherapeuten reihen sich in die Schar derer ein, die nach einem personalistischen Ansatz suchen. Wie alle anderen gehen sie an den Menschen mit einer bestimmten Einstellung heran und unterscheiden gesundes oder gestörtes geistiges Leben auf Grund eines vorgefaßten Menschenbildes, das für sie evident ist und daher nicht mehr bewiesen werden kann und muß. Die Entscheidung für ein bestimmtes Menschenbild ist immer eine weltanschauliche Entscheidung. Der Verlust des religiösen Weltbildes hat dazu geführt, daß heute die Entscheidung für eine psychotherapeutische Richtung für viele Menschen pseudoreligiösen Charakter angenommen hat, sie wird zur Glaubensfrage.
Ich möchte dies an einem kleinen Vorfall anschaulich machen: Während der ersten Phase der Mobilmachung in den Niederlanden 1939/40 waren etwa 20 Psychiater als Sanitätsoffiziere zum psychiatrischen Dienst der Armee eingezogen worden. Bei der täglichen Besprechung der Neueingänge mußte ich einmal den Fall eines Patienten schildern. Ich beschrieb das Krankheitsbild aus meiner Sicht und schloß, indem ich mich an einen mir befreundeten Psychoanalytiker wandte, mit folgen-

den Worten: »So sehe ich es; würde ich es aus deiner weltanschaulichen Sicht beschreiben, dann müßte ich den Fall so und so schildern.« Erstaunlicherweise wurde jedoch mein Freund, der Psychoanalytiker, ganz böse über diese Bemerkung. »Die Psychoanalyse ist keine Weltanschauung, wenn hier jemand eine Weltanschauung hat, dann bist *du* es!« »Was du nicht sagst«, war meine Antwort, »was ist die Psychoanalyse denn anderes als eine Weltanschauung?« »Wir haben keine Weltanschauung, wir beschreiben die Dinge, wie sie sind!« »Und gerade, weil du meinst, daß du die Dinge beschreibst, wie sie *sind,* ist es eine Weltanschauung«, lautete meine Antwort. Für viele Psychotherapeuten bedeutet die Entscheidung für ein bestimmtes Menschenbild eine *existentielle* Entscheidung. Es ist doch sowieso *evident,* daß der Mensch nicht mehr ist als ein intelligentes Säugetier, ein sozial konditioniertes Wesen oder ein Individuum, das sich frei entscheidet und sich seine eigene Welt schafft, so meinen sie. Aus dem weltanschaulichen Charakter der psychotherapeutischen Richtungen läßt sich auch die gegenseitige Intoleranz erklären. Wer meinen Glauben angreift, greift meine Sicherheit an und muß folglich bekämpft werden.

Erst wenn man akzeptiert, daß jede Richtung einen Teilaspekt der Wirklichkeit enthüllt, kann man mit Interesse jede Richtung erforschen und versuchen, die verschiedenen Richtungen im Rahmen eines Gesamtbildes zu sehen, das natürlich auch wieder nur einen Teil der Wirklichkeit »Mensch« wiedergibt. Die Erforschung des Menschen ist ein Weg ohne Ende. Ist man ein Stück weiter gekommen, dann ist auch das Ziel wieder weiter weg gerückt, ein neues Stück Weg mit neuen Problemen ist sichtbar geworden. Jedes Menschenbild ist gleichsam eine Momentaufnahme aus einem Film. Nachdem jahrtausendelang theologische Menschenbilder vorherrschten, denen zufolge die geistige Erweckung oder Erschaffung des Menschen seiner körperlichen Erscheinungsform vorausging, ist erst vor etwas mehr als hundert Jahren ein Konzept vom Menschen aufgekommen, das sich vorrangig mit der körperlichen Entwicklungsgeschichte befaßt und das Bewußtsein und Selbstbewußtsein als mehr oder weniger zufällige Zugabe eines Selektionsprozesses sieht. Dadurch daß man die Totalität des Phänomens Mensch zu chemischen und molekularen Prozessen verkürzte oder, wie in der Psychologie, nur noch Triebe und Begierden sah, konnten extrem reduzierte Menschenbilder entstehen. In der Psychotherapie sind einige Meilensteine dieser Entwicklung zu nennen, die jeweils aus der persönlichen Biographie des Gründers der betreffenden Schule verständlich werden.

Freud

Freud wollte die menschliche Psyche einzig und allein als Funktion von Mechanismen, die physikalischen und chemischen Prozessen vergleichbar sind, erklären. Darin war er ganz ein Kind seiner Zeit und von der paradigmatischen Erklärung Müllers, Brückes und Du Bois-Reymonds beeinflußt, die 1842 gemeinsam den Eid schworen, fortan im Menschen nur noch chemische und physikalische Prozesse gelten zu lassen. Sie beherrschten damals die Preußische Akademie der Wissenschaften und konnten dadurch ihren Zeitgenossen und Nachfolgern ihr Dogma auferlegen.

Das große Verdienst der Psychologie ist es, die Existenz eines anderen Bewußtseins als das normale, wache Bewußtsein nachgewiesen zu haben. In Freuds Menschenbild gibt es das *Es,* das Lustprinzip, das essentiell unbewußt und die Summe aller Triebregungen ist. Die zentrale Kraft des Es ist der sexuelle Trieb, die alles beherrschende *Libido,* das wesentliche Element des Menschen. Das bewußte Ich, das zur inneren wie zur äußeren Wahrnehmung fähig ist, ist das Realitätsprinzip im Menschen. Es muß sich der äußeren, sozialen Wirklichkeit anpassen und kommt darum häufig in Konflikt mit dem Lustprinzip, dem Es. Nach Freud ist das Ich der Reiter, der die Kraft des Pferdes, des Es, zügeln muß.

Das dritte Element ist nach Freud das Über-Ich, das keine eigene Realität besitzt, sondern der Niederschlag der Gebote und Verbote ist, durch die das Kind unter dem Einfluß der

Kultur zu einem »erzogenen« Menschen gemacht worden ist. In diesem Indoktrinationsprozeß spielen die Eltern eine entscheidende Rolle. Auch das Über-Ich ist größtenteils unbewußt, es wirkt aus dem Unbewußten auf das Ich ein. Das Ich ist daher gleichzeitig den realen Regungen des Es, dem Druck des Über-Ich und den Forderungen seiner sozialen Umwelt ausgesetzt.

Der Mensch darf seine Triebe nicht frei ausleben. Soziale und kulturelle Tabus von Religion und Konvention setzen Normen, denen sich der Mensch unterwerfen muß. Im Kampf um eine individuelle Existenz muß das Ich häufig die Impulse aus dem animalischen Bereich unterdrücken, aber auf Umwegen kommt das Tierhafte im Menschen doch noch zum Zug, es wirkt als verdrängter Komplex aus den Schichten des Unterbewußtseins. Allerdings wirkt dabei vor allem das Über-Ich als Zensor und verhindert, daß Unbewußtes bewußt wird.

Die verdrängten Triebe kommen als Fehlhandlungen, Versprecher, Verschreiber, Irrtümer usw., besonders aber in den Träumen zum Vorschein.

Durch die Technik der Traumdeutung, die Freud ausgearbeitet hat, werden die Traumbilder als Ausdruck des Lustprinzips (des Es im System Freuds) interpretiert. Das Ergebnis dieser Technik ist die bekannte Form der Psychoanalyse, bei der der Patient auf der Couch liegt und der Psychotherapeut außerhalb des Blickfeldes des Patienten sitzt. Die orthodoxe Psychoanalyse, die sich mit mehreren Stunden pro Woche über Jahre hinzieht, wird infolgedessen zu einer gewaltigen Indoktrinierung mit dem Freud'schen Menschenbild.

Freuds Mitarbeiter *Alfred Adler* ist einen anderen Weg gegangen als der strenge, dogmatische Freud. Wer Adler gekannt hat, erinnert sich an einen kurzen, dicken Mann, der prächtigen Wiener Dialekt sprach und mit dem man bis tief in die Nacht hinein über Gott und die Welt reden konte, wobei er sich mit einer gewohnheitsmäßigen Gebärde die Zigarrenasche von der Weste klopfte. Adlers Individualpsychologie sieht die Individualität des Menschen als unteilbare Einheit und Eigenart der menschlichen Persönlichkeit. Der grundlegende Unterschied zwischen Freud und Adler liegt darin, daß Freud, wie alle Naturwissenschaftler, *kausal* denkt. Er sucht die Ursachen von Problemen in der Vergangenheit, und zwar möglichst in der frühesten Kindheit.

Adler denkt dagegen *final,* für ihn ist das Individuum auf ein künftiges Ziel hin orientiert. Schwierigkeiten ergeben sich, wo das Ziel nicht zu erreichen ist. Das Leitbild ist durch ein ausgewogenes Verhältnis zwischen Macht- und Geltungsstreben einerseits und dem Gemeinschaftsgefühl andererseits bestimmt. Adler denkt also zielgerichtet oder intentional; statt wie Freud in Ursache und Wirkung zu denken, sieht er die Relation von Mittel und Zweck. Der zentrale Punkt im Leben eines Menschen ist sein individuelles Lebensziel, das Adler Leitlinie nennt. Aber auch für Adler ist der Mensch letztlich ein triebhaftes Wesen, nur gibt es für ihn andere Haupttriebe als für Freud. Seiner Meinung nach bestimmen zwei gegensätzliche Kräfte den menschlichen Lebenslauf: das *Gemeinschaftsgefühl* und das *Geltungsstreben,* also der Trieb, der auf den Dienst an der Gemeinschaft gerichtet ist, und der Trieb, der den Interessen des selbstsüchtigen Ichs dient. Wird dem Individuum bewußt, daß es sein Ideal nicht erreichen kann, dann kommt es zu Minderwertigkeitsgefühlen, die sich zu Komplexen auswachsen können.

Für Adler sind erbliche Faktoren so unwichtig, daß er sie außer Betracht läßt, alle Entwicklung beginnt erst nach der Geburt und ist das Ergebnis der Wechselwirkung zwischen Individuum und Umwelt. Eine kalte und herzlose Erziehung unterdrückt das Gemeinschaftsgefühl, das Kind wird dadurch von seiner sozialen Umwelt isoliert. Körperliche oder psychische Minderwertigkeitsgefühle führen dazu, daß auf anderen Gebieten nach Kompensation des Geltungstriebes gesucht wird. Dies wiederum kann zu einer Überkompensation des Minderwertigkeitsgefühls führen oder zu einer Flucht in die Scheinwirklichkeit, beispielsweise zur Flucht in die Krankheit, wenn man mit Lebensschwierigkeiten nicht fertig wird.

Adler spricht über den psychischen Hermaphroditismus oder die psychische Doppelgeschlechtlichkeit. Der Mann reagiert auf Schwierigkeiten mit Rebellion, das Kind mit Trotz, dies ist der männliche Protest. Frauen reagieren mit Unterwürfigkeit, Gehorsam, Fleiß, Fügsamkeit. Jedes Kind, ob Junge oder Mädchen, kann, je nachdem wie es das weibliche oder männliche Element in seiner Seele erfährt, eine der beiden Reaktionsmöglichkeiten wählen.

Adler hat wichtige Anstöße für die Erziehungsarbeit gegeben. Eine warmherzige, liebevolle Erziehung, die das eigene schöpferische Element im Kind berücksichtigt, stärkt das Gemeinschaftsgefühl. Für Adler findet Therapie im Gespräch statt, zielt auf das Bewußtmachen der eigenen Leitlinie und vor allem auf *Ermutigung*. Der Mensch soll ermutigt werden, den Weg zum Ziel selbst zu finden und das eigene Macht- und Geltungsstreben aus sozialem Verantwortungsgefühl heraus zu überwinden. Adlers Interesse galt vor allem den jungen Menschen, er hat sich viel weniger mit den späteren Lebensphasen beschäftigt. Wenn es nun stimmt, daß die Zielvorstellung in den verschiedenen Lebensphasen in einem anderen Gewand auftritt und sogar eine echte Metamorphose durchläuft, dann ist die Suche nach der Leitlinie nichts anderes als *die Suche nach dem bleibenden Element in den sich wandelnden Zielvorstellungen.*

Der Gegensatz zwischen dem kausalen Denker und Therapeuten Freud und dem zielorientierten Denker und Therapeuten Adler illustriert noch einmal meinen Ausgangspunkt: Jede psychologische Richtung erschließt andere Bereiche der Wirklichkeit, jede Richtung braucht ihre eigene wissenschaftliche und therapeutische Methode.

Als dritter in dieser Reihe muß *Carl Gustav Jung* genannt werden, der Schweizer Psychiater und treue Mitarbeiter von Freud, der bis 1913 als Kronprinz der Psychoanalyse angesehen wurde. Zwischen Freud und Jung kam es allmählich zum Konflikt und schließlich zum endgültigen Bruch, als Freud verlangte, Jung solle schwören, einzig und allein die Libido als

Triebfeder aller menschlichen Lebensäußerungen zu akzeptieren. Eine solche dogmatische Haltung war Jung lebensfremd, beide gingen auseinander.

Danach entwickelte Jung seine sogenannte *analytische Psychologie,* nach und nach entstand dabei ein Menschenbild, das ein mehrschichtiges Unbewußtes kennt: das persönliche Unbewußte und das kollektive Unbewußte mit der tiefsten Schicht der Archetypen, die der gesamten Menschheit eigen sind. Jung hat nie systematisch gearbeitet, er ist im Lauf seines Lebens immer wieder anderen Aspekten der menschlichen Seele nachgegangen. Dabei hat er immer versucht, phänomenologisch und ohne vorgefaßte Theorie vorzugehen. Dies war natürlich unmöglich, denn Forschung ist ohne ein ordnendes Prinzip, durch das die Phänomene erst ein sinnvolles Ganzes ergeben, nicht denkbar.

Ein Forschungsgebiet Jungs waren die Funktionstypen. Im Menschen wirken zwei rationale Funktionen, nämlich Denken und Fühlen und zwei irrationale Funktionen, Empfindung und Intuition. Aus den rationalen Funktionen leiten wir Urteile und Wertvorstellungen ab, in den irrationalen Funktionen nehmen wir nur wahr, sie sind bewußt-sinnlich oder, im Fall der Intuition, unbewußt-instinktiv. Weiter gibt es für Jung zwei Einstellungstypen, nämlich den introverten und den extraverten Menschen. Diese Funktions- und Einstellungstypen bilden zusammen eine Art Kompaß für die Einteilung von Charakteren.

Erst der späte Jung entwickelte das Menschenbild, das sich schematisch folgendermaßen skizzieren läßt (vgl. S. 172):

Auf den Animus-Anima-Begriff bin ich in dem Kapitel über die Ehe schon eingegangen. Das Ich blickt sozusagen durch Animus und Anima hindurch in das eigene Unbewußte und durch die Persona hindurch in die Außenwelt. Die Persona ist so etwas wie die deckende Hülle oder Haut des Ich. Sie wird durch unsere Erziehung und Anpassung an gesellschaftliche Konventionen und Routine geformt. Sie ist aber auch Verhalten, das unsere Umgebung als funktionsspezifisches Verhalten

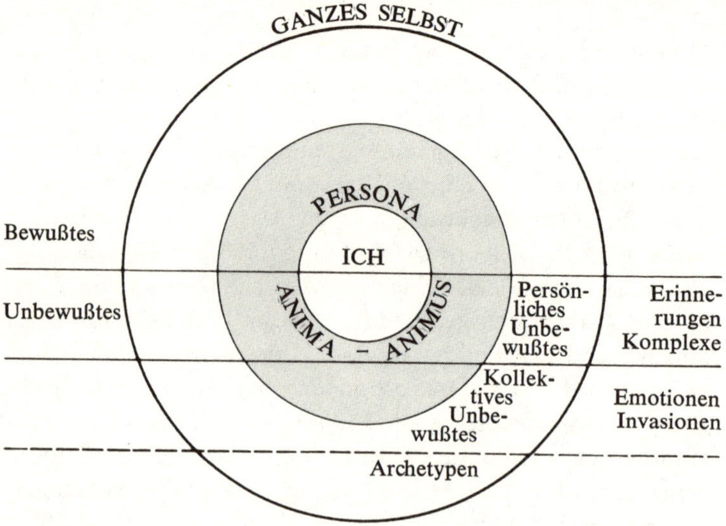

von uns erwartet. Der Notar des Städtchens verhält sich wie ein typischer Notar, man sieht in ihm immer in erster Linie den Notar. Nur wenigen gelingt es, hinter dieser Maske (Persona) die Person selbst zu sehen. »Persona« hat zwei Bedeutungen: erstens, ich sehe durch meine Persona die Außenwelt (und da macht es viel aus, ob ich das als Professor oder als ungelernter Arbeiter tue); zweitens, die Umwelt sieht mich von außen als Persona und erwartet von mir ein bestimmtes, zur Persona gehörendes Verhalten. Die Persona engt das Ich ein, ist aber gleichzeitig auch eine schützende Hülle, für das Ich, das sich hinter der Persona verbergen kann und sich nicht zu erkennen zu geben braucht.

Ein anderes, wichtiges Forschungsgebiet Jungs ist das Phänomen des »Schattens« des Menschen im Unbewußten. Der Schatten ist die »andere, dunkle Seite« des Menschen. Er enthält, zu einer Gestalt verdichtet, alles, was das Bewußtsein als unbewußte Minderwertigkeit in uns abweist. Einerseits ist der Schatten im persönlichen Unbewußten beheimatet, dem Bereich der Erinnerungen und verdrängten Strebungen und mit den weniger erfreulichen Abschnitten unserer Lebensgeschichte verknüpft. Andererseits enthält der Schatten auch

Aspekte des kollektiven Unbewußten und schließt damit destruktive Kräfte ein, die in jedem Menschen vorhanden sind. Schließlich kann der Schatten als »Doppelgänger« archetypischen Charakter annehmen, er kann als der von der Person gespaltene »dunkle Bruder« erfahren werden. Der Schatten begegnet uns im Traum, dem Mann als männliches Wesen, der Frau als weibliches Wesen. Dieses Wesen ist abstoßend und bedrohlich, es unterscheidet sich damit von der Anima, die beim Mann als weibliche Gestalt auftritt und die, obwohl auch sie furchterregend ist, doch immer auf die positiven Dinge hinweist, die noch nicht erreicht worden sind. Anders als im Traum wird im täglichen Leben der »Doppelgänger« als Projektion des eigenen Schattens auf andere Menschen erlebt, das eigene negative Unbewußte erscheint, ohne daß man sich dessen bewußt wäre, als Verhalten des anderen. Daraus entsteht eine Art Sündenbockpsychologie, das heißt, der Haß auf den anderen ist im Grunde der Haß auf die eigene Projektion in den anderen.

Für Jung bedeutet Psychotherapie das Beschreiten des selbstgewählten Entwicklungsweges, den er Heilsweg oder den Weg der Individuation nennt. Seine Therapie umfaßt Traumanalysen, daneben aber vor allem die Anleitung zur schöpferischen und künstlerischen Betätigung und ein umfangreiches Literaturstudium. Das eingeschränkte, alltägliche Ich (siehe schematische Darstellung), das teils bewußt, teils unbewußt ist, muß sich zum Selbst erweitern, das bewußt die totale Person, das Bewußte und Unbewußte bis hin zu den Archetypen, umfaßt. Der Heilsweg ist eine Entwicklung, die das ganze Leben durchzieht. Der frühe Jung hat selbst seinen Konflikt mit Freud folgendermaßen begründet: Freud hat seine Theorie anhand seines eigenen Patientenmaterials entwickelt, dies waren vor allem junge Frauen aus den reichen Wiener Kreisen der neunziger Jahre des vorigen Jahrhunderts, die meistens mit wesentlich älteren Männern verheiratet waren und bei denen tatsächlich sexuelle Probleme im Vordergrund standen. Er selbst habe ein Patientenmaterial gehabt, das sich zum größten

Teil aus älteren Patienten zusammensetzte, die oft schon über 45 waren. Für sie waren es nicht die sexuellen Probleme, sondern eher existentielle Probleme, der Sinn des Lebens und des Todes, die eine Rolle spielten.

Jung hat sich ebenso wie Adler mehr auf die Zielvorstellungen im Leben des Menschen, auf das finale Element, konzentriert. Während sich bei Adler aber das Streben hauptsächlich auf eine Position im Leben richtet, sieht der intellektuelle Jung das Lebensziel als geistigen Entwicklungsweg von der Verhaftung im Unbewußten weg und zur Annahme der totalen Persönlichkeit hin.

Jung kam durch die Beschäftigung mit den Archetypen in Berührung mit der altchinesischen, der tibetanischen, der indischen Kultur und den amerikanischen Indianerkulturen. Jung reiste viel und wenn er über primitive Kulturen schreibt, dann kennt er diese aus eigener Anschauung und spekuliert nicht wie Freud über Dinge, die er nicht wirklich kennt.

Für Jung war die Alchemie ein wichtiges Gebiet, an dem die Entwicklung archetypischer Symbole untersucht werden konnte. Ich kann hier nicht näher darauf eingehen, wer aber Jungs Buch über die Alchemie gelesen hat, wird das Gefühl nicht los, daß Jungs Konzept nicht ausreicht, um diese schwierige Materie wirklich zu erhellen.

Auffälligerweise konnte Jung schon in seiner Schulzeit kein rechtes Verhältnis zu den Naturwissenschaften und zur Mathematik finden. Dies hängt sicher mit seiner introvertierten Einstellung zusammen, die ihm zwar den Blick nach innen, nicht aber den Blick nach außen ermöglichte. Jung erlebt die Welt der Psyche in Vorstellungen, damit andeutend, daß sie Bilder und Symbole für eine psychische Realität sind, die aber hinter ihnen verborgen bleibt. So ist für Jung auch das Wesen der Archetypen prinzipiell unzugänglich, da sie nur ins Psychische projizierte, geistige Realität sind. Hier liegen aber auch die Grenzen der Entdeckungen Jungs. Auf dem Weg nach innen kann man zwar psychische Phänomene erleben, nicht aber ihren geistigen Ursprung ergründen. Jung hat sich zum

Beispiel mit Goethes Faust beschäftigt, nicht aber mit seinen naturwissenschaftlichen Schriften, womit er sich den Zugang zu einem ganz wichtigen Gebiet verstellt hat.
In der Trias Freud–Adler–Jung hat Jung das bei weitem umfassendste Menschenbild und den differenziertesten psychotherapeutischen Ansatz. Wir werden aber sehen, daß auch Jung ein Kind seiner Zeit war; er konnte zwar das Unterbewußtsein erforschen und freilegen, nicht aber, wie andere, zum Überbewußtsein vorstoßen. Adler und Jung bleiben immer noch einem Psychologismus verhaftet, wie Jung selbst in einem Gespräch mit dem Psychiater Zeylmans van Emmichoven zugegeben hat.
Der Wiener Psychiater *Viktor Frankl* hat mit der von ihm entwickelten Logotherapie eine völlig neue Dimension der Psychotherapie erschlossen*. Frankl, der sozusagen im Kielwasser von Freud und Adler schwimmt, beschreibt in seinem »Homo Patiens« drei verschiedene nihilistische Ansätze bei der Betrachtung des Menschen. Alle drei *reduzieren* den ganzen Menschen zu einem biologisch, psychologisch oder soziologisch funktionierenden Automaten. Er prägt dafür die Begriffe *Biologismus* (hier Nativismus), *Psychologismus* (hier Empirismus) und *Soziologismus,* der den Menschen vorwiegend in politischer Hinsicht zum Repräsentanten einer Klasse, eines Volkes oder einer Rasse reduziert.
Ich habe bei der Besprechung der verschiedenen Menschenbilder den Soziologismus nicht gesondert behandelt. Daher möchte ich hier noch einiges dazu sagen. Seit 1968 ist der Soziologismus wieder im Vormarsch. Er wird als Waffe der Polarisierung in Politik und Wissenschaft eingesetzt. In den Niederlanden braucht man nur Radio oder Fernsehen einzuschalten, die Zeitung aufzuschlagen, um erklärt zu bekommen, daß Psychiater, Professoren, Unternehmer, Eltern sowieso auf der falschen Seite stehen, Produkte und damit Repräsentanten der herrschenden gesellschaftlichen Verhältnisse sind und infolgedessen beseitigt werden müssen. Der Psychiater reprä-

* Ärztliche Seelsorge, München 1975; Homo Patiens, Wien 1950.

sentiert die Herrschaft des Arztes über den Patienten, der Professor die Herrschaft über die Studenten, der Unternehmer die Herrschaft über die Arbeitnehmer, die Eltern die Herrschaft über die Kinder. Die Anhänger dieser Richtung haben offensichtlich vor, die Kinder von richtig indoktrinierten und staatlich geprüften Sozialpädagogen erziehen zu lassen! Heute ist das wichtigste Modell des Soziologismus der Marxismus.

Der Soziologismus oder die These, der Mensch sei das Produkt seiner sozialen Gruppe, kommt von der Adler'schen Individualpsychologie und deren Begriffen des Macht- und Geltungsstrebens her, was den Anhängern dieser Richtung oft gar nicht bewußt ist. Bei Adler ist allerdings das Gegengewicht zum Macht- und Geltungsstreben das Gemeinschaftsgefühl. Der Soziologismus kennt dieses Gemeinschaftsgefühl nur bei einer bestimmten Klasse, es wirkt im unpersönlich-kollektiven, sozialen Bereich. Erst in ferner Zukunft wird nach Meinung des Soziologismus das Gemeinschaftsgefühl herrschen, das Paradies auf Erden wird kommen, wenn alle Feinde vernichtet und nur noch diejenigen übrig sind, die den richtigen Gemeinsinn haben. Dann wird man friedlich und ohne Machtstreben der Glückseligkeit teilhaftig werden.

Politischer Soziologismus ist immer auch Utopismus. In der Psychotherapie setzt der Soziologismus verständlicherweise alles auf die Karte der Gruppentherapie.

Frankl hat nun gezeigt, daß alle drei Richtungen denselben Fehler machen. Sie verabsolutieren sich als *die* Dimension, die den menschlichen Lebenslauf bestimmt. Den geistigen Bereich verlieren sie dabei völlig aus den Augen. Und doch gehören Sinngebung und Wertfindung zu den wichtigsten geistigen Dimensionen des menschlichen Lebens. Frankl nennt es »metaphysischen Leichtsinn«, die vom Menschen selbst gefundenen oder geschaffenen Qualitäten leugnen zu wollen. Für ihn kommt es darauf an, daß jeder Mensch sein Leben »zur eigenen Wahrheit« führt. Der Weg, auf dem diese Form der Sinngebung gefunden wird, ist die Existenzanalyse, die Therapie, die dabei eingesetzt wird, ist die Logotherapie.

Die Sinnfragen des Lebens hat Frankl in einem gesonderten Kapitel behandelt: den Sinn des Lebens, des Todes, des Leidens, der Arbeit und der Liebe. Er äußert ernstzunehmende Kritik an der Psychoanalyse und deren Lustprinzip sowie an der Individualpsychologie der Adlerianer und deren Macht- und Geltungsstreben. In der Logotherapie möchte er die Menschen dazu bringen, ihre eigene Wahrheit zu erkennen, eine Wahrheit, die notwendigerweise einzigartig ist, weil kein Mensch die Welt aus derselben Perspektive sehen kann wie der andere. Dies führt zu therapeutischer Zurückhaltung auf Seiten des Arztes und begründet für das Geschehen zwischen den beiden Menschen, Arzt und Patient, eine große Verantwortung. Erst wenn sich der Mensch seiner geistigen Dimension bewußt geworden ist und weiß, was er »sein könnte«, erst wenn er sich dazu entschließt, dem nachzustreben, was er noch nicht ist, was er aber sein kann, erst dann kann nach Frankl von einer echten, existentiellen Therapie die Rede sein. Alles andere ist biologisches oder psychologisches Kurieren am Symptom.

Die Psychoanalyse ist die Lehre vom Menschen als einem Getriebenen (das Es treibt). Dem antwortet Frankl mit Goethe: »Wenn wir die Menschen nehmen, wie sie sind, so machen wir sie schlechter. Wenn wir sie behandeln, als wären sie, was sie sein sollten, so bringen wir sie dahin, wohin sie zu bringen sind.« Auf dies »Sein-können« ist die ganze Logotherapie ausgerichtet.

Frankl sagt, daß »sich nicht nur im Schaffen und im Freuen das menschliche Leben zu erfüllen vermag, sondern auch noch – im Leiden.« »Geistiges gelangt zum Ausdruck – und verlangt nach Ausdruck – in Körperlichem und Seelischem.« »In der Liebe werden die Wertmöglichkeiten des geliebten Menschen entdeckt.«

Persönliche Reifung im Lauf des Lebens ist bei Frankl die Entdeckung und Verwirklichung dessen, was wir sein *können.* Hierbei spielen Humor und vor allem die Fähigkeit, über sich selbst lachen zu können, eine wichtige Rolle. Die Person wird

allerdings in ihrer Entwicklung durch Biologismen, Psychologismen und Soziologismen, die in gleicher Weise wert- und geistblind sind, behindert. Denn schließlich ist der Geist im Menschen »persönlicher Geist«. Der Psychologismus redet jedoch an der geistigen Person vorbei, während gerade sie die höchste objektive Realität ist. Jeder geistige Akt ist der Intention nach auf Sinn- und Wertgebung gerichtet. Leider ist es unmöglich, hier in aller Kürze den sehr persönlichen Ansatz Frankls und seiner Logotherapie völlig gerecht zu werden.
Nach Frankl muß der italienische Psychologe *Roberto Assagioli* genannt werden, der – auf Jung und Frankl aufbauend – mit seiner *Psychosynthese* einen entscheidenden Schritt auf dem Weg zum Personalismus getan hat. Assagioli wurde 1888 in Venedig geboren und arbeitete als junger Psychiater nach der psychoanalytischen Methode Freuds. Er ging dann allerdings eigene Wege, weil er der Meinung war, die Psychoanalyse erforsche nur einen Teilaspekt der menschlichen Seele. Er begann bereits 1910 mit der Ausarbeitung des Entwurfes seiner sogenannten »Psychosynthese«, in der neben der biologischen Libido Freud's nun auch die menschliche Seele selbst untersucht werden sollte. Die Zusammenfassung seines Lebenswerkes, die 1965 und 1970 erfolgte, übt inzwischen auf das psychiatrische Denken, vor allem aber auf die amerikanische Gruppentherapie großen Einfluß aus, womit Assagioli auf den Schwingen der humanistischen Psychologie über den Ozean wieder nach Europa zurückkommt. Mit den Humanisten, vor allem mit Maslow, verbindet Assagioli die Betonung der Persönlichkeit und deren Selbsterfahrung durch den Menschen, die Betonung der kontinuierlichen Entwicklung der Persönlichkeit und der Eigenverantwortlichkeit des »Selbst« bei der Entscheidung für seine Zukunft.
Die Psychosynthese unterstreicht die Rolle des Willens, der allerdings nicht als treibende Kraft des Menschen, sondern als regulierendes und steuerndes Element für die anderen psychischen Funktionen gesehen wird, auf deren Ziel gerichtet. In diesem Sinne ist in der Psychotherapie Assagiolis die Entwick-

lung des Willens ein wichtiger Aspekt. Er selbst sagt über seine Psychosynthese: »Sie ist ein wissenschaftliches Konzept und steht als solches den verschiedenen religiösen und philosophischen Richtungen *neutral* gegenüber, abgesehen nur von den Doktrinen, die rein materialistisch sind und die Existenz geistiger Realitäten leugnen. Die Psychosynthese versucht nicht, eine metaphysische oder theologische Erklärung des großen Mysteriums zu liefern. *Sie führt zur Tür, dort aber hält sie ein!«*

Als Psychotherapeut geht Assagioli hier konsequent vor. Er weckt Einsicht und gibt Entwicklungsanstöße. Er dringt weit vor, da er bei seiner Therapie auch die Sage vom Heiligen Gral, Dante und Meditationen mit starker Wirkung einbezieht. Die Gefahr ist allerdings ganz allgemein, daß man in den Symbolen stecken bleibt und die Realität hinter den Symbolen nicht erkennen will.

Die Dinge liegen aber hier sicher nicht anders als bei anderen Therapien: Die Gruppenleiter der Psychosynthese können nicht mehr geben, als sie selbst sind. Wer selbst nicht mit Hilfe eines anderen Menschen die Tür geöffnet hat und sich in der Welt jenseits der Tür nicht orientieren konnte, der wird nun auf der Schwelle stehen bleiben müssen. Seine Schüler oder Patienten werden sich schließlich im Stich gelassen fühlen und einen anderen Therapeuten suchen.

Aber trotz dieser Einwände ist die Psychosynthese ein interessanter Weg zur Schwelle des Unbewußten und die bei weitem durchdachteste und umfassendste Richtung in der modernen Psychotherapie. Der wichtigste Punkt bei Assagioli ist die Annahme eines höheren Unbewußten, das er dem niederen Unbewußten gegenüberstellt. Schematisch dargestellt ergibt sein Konzept vom Menschen ein völlig neues Bild (vgl. S. 180): Unterschieden werden drei Bereiche, die alle für das normale, alltägliche Bewußtsein unbewußt bleiben. Nur ein Teil des mittleren Unbewußten wird zu einem engen Horizont des Bewußtseins zusammengezogen, in dessen Zentrum das bewußte alltägliche Ich steht. Die Grenzen zwischen bewußtem

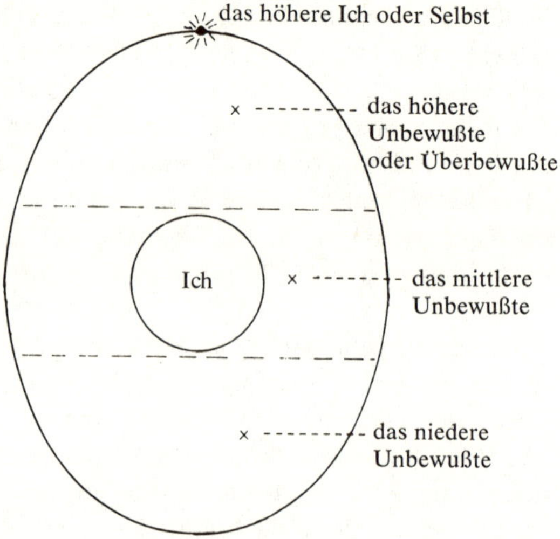

Horizont und mittlerem Unbewußten sind fließend; man kann zum Beispiel etwas in den bewußten Horizont hereinholen, indem man daran denkt, oder etwas aus dem bewußten Horizont herausdrängen, indem man es zeitweilig vergißt und sich mit anderen Dingen des bewußten Bereiches beschäftigt. (In diesem Sinn ist das mittlere Unbewußte mit Jungs persönlichem Unbewußten fast identisch, in dem auch Erinnerungen enthalten sind, die wieder bewußt gemacht werden können.)

Die *überbewußte Welt* ist ein zentraler Begriff Assagiolis. Dies ist der Bereich, aus dem das bewußte Ich Intuition, Inspiration, »ethische Imperative«, den Drang zu edlen Taten empfängt. Das Überbewußte ist die Quelle höherer Gefühle, wie uneigennütziger Liebe, die Quelle von Genie, Erleuchtung aus Meditation und Kontemplation und von Ekstase. Hier haben höhere psychische Funktionen und die »spirituelle Energie« ihren Platz.

Im niederen Unbewußten findet man alle aus dem biologischen Bereich als Triebe und Begierden aufsteigenden Kräfte, hier wirken aber auch unverarbeitete Komplexe und alles, was die

Tiefenpsychologen als das kollektive Unbewußte, die Schicht der Archetypen beschrieben haben. Es ist alles, was *im* Menschen ist, aber es ist nicht das *einzige* im Menschen!

In der Psychosynthese steht dem niederen Unbewußten eine ebenso konkrete geistige Realität mit eigener Kraftquelle gegenüber. Vergleicht man die beiden gleichermaßen gebildeten Psychotherapeuten Jung und Assagioli, dann wird deutlich, daß Jung sich mit allem, was jenseits der Grenze des Bewußtseins geschieht, keinen Rat weiß und es daher doch wieder ins tiefste Unterbewußtsein projiziert.

Assagioli hat mit der Dreiteilung der psychischen Persönlichkeit ein Schema gefunden, bei dem die Therapie ansetzen kann, das qualitative Unterschiede zuläßt und den verschiedenen Bereichen ihren Platz zuweist. Für Assagioli ist das *höhere Ich* ein konstant existierendes Zentrum, das offenbar nach jedem Erwachen aus dem Schlaf wieder für das normale Bewußtsein erreichbar ist. In der Mitte steht das empirische Ich, das sich in Dingen wie »Ich will noch ein Brot« oder »Davon halte ich nichts« ausdrückt.

Das *höhere Ich* ist das wahre Zentrum der Persönlichkeit, das Zentrum, in dem sich die Synthese der Person vollzieht und dessen konstante Existenz der rote Faden der Biographie ist. Wir kennen das höhere Ich nicht, aber wir erleben fortwährend seine in seelische Vorgänge projizierte Wirkung.

Der Weg, den Assagioli mit seinen Schülern und Patienten gehen will, ist der Weg vom normalen Ich zum höheren Ich. Zunächst muß sich der Mensch ein Bild von seinem höheren Ich machen können (wer bin ich?). Dann muß er im Lauf seines Lebens sein normales Ich mit seinem höheren Ich identifizieren. Frankl sagt, man müsse seine eigene Wahrheit verwirklichen. Meistens ist das ein gewaltiges Unternehmen! Manchmal geschieht es durch natürliches, inneres Wachstum, aber normalerweise muß man sich ein ganzes Leben hindurch darum bemühen und dafür kämpfen.

Als Hilfslinie auf diesem Weg sollte der Mensch nach Assagioli etwas suchen, das das höhere und das normale Ich vereinen kann. Dies kann zum Beispiel ein Ideal sein, dem man als Künstler, Philosoph oder Wahrheitssucher nachstrebt. Mit dem Künstlertum bemüht sich der Mensch immerfort, die eigene Wahrheit zu erreichen. Darum geben sich wirkliche Sucher in Kunst, Wissenschaft, Philosophie und Naturkunde auch nie zufrieden – es ist doch nie »das Wahre«. Assagioli ist ein weiser Mann, der vielerlei Möglichkeiten aufzeigt, Warnungen und Ermutigungen ausspricht. Für ihn gilt es, von der Vielfalt der sinnlichen Welt zur Einheit der »höchsten Synthese« zu gelangen.

»Wir scheinen zu fühlen, daß der Geist – ob wir ihn nun als göttliches Wesen oder als kosmische Energie auffassen – der in und auf alles Geschaffene wirkt, *Ordnung,* Harmonie, Schönheit schafft, alle Geschöpfe vereinigend (manche willig, aber die Mehrzahl bisher blind und widerstrebend) durch die Bande der Liebe, indem er langsam und still, aber voller Kraft und unabänderlich die *höchste Synthese* erreicht.« Diese höchste Synthese Assagiolis hat ein Glückselement, das uns mystisch-östlich anmutet und uns an das Nirwana der Buddhisten erinnert. Assagioli hat sich in seinem Denken sicher von östlichen Ideen beeinflussen lassen.

Assagioli zeichnet einen Weg der inneren Entwicklung, der damit beginnt, daß das alltägliche Ich durch bestimmte Techniken mehr intellektuelle Kraft, mehr Willensstärke und mehr Phantasie entwickelt und dann zur geistigen Psychosynthese vordringt, die den Bereich des Überbewußtseins erforscht.

Bei der Besprechung des Steiner'schen Konzeptes vom inneren Entwicklungsweg werde ich noch einmal auf Assagioli zurückkommen. Das Gebiet, das Assagioli betritt, ist nicht ganz ungefährlich; nicht jeder begeisterte Gruppenleiter der Psychosynthese ist gleichzeitig auch ein zuverlässiger Begleiter auf diesem Terrain, vor allem dann nicht, wenn sich unversehens und unbeabsichtigt Ausblicke eröffnen, bei denen man gut zwischen »überwältigenden« Illusionen und kontrollierter geistiger Begegnung unterscheiden können muß.

Bei *Rudolf Steiner* (1861–1925) findet man den Personalismus in seiner ausgereiftesten und die ganze Existenz umfassenden Form. Der österreichische Philosph und naturwissenschaftliche Denker legte um die Jahrhundertwende in seiner »Philosophie der Freiheit« die Grundzüge seines personalistischen Menschenbildes dar, das später in der Anthroposophie weiter ausgearbeitet wurde.

Ich habe bisher Autoren behandelt, deren Konzept vom Menschen auf unser gesamtes kulturelles Leben großen Einfluß ausgeübt hat und noch ausübt. Vom biologischen Menschenbild Freuds über das psychologische Menschenbild Adlers und Jungs ging die Entwicklung zu dem mehr spirituellen Menschenbild Frankls und Assagiolis. Bei Steiner begegnet uns nun ein Menschenbild, das alle drei Aspekte zugleich umfaßt. Daher gibt es bei Steiner auch keine Psychotherapie im engeren Sinne, sondern immer nur eine umfassende Therapie, die Körper, Seele und Geist einbezieht.

Das Menschenbild Steiners kennt drei Elemente. Nach ihm ist der Mensch, der sich selbst in seiner Psyche erfährt, Bürger

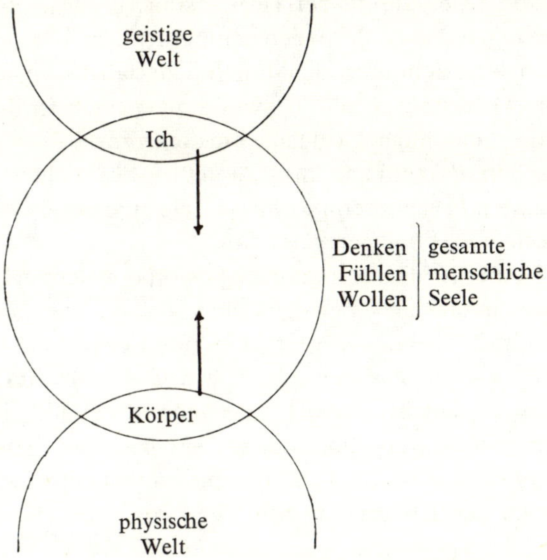

zweier Welten, der physischen Welt einerseits, der er durch seine Leiblichkeit verbunden ist, und der geistigen Welt andererseits, in der sein höheres Ich lebt. Dazwischen liegt der Bereich, in dem der Mensch sich selbst in den drei psychischen Feldern Denken, Fühlen und Wollen wahrnimmt.
In diesem Konzept lebt das Ich in einer göttlich-geistigen Welt, die nicht als philosophisches Abstraktum oder als die »Totalität menschlicher Kultur« gedacht ist, sondern als Urgrund der Schöpfung. Hier ist hinter den Erscheinungen der physischen Welt der Baumeister zu suchen, hier liegt das Ziel der Entwicklung von Mensch und Kosmos.
Damit ist jedoch bewußt das Gebiet des Psychologismus verlassen; in Steiners Menschenbild hat der Mensch einerseits durch seine Leiblichkeit Anteil an der göttlich-geschaffenen Welt, andererseits hat er Anteil an der göttlich-schaffenden Welt, in der das Ich seine Entwicklung vollzieht.
Bei Jung ist dieses Durchbrechen der künstlichen Grenzen einer strengen Wissenschaftseinteilung schon im Ansatz da, bei Frankl ist es im religiösen Gefühl verankert und bei Assagioli mit dem »Ziel jenseits der Tür« postuliert. Für jemanden, der unbefangen den Äußerungen der menschlichen Seele folgt und dessen Wahrnehmung nicht durch materialistische oder biologische Vorurteile getrübt ist, wird immer offensichtlicher, daß sich die menschliche Seele nicht in die Grenzen einer reduktionistischen Psychologie pressen läßt. Dies haben die eben genannten Psychotherapeuten und die amerikanischen humanistischen Psychologen gesehen.
Für Steiner ist die Gesundheit des Körpers, der Seele und des Geistes immer ein Gleichgewicht zwischen zwei gegensätzlichen Kräften. Beim Körper ist es zum Beispiel das Gleichgewicht zwischen Aufbau und Abbruch, das sich im Lauf des Lebens verschiebt, so daß ein gesundes Kleinkind ein anderes Gleichgewichtsverhältnis hat als ein gesunder Erwachsener oder ein alter Mensch. Die Therapie umfaßt bei Steiner immer zugleich den Körper, die Seele und den Geist, sie ist immer *Entwicklungstherapie.*

Sucht nun jemand Hilfe bei einem Arzt, der nach Steiner'schen Prinzipien arbeitet, dann wird er zunächst körperlich untersucht werden, wobei Symptome für Störungen des gesunden Gleichgewichts zwischen Aufbau und Abbruch besonders beachtet werden. Der Arzt versucht zu sehen, ob sich Zeichen frühzeitigen Alterns finden oder ob er zu jung für sein Alter ist. Hierbei ist das dreigliedrige, biologische Bild vom Menschen ein guter Leitfaden. Der Einfluß der bewußtseinstragenden Organe, des Nervensystems und der Sinne, fördert den Abbruch, der der Stoffwechselorgane den Aufbau. Zuviel Aufbau im Nervensystem führt zu verminderter Bewußtseinsaktivität, zuviel Abbruch im Stoffwechselsystem führt zu Gewebedysfunktion, zu Verfall oder Degeneration. Dazwischen liegen die rhythmisch arbeitenden Organe, die den oberen und den unteren Bereich verbinden. Atmung und Kreislauf zeigen am ehesten ein gestörtes Gleichgewicht an.

Der Arzt wird durch Medikamente, Massagen, Bäder usw. versuchen, den Lebensrhythmus zu regulieren und das altersgerechte Gleichgewicht, das heißt die *Gesundheit* wiederherzustellen. Gleichzeitig wird er gemeinsam mit dem Patienten eine psychische Bestandsaufnahme vornehmen, den bisherigen Lebensweg, Ausbildung und Lebensumstände aufzeichnen. Danach beginnt der Teil der Behandlung, den man *biographische Therapie* nennen könnte. Der Patient wird mit dem allgemeinen Verlauf der menschlichen Biographie vertraut gemacht, wobei er nun auf diesem Hintergrund zusammen mit dem Arzt herausfinden kann, wo es sich um allgemeine Probleme handelt, die einer normalen Krise der Lebensphase innewohnen, und wo um individuelle »Färbung« oder »Füllung«. Meistens ist es schon eine große Erleichterung, die persönliche Problematik von der allgemeinen und normalen Entwicklungsproblematik ablösen zu können. An die individuelle Problematik muß man nun unter drei Aspekten herangehen:

(1) *Körperliche Gleichgewichtsstörungen* müssen behandelt werden.

(2) *Psychische Gleichgewichtsstörungen* muß der Patient erkennen lernen, und er muß auch bereit sein, seine Lebensgewohnheiten zu ändern. Herrschen zum Beispiel die bewußten Funktionen wie Denken und Vorstellung vor, dann führt das zu Schlaflosigkeit und Nervosität, ja sogar zu Zwangsvorstellungen. Dominieren dagegen unbewußte Willensimpulse, dann führt das dazu, daß der Mensch den Einflüssen wechselnder Triebe ausgesetzt ist. Dadurch können stets neue soziale Probleme entstehen.

Im *psychischen* Bereich sollte ein *aktives Gleichgewicht* erstrebt werden, das ich schon weiter oben *Gleichmut* genannt habe. Um dies zu erreichen, sind Unbefangenheit und eine positive Einstellung einzuüben (zum Beispiel wird man dem Patienten auftragen, jeden Abend *ein* positives Ereignis des Tages aufzuschreiben. Der Therapeut kann diese Ereignisse dann anhand der Notizen mit dem Patienten durchsprechen).

(3) Im *geistigen Bereich* geht es um die Entwicklung des Ich als geistige Gestalt. Findet der Patient wieder ein individuelles Lebensziel, ein Leitmotiv, dann öffnet sich ihm wieder die Zukunft. Um dieses »Wiederfinden« des eigenen Zieles überhaupt möglich zu machen, muß allerdings in dem Betreffenden etwas Neues geweckt werden. Oft ist schon die Konfrontation mit dem menschlichen Lebenslauf ein solcher neuer Anstoß, durch den man sein eigenes Leben anders sehen lernt. Je nach Bedürfnis und Fähigkeiten des Patienten wird man sich mit den Fragen: Wer bin *ich?* Woher kommt mein Leitmotiv? Warum befinde ich mich in dieser Krise? mehr oder weniger intensiv beschäftigen.

In diesem Ich sieht der Therapeut das einzig Bleibende im Menschen. Es hat schon vor der Geburt existiert, es wird auch nach dem Tod, bereichert durch die Erfahrungen dieses Lebens, weiterexistieren. Dies *eine* Leben ist viel zu kurz und zu begrenzt, als daß darin der Entwicklungsweg vollendet werden könnte. Dafür sind mehrere Leben nötig, jedes mit einem neuen Leitmotiv als neuer Lebensaufgabe. Aus Anstrengung und Enttäuschung, Erfolg und Niederlage, Freud und Leid eines Lebensweges reift gleichsam das Samenkorn des nächsten Lebens. Das Ich wird reicher, bewußter und trägt mehr Verantwortung. Dieser Entwicklungsweg durch mehrere Leben, dieser durch mehrere »Klassen« führende Lernprozeß, rückt die Bedeutung menschlicher Situationen *eines* Lebens in ein ganz anderes Licht. Vererbung und Umwelt sind dann Dinge, die man selbst gewollt hat. Wem dies merkwürdig vorkommt, der bedenke, daß wir uns auch im Sport oder in der Wissenschaft ein Ziel setzen, daß wir auch in unser Trainings- oder Studienprogramm wohlüberlegte Widerstände einbauen, um daran zu höheren Leistungen zu gelangen.

Widerstände im Lauf eines Lebens, die man oft als Unrecht empfindet und gegen die man sich auflehnt, sind ein Aspekt der Biographie und daher ein Aspekt des Ich selbst. Gerade an ihnen wird das eigentliche Leitmotiv sichtbar.

Bei der Suche nach dem Leitmotiv zeichnen sich direkte und indirekte Zielvorstellungen ab. Neben dem Lebensziel selbst wird dann der *Weg auf dies Ziel hin* ein wesentlicher Faktor. Gerade hier gibt es die meisten Illusionen. Letzlich gilt es, *realistische Zielvorstellungen* zum endgültigen Lebensziel zu finden. Der eine wird dazu neigen, utopische Ziele zu wählen, wodurch er immer wieder Entwicklungsschritte überspringt, der andere wird es aus Angst vor Mißerfolgen kaum wagen, sich Ziele zu setzen. Hier die richtige Mitte zu finden, ist eine Tugend, die schon Aristoteles gelehrt hat, der sagt, daß Mut nicht das Gegenteil von Feigheit ist, sondern daß der wahre Mut die Mitte zwischen Feigheit und Übermut hält.

Hieraus wird vielleicht klar, daß eine ausgewogene und wohldurchdachte Zielsetzung mit der Entwicklung geistigen Mutes gleichgesetzt werden kann. Geistiger Mut bedeutet hier, daß man seinen eigenen Lebenslauf bewußt akzeptiert und weiterentwickelt. Adler hatte von diesen Problemen bereits eine Ahnung, allerdings projiziert er sie auf unbewußte psychische Mechanismen. Er kennt den Begriff des Arrangements. Damit meint er eine Art geheimnisvoller Kraft im (seiner Meinung nach) Unbewußten des Menschen, durch die er selbst immer wieder Unglück und oft sogar schwere Unfälle herbeiführt, so wie ein guter Lehrer seinem Schüler Schwierigkeiten in den Weg stellt, an deren Überwindung er wachsen soll.

Für Adler ist die Ermutigung das wichtigste therapeutische Instrument, im Gegensatz dazu sollte man bei Steiner eher von *Selbstermutigung* sprechen. Die Biographie ist in diesem Sinn der Prozeß der *Individuation* in der Jugend *und* die Entwicklung zur *Person* im späteren Leben, denn man ist zunächst ein Individuum und dann erst eine Person.

Die Therapie für Menschen in psychischen Schwierigkeiten muß notwendigerweise vielseitig sein. Neben die schon erwähnte organische Behandlung sollte eine künstlerische Therapie treten, die mit Malerei, Modellieren, Eurhythmie und Musik neue Erlebnisbereiche öffnet. Daraus kann schließlich die biograhphische Therapie die Elemente entnehmen, die zur Erneuerung der Zielvorstellung führen. Auf diese nun ganz realistisch gefaßten Ziele sollte der Mensch mit der Kraft des inneren Mutes zugehen, eines Mutes, der die Mitte zwichen Angst und Übermut hält. Ein Teil der Therapie wird auch darin bestehen, gemeinsam mit anderen neue Ziele zu verwirklichen. Da wir unsere Entwicklung mit anderen und für andere vollziehen, sollte man sich nun neuen Gemeinschaften anschließen. Dies können *Studienkreise* sein, in denen man zusammenkommt, um sich gegenseitig Mut zu machen, die eingeschlagene Richtung fortzusetzen, und sich hilft, Einsicht zu erlangen. Es können auch *Wohngemeinschaften* sein, Familien, therapeutische Zentren, Kommunen und schließlich auch *Arbeitsgruppen,* wo man sich konkreten Aufgaben zuwendet, gemeinsam etwas für andere tut und damit notwendigerweise zusammenarbeitet. Hier spielen Fragen der Weltanschauung meistens keine Rolle, man muß auch nicht mit anderen zusammenleben oder -wohnen. Das Ziel der Entwicklungstherapie heißt: jedem Menschen beim nächsten *eigenen* Entwicklungsschritt oder beim Sprung zur nächsten *eigenen* Entwicklungsebene zu helfen. Diese Entwicklungsebenen sind einerseits von den Lebensphasen, in denen der Mensch immer wieder mit neuen Problemen und neuen Herausforderungen konfrontiert wird, abhängig. Andererseits bestimmt das Leitmotiv, für das das höhere Ich sich in diesem Leben entschieden hat, den Gehalt dieser Entwicklung. Faßbar wird dieses Leitmotiv in der Reaktion des Individuums auf alle seine Erbfaktoren und seine Erziehung oder, anders gesagt, in der Art und Weise, wie der Mensch mit seinen Anlagen und seiner Erziehung umgegangen ist und wie er sich seine zukünftigen Lebensziele steckt. All diese Elemente zusammen ergeben das menchlichste Kunstwerk, das man sich überhaupt denken kann: die individuelle Biographie.

3. Drei Ebenen psychotherapeutischer Hilfe

Um uns in dem Labyrinth der psychotherapeutischen Richtungen und Methoden orientieren zu können, müssen wir sie zunächst systematisch ordnen. Auf Grund meiner Erfahrungen möchte ich drei Ebenen unterscheiden, auf denen einem Menschen in psychischen oder geistigen Schwierigkeiten geholfen werden kann.

Die *erste Ebene* möchte ich mit dem Begriff *gegenseitige Hilfe* andeuten. Hierher gehören alle individuellen Gesprächstherapien und Gruppentherapien, in denen auf soziale Ursachen zurückgehende Störungen des normalen Lebenslaufes und die Unfähigkeit mancher Menschen, ein eigenes Lebensziel zu finden, Kontakte zu unterhalten oder sich in anderer Weise zu behaupten, miteinander besprochen werden. Die Betonung liegt hier auf der gegenseitigen, »brüderlichen« Hilfe, die jeder Mensch einem anderen Menschen geben kann.

Die *zweite Ebene* umfaßt das Gebiet der eigentlichen *Psychotherapie.* Hierher gehören ernstere Störungen des Lebenslaufes, die meistens an den schon beschriebenen kritischen Punkten des Lebens auftreten, aber auch extreme Einseitigkeit in Temperament oder Grundhaltung, die eine vernünftige Einschätzung von Situationen des Lebens unmöglich macht. In dieses Gebiet gehören auch schwerere Störungen des Lebenslaufes, die durch unverarbeitete Reste aus der Vergangenheit oder durch illusionäre Ziele in der Zukunft verursacht sind. Hier konzentriert sich die Therapie darauf, dem Menschen durch künstlerische Betätigung und in der persönlichen Begegnung mit dem Therapeuten neue Einsichten und neue Zielsetzungen zu vermitteln. Der psychiatrisch ausgebildete Arzt leitet so einen Genesungsprozeß, in dem er selbst als engagierter Mitmensch eine wichtige Rolle spielt.

Die *dritte Ebene* ist das eigentliche Gebiet der *Psychiatrie.* Hier handelt es sich um Psychosen, das heißt, der ganze Mensch ist mit seiner somatischen, psychischen und geistigen Existenz an dem Krankheitsprozeß beteiligt. Hier muß der Arzt entscheiden, welche Form der Therapie zunächst und welche erst später möglich ist. Die Störungen gehen hier auf somatische Ursachen zurück. Man konzentriert sich daher auf eine medikamentöse Behandlung (was nicht gleichbedeutend mit dem Einsatz von Psychopharmaka ist!) und wendet alle anderen Therapien in streng dosierter Form an.

Gehen wir von dieser Einteilung aus, dann kann man den Wirrwarr der verschiedenen therapeutischen Möglichkeiten besser durchschauen, dann wird auch klar, warum es auf diesem Gebiet so unterschiedliche Methoden und Ansätze gibt. Auch wird deutlich, wo Konflikte entstehen bei Patienten, die von einer Gruppe behandelt werden, eigentlich aber in eine andere Gruppe gehören, oder die von der einen Gruppe entlassen, von der anderen aber nicht aufgenommen werden.

(1) *Gegenseitige Hilfe.* Wenn mich ein Freund besucht, der in Not ist, dann beginne ich ein Gespräch mit ihm und versuche, ihm zu helfen, so gut ich kann und ohne viel von irgendwelchen Methoden zu wissen. Diese Form der menschlichen Hilfe ist meistens schon sehr wirksam. Der Hilfesuchende hat sich ausgesprochen und das Mitgefühl eines Freundes erfahren. Das bedeutet, daß er aus seiner Einsamkeit erlöst ist. Diese

Begegnung hat ein neues Element in die verfahrene Situation gebracht, der Hilfesuchende kommt wieder ein Stück voran.
Eine solche mitmenschliche Hilfe kann vertieft, systematisiert und professionell angepackt werden. Professionelle Helfer sind bereit, Situationen zu schaffen, von denen der Hilfesuchende Gebrauch machen kann. Und damit beginnt der Irrgarten der helfenden Instanzen, Vereine, Gruppen und Individuen. Jede spezialisiert sich auf eine bestimmte Art von Problemen, wobei wieder ganz verschiedene Methoden entwickelt werden, die von dem Konzept abhängen, das der jeweilige Helfer vom Menschen und von der Gesellschaft hat.
Innerhalb und außerhalb der Rechtspflege gibt es verschiedene Formen von Sozialarbeit, engagierte Helfer aus freier Initiative arbeiten neben Gesellschaftveränderern, und außer der Frage nach der Zielvorstellung kommen hier auch die Methode und die Politik ins Spiel. Ohne auch nur den Versuch der Vollständigkeit zu machen, möchte ich hier einige Richtungen und Methoden nennen. Ich tue dies hauptsächlich, um dem Leser die Vielfalt, die auf diesem Gebiet herrscht, zu Bewußtsein zu bringen.
Es gibt Psychiater und Psychologen, die neben der individuellen Therapie ein- oder mehrere Male wöchentlich gruppentherapeutische Sitzungen halten. Es gibt Institutionen für ambulante Gruppentherapie und für Familientherapie. Bei all diesen Einrichtungen ist die Teilnahme völlig freiwillig. Bleibt jemand den Sitzungen mehrmals fern, dann wird er meistens »abgeschrieben«. Entzieht sich ein Mitglied oder mehrere Mitglieder einer Familie der Familientherapie, dann wird diese abgebrochen. Dadurch kommt es zu einer natürlichen Selektion der schwereren Fälle, die nicht mehr die Initiative oder die inneren Möglichkeiten haben, selbst aktiv die Heilung zu wollen.
Es gibt Beratungsstellen für Minderjährige, die von zu Hause weglaufen, für Drogenabhängige oder Alkoholiker. Auch hier wird in der Regel die freiwillige Anmeldung und Teilnahme vorausgesetzt. Daneben gibt es die verschiedensten Formen von »Training«: mehrere Wochen dauerndes Sensitivity-trai-

ning, Gestalttraining, Psychosynthesegruppen, stille (Encounter) Gruppen, verbale und nonverbale Encounter-Gruppen, Marathongruppen, deren Teilnehmer 24 bis 48 Stunden hintereinander zusammen bleiben und viele andere Formen von Gruppenarbeit mit den unterschiedlichsten Namen wie Bioenergetik und Transaktionsanalyse.

Zwar geschehen auch hier wieder Anmeldung und Teilnahme auf freiwilliger Basis, aber während der Sitzungen wird meistens starker Druck ausgeübt, damit die Teilnehmer alles aussprechen, jedes Gefühl hochkommen lassen und es der Gruppe vorlegen. Für robustere Naturen ist dieser Druck nützlich, für sensiblere Menschen quälend. Da eine solche Gruppe zufällig zusammengewürfelt ist und der einzelne von mehr oder weniger aggressiven Leuten abhängig wird, muß der Gruppenleiter wirklich gute Fachkenntnisse haben, damit er die Teilnehmer schützen kann. Trotz viel guter Absichten sind diese Fachkenntnisse bei den Gruppenleitern nicht immer vorhanden. Schließlich sind die Voraussetzungen für diesen Beruf noch nicht gesetzlich geregelt, wer sich zu dieser Arbeit hingezogen fühlt, kann sich »Trainer« nennen und gruppendynamisch arbeiten. Die Qualität der Gruppenarbeit hängt daher aufs engste von den Fähigkeiten des Gruppenleiters ab, abgesehen davon natürlich auch von den Methoden, die angewandt werden.

Persönlich bin ich der Ansicht, daß man auch in der Gruppentherapie absolute Achtung vor der Persönlichkeit *und* der Freiheit jedes Teilnehmers haben muß. Zu dieser Freiheit gehört auch das Recht auf Schutz der persönlichen Sphäre, das Recht, bestimmte Dinge jetzt und in diesem Kreis nicht aussprechen zu wollen. Massiver Druck und lange Sitzungen tasten diese Freiheit an und müssen daher abgelehnt werden.

Die Gruppenarbeit wird im Moment immer beliebter, sie ist sozusagen »in«. Die Begeisterung über die Entdeckung der vielfältigen Möglichkeiten der Gruppentherapie hat aber zu einer Überschätzung dieser Möglichkeiten geführt; auch hört man häufig herablassende Äußerungen über die Arbeit der individuellen Psychiatrie, die allerdings mit ganz anderen Problemen konfrontiert ist, die man mit den Behandlungskriterien und Methoden der Gruppentherapie gar nicht angehen kann. Psychiatrische Kliniken werden mit Konzentrationslagern verglichen und Psychiater als abgestumpfte, gefühllose Kerle geschildert.

Wenn nun aber ein »ruhiger schizophrener Patient« mit der Überweisung an eine sozialpsychiatrische Stelle zur Nachbehandlung aus einer psychiatrischen Klinik entlassen wird, dann kann es vorkommen, daß er bei Nichterscheinen nach dreimaliger Aufforderung einfach »abgeschrieben« wird und andere Einrichtungen dann die therapeutische Hilfe übernehmen müssen. Das wäre an und für sich gar nicht so schlimm, man könnte sich sogar eine sinnvolle Arbeitsteilung vorstellen, wenn es nicht dann gerade die sozialpsychiatrischen Berater wären, die an den anderen Einrichtungen Kritik üben.

Ich möchte meine Meinung so zusammenfassen: Gruppentherapie als systematisierte, gegenseitige Hilfe ist ein Gebiet der psychotherapeutischen Behandlung, das neu ist und sich noch in Entwicklung befindet. Diese noch unabgeschlossene Entwicklung führt dazu, daß jeder auf seine eigene Methode schwört. Allen Richtungen gemeinsam ist, daß sie sich auf das »Hier und Jetzt« konzentrieren, auf das Aktualisieren von Problemen innerhalb einer (nicht frei gewählten) Gruppe und daß die Probleme der biographischen Entwicklung dabei kaum eine Rolle spielen. Das Teilnehmer»material« ist meistens in der mittleren Phase des Lebens. Wegen der angewandten Methode haben die Probleme der Empfindungsseele, der »vital-seelischen Strebungen« die Oberhand. Subtilere *geistige* Probleme kommen kaum zur Sprache, unter anderem auch deswegen nicht, weil sie im Menschenbild der Gruppentherapeuten keinen Platz haben. Gruppentherapie kann dort positiv wirksam werden, wo es darum geht, Vereinsamung zu durchbrechen oder den auf Grund bestimmter Arbeits- und Wohnverhältnisse noch nicht vollständig vollzogenen Entwicklungsschritt von der Adoleszenz zum Erwachsensein zu tun. Bei der

Familientherapie gilt es, festgefahrene Situationen und eingefahrene Verhaltensweisen in Bewegung zu bringen. Praktisch alle Gruppentherapien gehen vom Psychologismus aus, eine Ausnahme sind vielleicht die Psychosynthesegruppen, die versuchen, dem Patienten mehr zu geben; aber auch hier hängt wieder alles von der Persönlichkeit und der seelischen Kapazität des Gruppenleiters ab.

(2) *Psychotherapie.* Auf dieser zweiten Ebene werden, im Gegensatz zur ersten, schwerwiegendere Störungen der Biographie behandelt. Hier geht es um Menschen, deren Leben durch echte Entwicklungsstörungen zu scheitern droht. Ein gemeinsames Merkmal ist, daß sie keine Aussicht mehr auf eine individuelle Zukunft haben, daß sie entweder dumpf verzweifelt sind oder an Ereignissen und Reaktionsweisen der Vergangenheit kleben. Ein festgefahrener Lebenslauf kann nur dann wieder in Bewegung gebracht werden, wenn dem aktuellen Lebensinhalt ein *neuer Aspekt* hinzugefügt wird. Das primäre Problem ist nicht eine unverarbeitete Vergangenheit, sondern die *fehlende Zukunftsperspektive!* Wird die Zukunft wieder sinnvoll, dann kann auch das Vergangene objektiviert werden, es wird dann weniger wichtig als die Entwicklungsmöglichkeiten in der Zukunft.

Für den diagnostischen und therapeutischen Ansatz bei Entwicklungsstörungen ist es besonders wichtig, einen Überblick über die Entwicklungsphasen des Menschen zu haben, zu wissen, wie Erfahrungen der früheren Phasen innerlich verarbeitet werden und wo die kritischen Punkte im Leben sind. So manchem, der sich mit Schwierigkeiten an einen Therapeuten wendet, kann man zu seiner Krise nur gratulieren, denn sie zeigt, daß er sich am Übergang zur nächsten Phase befindet. Die eigenen Probleme auf dem Hintergrund des allgemein menschlichen Lebenslaufes objektivieren zu können, hat schon einen großen therapeutischen Effekt. Außerdem können dem Patienten dabei schon konkrete Hinweise auf Formen geeigneter künstlerischer Betätigung oder auf Literatur zum Thema seiner Krise gegeben werden.

Neben der persönlichen Begegnung mit dem Therapeuten ist die künstlerische Betätigung das wichtigste Heilmittel. Allerdings muß die künstlerische Therapie individuell gestaltet werden, ein therapeutisch arbeitender Künstler und der Arzt müssen zusammen ein Programm ausarbeiten, das im Verlauf der Therapie je nach den Fortschritten des Patienten geändert werden kann. Die anthroposophische Heilkunde bietet auf diesem Gebiet therapeutisches Malen und Modellieren, Heileurhythmie und Heilmusik an. Vor allem die Heileurhythmie ist zu einem vollständigen therapeutischen Instrumentarium entwickelt worden, das gezielt mit spezifischen Übungen eingesetzt werden kann.

Bei der therapeutischen Begegnung, die sich zwischen dem Psychotherapeuten (in diesem Fall einem Arzt) und dem Patienten vollzieht, sieht sich der Arzt als die eine Hälfte des Falles. Das heißt, er begegnet dem Patienten als gleichberechtigtem Menschen und engagiert sich ganz persönlich mindestens ebenso stark, wie er es vom Patienten erwartet. Die Therapie, die nun eingesetzt wird, ist final orientiert, das heißt, die analytische Phase der Behandlung ist so kurz wie möglich und dient hauptsächlich dazu, den status quo, also den Ausgangspunkt für die Therapie, festzustellen. Der weitere Verlauf der Therapie hängt weitgehend vom Alter des Patienten ab. Steht er in der Mitte des Lebens, dann wird man öfters auf Ereignisse der ersten Lebensphase, die in dieser Zeit verarbeitet werden müssen, zurückblicken. Dieses Verweilen bei der Vergangenheit wird allerdings auf ein Minimum beschränkt und dient nur dazu, bestimmte Ängste und Hemmungen verständlich zu machen. Dann wird der Blick sofort wieder auf die Zukunft gerichtet.

In vielen Fällen kann die Situation mit der Übernahme eines Geschäftes verglichen werden. Wenn ich ein Geschäft übernehme, dann übernehme ich es mit allen Schuldnern und Gläubigern. Es wäre sinnlos, darüber zu spekulieren, was alles möglich wäre, wenn bestimmte Schulden nicht existierten. Sie sind nun einmal da, und man muß jetzt mit Hilfe des vorhandenen Kapitals eine Strategie für die kommenden Jahre entwickeln, wobei unter anderem darauf Rücksicht zu nehmen ist, daß bestimmte Schulden abbezahlt werden müssen. Das ganze Kapital einzusetzen und daraus Gewinn machen zu wollen, ist viel wichtiger, als immer nur blind auf alte Verpflichtungen zu starren.

Gewinne zu machen, neuen Besitz zu erobern – das ist das wichtigste therapeutische Ziel für diese Gruppe von Patienten. Das kann bedeuten, sich einen allgemeinen Überblick über die Probleme aller menschlichen Lebensphasen, speziell aber der eigenen Phase, zu verschaffen. Es kann auch bedeuten, sich die Frage zu stellen, ob die eigene Weltanschauung, das eigene Menschenbild als Basis für eine Strategie für die Zukunft ausreichen; dabei sind Gespräche und geeignete entsprechende Literatur hilfreich. Schließlich kann er auch bedenken, die eigene Aufgabe und die Haltung anderen gegenüber zu revidieren, zum Beispiel indem man an sorgfältig vorbereiteten und ausgewählten Gruppengesprächen, an einem Arbeitskreis oder einem Kurs für Malerei teilnimmt. Ausgehend von der individuellen Begegnung mit dem Therapeuten zielt die Therapie durch intensive Vorbereitung auf das Gruppen-Encounter ab, das aber nicht nur eine emotionale Begegnung ist. Das wichtigste Kriterium in einer solchen Gruppe ist die Freiheit und die Würde des Patienten, was bedeutet, daß er gegen jede unerwünschte Antastung seiner Intimsphäre geschützt werden muß. Daher sind die meisten normalen therapeutischen Gruppen für diese Patienten ungeeignet.

Für Patienten in der dritten großen Phase des Lebens, die mit 42 beginnt, sieht die Sache anders aus. In diesem Alter bedeutet die Krise fast immer, daß der Mensch unfähig war, rechtzeitig ein außerhalb seiner selbst begründetes Wertsystem zu finden. Daher klammert er sich immer mehr an die eigene Leistung, bürdet sich immer mehr Arbeit auf und fürchtet jeden jüngeren Mitarbeiter, der mehr zu leisten droht oder für seine Aufgabe moderner ausgerüstet scheint. Er fühlt, daß es einem immer schwerer fällt, sich einer im Wandel begriffenen

Arbeitswelt und sich rasch verändernden Umständen anzupassen und er empfindet dies als Bedrohung. Dies ist die Art, in der eine Gruppe von Patienten reagiert, eine andere konzentriert sich auf die privaten Verhältnisse: Die Ehe ist inhaltslos geworden, der Ehepartner hindert einen daran, das illusionäre Lebensziel zu verfolgen, die heranwachsenden Kinder sind auf dem verkehrten Weg und wenden sich von den Eltern ab. Die Menopause ist bei der Frau in den vierziger Jahren, beim Mann in den fünfziger Jahren der Grund für emotionale Labilität, bei der das Gefühl der Allmacht und das Gefühl der Ohnmacht abwechseln.

Ich habe all diese Probleme in den entsprechenden Kapiteln schon behandelt und möchte daher hier nur noch die Therapie beschreiben. In allen Fällen sollte der Arzt eine gründliche somatische Untersuchung vornehmen, um eventuelle verkappte körperliche Krankheiten oder Störungen in und zwischen den Organsystemen festzustellen. Das tägliche Leben muß einem festen Rhythmus unterworfen und streng geregelt werden, der Alkohol als »Aufmöbler« unbedingt abgeschafft werden. In dieser Altersgruppe gibt es immer mehr Menschen, die zwar nicht eigentlich Alkoholiker sind, aber doch ständig zu viel Alkohol trinken. Neuere Untersuchungen über den steigenden Alkoholkonsum sprechen Bände.

In solchen Fällen ist das einzige Heilmittel – so merkwürdig das klingen mag – ein neuer geistiger Lebensinhalt. Fehlt er, dann ist der Alkohol tatsächlich der einzige Trost für sinkende Leistung und abnehmendes Lebensgefühl. Die Psychotherapie muß dann in dieser Altersgruppe dafür sorgen, daß geistige und künstlerische Interessen geweckt werden.

Dabei kann der Arzt nicht mehr geben als er selbst ist, das muß er aber auch voll einsetzen. Das therapeutische Gespräch wird, wenn erst einmal der Lebensrhythmus reguliert ist, mehr zu einem Gespräch von Freund zu Freund. Der helfende Arzt wird zum Begleiter eines geistigen Entwicklungsprozesses. Einfache Konzentrationsübungen, Wahrnehmungsübungen in der Natur und die einsetzende Besinnung auf die Werte des

Lebens leiten zu einer meditativen Daseinsform über. Gemeinsame Lektüre, Vermittlung von Kontakten mit Menschen, die ebenfalls ihren Weg suchen, können eine gute Hilfe auf dem Weg zu einem neuen Lebensstil sein.

Der Effekt des neuen Lebensstils macht sich meistens im körperlich-biologischen Bereich bemerkbar: Man schläft wieder gut, die chronische Müdigkeit verschwindet und macht einer angenehmen Müdigkeit nach getaner, fruchtbarer Arbeit Platz. Man hat wieder mehr Interesse an der Arbeit, kann bestimmte Aufgaben abgeben, andere neu sehen und in Angriff nehmen. Wenn alles gut geht, löst sich allmählich auch die Beziehung zum Therapeuten, er bleibt als freundschaftlicher Begleiter mehr und mehr im Hintergrund. Liegen die Dinge schwieriger, dann muß der Arzt eine künstlerische Beschäftigungstherapie, individuelle Beratung und Gruppentherapie einsetzen. Allerdings sind ältere Patienten meistens völlig ungeeignet für die herkömmlichen therapeutischen Gruppen, in denen die emotionalen Probleme einer ganz anderen Lebensphase behandelt werden.

Man mag sich wundern, daß ich für diese zweite Kategorie von Patienten so gar nichts über die Traumanalyse, die bei Freud und Jung eine so große Rolle spielt, gesagt habe. Das liegt an der hier gewählten, final orientierten Methode. Wenn es sich zufällig ergibt, kann in einzelnen Fällen ein Traum für das Verständnis der eigenen Situation wichtig sein. Im allgemeinen wird man jedoch weniger auf den Inhalt eines Traumes, dafür mehr auf die Dynamik des Traumgeschehens eingehen. Abgesehen davon wird jedoch besonders in dieser Phase des Lebens die Kraft für die Zukunft aus dem »Überbewußten« und nicht aus dem Unterbewußten geschöpft.

Ein spezielles Gebiet ist die psychotherapeutische Begleitung von Menschen im Pensionsalter. Mancher merkt nämlich dann, daß er sich für die Zeit nach der Pensionierung zu viel vorgenommen hat und nun zu nichts mehr kommt. Auch in solchen Fällen ist ein geregelter Tages- und Lebensrhythmus wichtig, daneben tritt die Aktivierung neuer, schöpferischer

Tätigkeiten, die sich aus dem früheren Lebensinhalt ergeben oder ganz neue Bereiche erschließen können. Sicher könnte man mit Pensionären mit Erfolg Gruppenarbeit aufbauen. Solche Gruppen brauchten nicht therapeutischen Charakter zu haben, sondern müßten gemeinsame Aufgaben finden, die auf reale Bedürfnisse außerhalb der Gruppe eingehen. Ich habe die neue Kultur, die in und um die Altersheime entstehen könnte, schon erwähnt. Sie könnte gleichzeitig als Therapie wirken und in das kulturelle Leben der Umgebung ausstrahlen.
(3) *Psychiatrie.* Auf der dritten Ebene findet die eigentliche und klassische Psychiatrie statt. Obwohl es Richtungen gibt, die die Ursachen psychiatrischer Erscheinungen ausschließlich im psychologischen Bereich suchen (die sogenannte Antipsychiatrie), oder die meinen, dies seien einzig und allein biochemische Vorgänge, bin ich der Ansicht, daß es *körperliche* Ursachen für solche Störungen gibt, die eine *medikamentöse* Behandlung und häufig leider auch die Aufnahme in eine psychiatrische Klinik nötig machen. Ich kann hier nur auf einzelne Aspekte der Psychiatrie eingehen. Endogene Depressionen, viele Formen von Störungen, die man als »Schizophrenie« in einen Topf wirft, gefährliche Halluzinationen oder Angstzustände können oft nicht ambulant behandelt werden, teils weil man die Patienten selbst schützen muß, teils weil die Aufgabe, diesen Menschen gerecht zu werden und zugleich den täglichen Pflichten nachzugehen, für die Umgebung einfach zu viel werden kann.
Das größte Problem bei den schwer gestörten Patienten ist ihre große Zahl. Ein enormer Stab von Helfern, würde gebraucht, um diesen Menschen in Not mit den neu erkannten therapeutischen Möglichkeiten wirklich beistehen zu können. Vieles hat sich schon geändert. Wo die Umstände es zulassen, kann man schon jetzt auf kleineren Abteilungen und bei einem Patienten-Betreuer-Verhältnis von 2:1 den Forderungen einer modernen therapeutischen Behandlung und Resozialisation gerecht werden. Eine solche Behandlung für alle ist aber – offensichtlich – quantitativ einfach noch nicht möglich. Der Versuch einiger

Antipsychiater, solche Patienten in offenen Kliniken mit Therapeuten und sozial Unangepaßten zusammenleben zu lassen, verdient sicher alle Aufmerksamkeit. Dieses Vorhaben ist jedoch auf Grund seines experimentellen Charakters und der nicht gewährleisteten Kontinuität noch keine Lösung für die große Masse der Kranken. Auf keinen Fall kann man jetzt schon damit rechnen, daß plötzlich alle geschlossenen Abteilungen überflüssig sind, wie manche Antipsychiater meinen. Bei Patienten, die therapeutisch nicht mehr behandelt werden können, besteht die Aufgabe, sie über längere Zeit pflegerisch und beschäftigungstherapeutisch usw. zu versorgen. Bei Patienten, die resozialisiert werden können, wenn auch auf einem niedrigeren Niveau als früher, stellt sich wiederum das Problem der Betreuung in der Gesellschaft. Auch hier sind eigentlich alle Stellen überlastet, oft genug läuft der Patient Gefahr, unter die Räder zu kommen. Die echte Psychiatrie ist also nicht nur ein medizinisches, sondern gleichzeitig auch ein enormes soziales und organisatorisches Problem.
Einer der wichtigsten Punkte bei der Behandlung psychiatrischer Patienten (und hier kann man mit Recht von »Patienten« sprechen), ist die Tatsache, daß hinter dem Wahn, der Angst oder der Erstarrung stets das ganze menschliche Ich existent bleibt. Dieses Ich ist erreichbar, wenn man sich, an Angst und Wahn vorbei, direkt dem geistigen Kern zuwendet. Ich habe oft erlebt, daß selbst scheinbar völlig sinnlose und einseitige Gespräche nach Jahren noch nicht vergessen waren, ihre therapeutische Wirkung zeigte sich aber erst später. Der Weg, den der sogenannte schizophrene Patient durch seine innere, organische Tiefe zurücklegt, läßt sich nur mit der Erlebniswelt mittelalterlicher Mystiker vergleichen – mit dem einen wichtigen Unterschied, daß die Mystiker dank einer intensiven Einübung ihre Erfahrungen in der Hand hatten, während der Schizophrene von diesem Geschehen überwältigt und gebannt wird. Der Therapeut, der den Weg der mystischen Einübung kennt, kann dem Patienten verständnisvoll und zugleich kritisch beistehen. Später stellt sich oft heraus, daß es gerade

eine solche verständnisvolle Begleitung war, die dem Patienten nicht einfach irgendein unpersönliches Etikett aufklebt, sondern seine volle persönliche Integrität bewahrt, was der Kranke brauchte.

Die Dinge liegen hier ähnlich wie in der Heilpädagogik. Selbst das schwer behinderte Kind hat den Anspruch auf eine musisch-therapeutische Umgebung, in der das höchste Ich angesprochen wird. Man kann das Ich gut mit einem Geiger und seinem Instrument vergleichen. Auch ein genialer Musiker kann auf einer Geige mit einer einzigen, ausgefransten Saite nur wenig zu Gehör bringen. Die Mängel des Instrumentes sagen jedoch nichts über seine künstlerischen Fähigkeiten, die sich auf einem guten Instrument voll entfalten könnten.

Auch in der klassischen Psychiatrie erleben wir immer wieder die Verzweiflung vieler begabter und individueller Menschen, die ihr defektes Instrument im Umgang mit anderen Menschen nicht einsetzen können. Hier ist es besonders wichtig, daß der Therapeut die Individualität des Patienten vollständig ernst nimmt und auch entsprechend handelt. Dies kann in der Praxis sehr schwer sein. Wer aber in sich ein Menschenbild trägt, das das Ich als prä- und postexistentes, eigenständiges Wesen akzeptiert, findet in dieser Überzeugung die Kraft, an dieser Forderung so weit wie möglich festzuhalten.

Glücklicherweise kommen in die Psychiatrie und ähnliche Kliniken auch Patienten, die nur zeitweilig gestört sind oder zu denen man in einer Phase der Besserung direkten Zugang finden kann. Auch für sie gilt, was ich im Zusammenhang mit den beiden vorigen Gruppen gesagt habe: Künstlerische Beschäftigungstherapie, gehaltvolle Gespräche, warme menschliche Begegnung und gegenseitige Hilfe sind auch hier Möglichkeiten der Therapie.

VII. Persönliche Entwicklung und Biographie

»Die Biographie des Menschen ist gleichsam eine Symphonie, die er selbst komponiert.«

B. L.

Ich habe schon öfters darauf hingewiesen, daß der Mensch selbst seine Biographie tätig meistern kann. Er selbst kann bewußt oder unbewußt sein Schicksal gestalten. Einige Punkte müssen jedoch dabei beachtet werden:

Erstens: Wer bewußt eine persönliche Entwicklung durchlaufen möchte, ist doch den Entwicklungsgesetzen unterworfen. Niemand kann, auch wenn er das wollte, »blühen«, bevor er genügend Blatt angesetzt hat, das Blatt ansetzen ist aber eine wenig spektakuläre Angelegenheit.

Zweitens: Wer eine innere Entwicklung anstrebt, sieht sich mit vielerlei Möglichkeiten und Wegen konfrontiert, – so mancher verspricht ihm Paradiese. Hier muß jeder seine eigene Wahl treffen, möglichst auf Grund von Einsicht. Wer nur unkontrollierte »Erfahrungen«, »Bewußtseinserweiterung« oder »Visionen« sucht, der kann sich am besten und einfachsten dem Einfluß chemischer Mittel aussetzen. Das tun viele, sie nehmen ihren Rausch heilig ernst, er ist für sie eine Art Religion, zu der sie auch andere bekehren müssen. Abgesehen von den Neugierigen, die Drogen nehmen, damit sie es einmal ausprobiert haben, und die dann doch nach anderen Wegen suchen, gibt es die Menschen, die vor ihrer eigenen Biographie in die Welt der Drogen und des chemisch veränderten Bewußtseins zu fliehen versuchen. Das gilt für alle Drogen, vom Alkohol bis zum Heroin.

Die unkontrollierten, chaotischen Erfahrungen unter Drogeneinfluß, die Trips und das high sein, haben nichts mit persönlicher Entwicklung zu tun. Um persönliche Entwicklung zu erreichen, müssen bewußt die Kräfte geübt werden, die im Leben der meisten Menschen brach liegen. Ich habe schon gesagt, daß im Menschen vielerlei Möglichkeiten angelegt sind, von denen unsere moderne Kultur nur einen geringen Teil abruft, und daher werden überhaupt nur diese Fähigkeiten entwickelt. Aus diesem Grund fühlen sich auch so viele Menschen unzufrieden in der reduzierten Welt, in der wir als reduzierte Persönlichkeiten leben.

Aber *welche* Fähigkeiten müssen nun entwickelt werden? An dieser Frage scheiden sich sehr schnell die Geister.

Der *Osten* bietet uns mancherlei Möglichkeiten. Das Spektrum reicht vom klassischen (und modernen) Yoga, vom Zenbuddhismus über die Mazdaznan-Bewegung zum Sufismus (um nur einige anzuführen). All diese Bewegungen knüpfen bei den Wurzeln unserer westlichen Kultur an, sie alle zielen in eine bestimmte Richtung: zurück zur reinen Quelle. Sie wollen uns zeigen, was über Jahrtausende hinweg seine Wertbeständigkeit bewiesen hat. Und tatsächlich ist der Reichtum dieser klassischen Modelle persönlicher Reifung bewundernswert. Sie alle sind in Kulturen verwurzelt, die man *spiritualistisch* nennen muß. Der Spiritualismus ist eine Weltanschauung, derzufolge der Geist alles, die Materie aber nur Schein ist. Alles ist durch einen göttlichen Schöpfungsprozeß entstanden, die Materie gehört jedoch in das Reich des Antigeistes, das Reich der Finsternis. Der Mensch soll sich von der Verführung der Finsternis frei machen, das egoistische Ich-Bewußtsein aufgeben und wieder eingehen in die Welt des göttlichen Lichtes, aus der er geboren ist.

Man kann diese Weltanschauungen auf einen Nenner bringen: sie alle wollen – kurz gesagt – zurück zum vorgeburtlichen Dasein, zurück zum Paradies, zum »Vor-ich-haften«.

Alle Offenbarungsreligionen, also auch das Alte Testament, gehen auf göttliche Offenbarungen in uralter Zeit zurück. In früher Zeit hatte jeder – durch eine Art Traumbewußtsein – Zugang zur Welt des Lichtes. Die letzten Seher zeichneten ihre Erfahrungen für die auf, die nicht mehr selbst fähig waren, zu schauen. Eine solche Darstellung der Entwicklung steht schon konträr zu der modernen historisch-materialistischen Geschichtsauffassung, derzufolge listige Priester ihre Macht über das Volk durch falsche Offenbarungen und Repressalien zu erhalten wußten. Für uns Geschöpfe des 20. Jahrhunderts ist es sehr schwer, wenn nicht unmöglich, sich in das Bewußtsein einer spiritualistischen Kultur zu versetzen. Den letzten Abglanz einer solchen Kultur kann man zum Beispiel noch auf Bali erleben, wo in glücklicher Zufriedenheit und Vertrauen eine göttliche Welt in das alltägliche Tun hineinwirkt.

Wer von Standpunkt des modernen Personalismus den überragenden Gehalt der antiken Religionen überblickt, der erkennt darin eine Etappe der Entwicklungsgeschichte des – aus einer göttlichen Welt geborenen – menschlichen Ich. Aber dieses Ich ist jetzt erwachsen und zu einem verantwortlichen Teilhaber der weiteren Entwicklung geworden. Daher kann es nicht bei seiner eigenen »Jugend« verweilen, und sei sie auch noch so glanzvoll und mild gewesen.

Von den Wurzeln unserer westlichen Kultur her, vom alten Indien, Persien, Mesopotamien und Ägypten, um nur die wichtigsten zu nennen, bringt die griechische Philosophie zum ersten Mal eine prinzipiell neue Lebenshaltung, die man »Idealismus« nennen kann. Bei Plato ist die göttliche Welt dem Menschen nicht mehr erreichbar, der Mensch wird aus der Urwelt der Ideen geboren. Erkennen ist Erinnerung an vorgeburtliches Wissen, wahrnehmen und verstehen ist wiedererkennen. Der Blick ist jedoch immer noch auf die vor-individuelle Welt gerichtet, auf die »geistige Heimat« des erwachenden Ich.

Während des ganzen Mittelalters und noch in der Scholastik herrschte das philosophische Denken vor. »Ich denke, also bin ich«, konnte Descartes noch zu Beginn der Neuzeit ausrufen. Die Neuzeit, die mit der Renaissance (und nicht mit einer »naissance«, also der Geburt von etwas Neuem) einsetzt, wollte noch einmal aus der Fülle der griechischen Ideenwelt schöpfen. Bald jedoch verkümmerte die Idee zur Vernunft, der

Rationalismus war geboren. Ihm folgte der Mathematismus, für den die einzig reale Idee die mathematische Logik war.
Damit war der Weg für den *Materialismus* geebnet, einer Weltanschauung, die das genaue Gegenteil des Spiritualismus ist. Der Materialismus meint, die Dinge seien nur Materie und Ausdruck des Wirkens materieller Kräfte. An die Stelle eines göttlichen Schöpfungsprozeßes tritt der Gott Zufall, der aus einfachen Verbindungen komplexere Verbindungen entstehen läßt, wobei mit steigender Komplexität schließlich Bewußtsein einsetzt. Der Geist ist nur noch die Maya oder die große Illusion.
Wir sollten uns hier nichts vormachen, wir alle sind vom Materialismus infiziert, selbst dann, wenn wir in Religion oder Philosophie den Geist suchen. In dem Moment, wo der Abendmahlsstreit begann und Gottesbeweise erbracht werden mußten, kam der Materialismus voll zum Durchbruch.
Jede Weltanschauung richtet sich auf einen bestimmten Aspekt. Der Spiritualismus hat eine große Weisheitslehre hervorgebracht, der Idealismus die Ideenlehre und die Philosophie, der Materialismus die Lehre von der Materie. Naturwissenschaft und Technik haben die Welt um uns verändert, sie haben materielle Wohlfahrt gebracht. Aber geistige Fragen sind unbeantwortet geblieben. Dies ist besonders in den letzten Jahrzehnten deutlich geworden.
Die traditionellen und institutionellen Kirchen, die von dem Spiritualismus der Frühzeit geformt sind, haben einer stets wachsenden Zahl junger Menschen nichts mehr zu sagen. Sofern diese jungen Menschen überhaupt noch spirituellen Dingen nachgehen wollen, suchen sie nach neuen Wegen, die einen Schritt nach vorn tun und nicht eine Renaissance oder eine Wiederholung bereits durchlaufener Entwicklungsstufen sind.
Dieses Suchen läßt sich am besten als das Bedürfnis nach einer neuen Weltanschauung charakterisieren, in der Geist *und* Materie ihren Platz finden, einer Weltanschauung, in der man das exakte Denken nicht aufzugeben braucht, sondern in der

der Geist und alles, was unsere Kultur in langen Mühen erobert hat, in ein Weltbild eingefügt werden kann. Man könnte es das Verlangen nach einem neuen *Realismus* nennen. Der Realismus als Weltanschauung ist das genaue Gegenteil des Idealismus. Der Realismus will gleichermaßen Geist *und* Materie untersuchen und in *einem* Weltbild zusammenfassen. Ein solches Weltbild entsteht aus historischer Notwendigkeit, es ist der nächste Entwicklungsschritt, den unsere westliche Kultur vollziehen muß. Ich werde auf dieses Streben nach einem neuen Realismus noch einmal bei der Besprechung der persönlichen Entwicklung eingehen.

Wenden wir uns nun nach *Westen* und versuchen wir zu sehen, welche Wege der Entwicklung sich uns dort anbieten. Aus Amerika kommen die verschiedensten Methoden persönlicher Entwicklung, die allerdings im Gewand von Therapien und Paratherapien auftreten: Sensitivity-Gruppen, Basis- und Encounter-Gruppen, Marathon- und Gestaltgruppen. Sie alle wollen die sozialen Fähigkeiten des Menschen, die in unserer modernen Kultur vernachlässigt worden sind, entwickeln. Der Glaube an die Gruppe, das Soziale, das eine höhere Realität besitzt als der einzelne, die Entfaltung des Individuums zu einem Quell neuer sozialer Kraft – all dies ist offentsichtlich eine Reaktion auf die Einseitigkeit unserer Kultur. Zur Aufhebung dieser Einseitigkeit können diese Methoden, wenn sie seriös angewandt werden, individuell therapeutisch wirken, Fragwürdig an diesen Bewegungen ist jedoch der pseudoreligiöse Charakter, der den verschiedenen Therapien unterlegt wird. Von den Gründern war dies vielleicht nicht beabsichtigt gewesen – die bekehrten Adepten aber, die das »Hier und Jetzt« zu einer Religion erhoben, haben das erreicht.

Trotz allem sehe ich aber auch diese Methoden als einen Schritt auf einen neuen Realismus hin, auch wenn der Geist noch recht abstrakt und nur umrißhaft erscheint, nämlich nur in der menschlichen Persönlichkeit. Dadurch bleibt er selbst, sein Ursprung, seine Zukunft schemenhaft. Selbst das Menschenbild Frankls und Assagiolis, die beide ein höheres Ich annehmen, das im Bereich des Geistes wirkt, bleibt doch noch dem Psychologismus verhaftet; man fragt sich, ob dieser Geist nun eigentlich Realität ist oder mehr die Errungenschaften unserer Kultur.

Der Osten bietet uns verschiedene Wege an: zurück zur vorgeburtlichen Existenz, zur Zeit vor dem Sündenfall. Er gibt uns die tiefe Weisheit der alten Schriften und Traditionen. Aber neben den großen Weltreligionen und deren verschiedenen Inhalten gab es in der Antike eine zweite, mehr unterirdische Strömung, die sich vor allem im kulturellen Bereich auswirkte. Dies ist die Tradition der antiken Mysterienkulte. Die Mysterien waren im Altertum die Schulen der Weisheitssucher, vor allem aber die Schulen, die man durchlaufen mußte, wenn man Volk und Kultur leiten und formen mußte. Der Initiant wurde durch lange körperliche, psychische und geistige Übungen auf die Einweihung vorbereitet, bei der er eine dem Sterben ähnliche Erfahrung durchmachte. Er erlebte das Gefühl, das der Sterbende hat, der seinen Körper verliert.

Der eingeweihte Myste, der vor dem tatsächlichen Tod ins Leben zurückgeholt wurde, war nun zum zweiten Mal geboren. Der Tod hatte für ihn keinen Schrecken mehr, für ihn war die geistige Existenz sichere Realität geworden.

Aber die Mysterien waren noch mehr, sie waren der Impuls für künftige Entwicklung der Menschheit. Das abstrakte Denkvermögen wurde hier geübt, lange bevor es kulturelles Allgemeingut geworden war. Mathematik, Astronomie, Medizin erhielten eine Form, die ihrer Zeit weit voraus war. Man weiß, daß Pythagoras 30 Jahre lang in den verschiedenen Mysterienzentren weilte, bevor er seine Mathematik Nichteingeweihten brachte. Hippokrates war seinerzeit Leiter einer Mysterienschule auf der Insel Kos. Auch Formen des sozialen Zusammenlebens wurden von den Mysterien aus erneuert, was oft zu Zusammenstößen mit den traditionellen Formen der alten spiritualistischen Offenbarungsreligionen führte.

Noch im klassischen Griechenland standen die Mysterienkulte hoch in Blüte, Samothrake und Eleusis bei Athen waren die großen Zentren. Alle großen Philosophen waren Eingeweihte dieser Mysterien. In gewisser Hinsicht waren die Mysterien so etwas wie die »spirituellen Universitäten« des Altertums. Obwohl der Inhalt der Lehren streng geheim gehalten wurde, wirkten sie doch deutlich in die Kultur hinein.

Kann Europa nun als Bindeglied zwischen Ost und West ein eigenes und neues Element zur Entwicklung einer künftigen, realistischen Weltanschauung und eines realistischen Menschenbildes beitragen?

Der Weg vom Materialismus zum Realismus (der erneut die Realität des Geistes voraussetzt) ist keine plötzliche Mutation, diese Entwicklung geht schrittweise vor sich. Die phänomenologische Naturbetrachtung Goethes in seiner Metamorphose der Pflanzen und vor allem in seiner Farbenlehre, die sensualistische Psychologie Wundts und dessen Lehre von der willentlichen Wahrnehmung, die Monadenlehre Leibniz' – sie alle sind Schritte auf dem Weg zur Überwindung eines groben Materialismus.

Vor allem in der Phänomenologie bietet sich eine Methode an, mit deren Hilfe man Phänomene durchschaut, die sich der vordergründigen Erklärung entziehen. Das phänomenologische Studium der Naturerscheinungen, das »eindringende Beschreiben« ohne vorgefaßte materialistische Theorie ist ein Weg, auf dem man sich im Geschehen des Lebens orientieren kann. Auch die phänomenologische Psychologie, Untersuchungen wie die von *Buitendijk* über Mensch und Tier oder von *Portmann* über die verschiedenen Erscheinungsformen des Tieres eröffnen Möglichkeiten, mit denen sich das Wesen des menschlichen in einem neuen, modernen Verständnis erschließt.

Aber nicht jeder wird diesen Weg gehen wollen oder gehen können. Es gibt auch die Möglichkeit, durch Einübung die eigene Innenwelt zu erforschen. Momente, an denen man innerlich zur Ruhe kommt, Konzentrationsübungen, emotionaler Gleichmut, das Einüben positiven Handelns – all dies sind Voraussetzungen für den Weg nach innen. Konzentration

und Meditation ordnen die Welt der Vorstellungen, sie erfüllen den Menschen mit dem, was die Schrittmacher des Entwicklungsweges unserer westlichen Kultur gelehrt haben. Manche werden ihren Weg in der »Imitatio Christi« des Thomas a Kempis finden, andere in Dante, im Parzival oder in Goethes Faust. In der meditativen Beschäftigung mit den Evangelien wird eine neue, innere Welt zum Leben erweckt.
Die Auseinandersetzung mit den Entwicklungsgesetzen, denen Pflanze, Tier, der Mensch und seine Biographie unterliegen, wecken mehr soziale Fähigkeiten als die Konzentration auf aktuelle Gefühle im »Hier und Jetzt« es kann.
Einen anderen Weg haben die verschiedenen Richtungen der analytischen Psychologie und Therapie eingeschlagen. Auf einer jahrelangen Entdeckungsreise, der Analyse, wird das eigene Unterbewußtsein dem Menschen bewußt gemacht. Hierbei zeigt sich jedoch, daß für die Interpretation dessen, was bei diesem Prozeß bewußt wird, das Weltbild des Analytikers ausschlaggebend ist. Für den einen ist der biologische Urtrieb, für den anderen die Suche nach dem eigenen Platz im sozialen Umfeld oder das Wiedererwecken tiefster und uralter Symbole die zentrale Frage. Für andere wieder spiegelt sich in den Tiefen der Seele eine kosmische Welt. Auffällig ist jedoch, daß alle diese Richtungen sich (wie ich im vorigen Kapitel gezeigt habe) auf die individuelle Innenwelt konzentrieren oder das bessere Funktionieren der bewußten Persönlichkeit unter den gegebenen sozialen Bedingungen erreichen wollen.
Die *Wege persönlicher Reifung,* die heute dem modernen Menschen von östlichen Bewegungen, analytischer Behandlung oder von Gruppentherapien angeboten werden, zielen alle auf den Weg nach innen, auf die immer tiefer vordringende Introspektion.
In der Antike lernte der Initiant der Mysterien, daß er auf dem Weg nach innen den Göttern im Menschen, gleichzeitig aber auch den Verführern und Dämonen begegnen würde. Die Aufgabe des Mysterienpriesters, des Hierophanten, war es, dafür zu sorgen, daß der Initiant nicht in die unbewußten

Tiefen seiner Psyche hinabstieg, ohne eine Vorstellung von dem zu haben, was ihn dort erwartete. Er mußte gelernt haben, zwischen Verlangen und Begierde, die in schönen und schrecklichen Bildern aufsteigen, und den hierarchischen Wesen, die die Bibel Engel und Erzengel nennt und die in anderen Kulturen andere Namen tragen, zu unterscheiden. Man erlebte diese Gestalten innerlich als Bilder einer höheren Realität und in Formen, die der sinnlichen Welt entlehnt waren, versehen mit Attributen, die auf ihr Wesen und ihre Aufgabe Bezug nahmen. In allen ägyptischen und assyrischen Abteilungen der großen Museen kann man die »Imaginationen« dieser Hierarchien in Stein gehauen sehen. Auch die mittelalterlichen Bilder machen uns anschaulich, daß es damals eine andere Welt gab, die genauso real war, wie unsere sinnlich faßbare Welt. Die Konsequenzen, die der Weg nach innen für den modernen Menschen hat, schildert Jung. Er faßte um 1913 nach langem Zögern den Entschluß, sich in die Tiefen seines Unterbewußtseins »fallen« zu lassen, ohne sicher zu wissen, ob er daraus als normaler Mensch oder als Geistesgestörter wieder auftauchen würde. Er fühlte sich verpflichtet, dies Risiko einzugehen, damit er seine Patienten und vor allem die sogenannten schizophrenen Patienten besser begreifen könne. Jung hat viele Jahre gebraucht, um seine »Höllenfahrt« systematisch zu verarbeiten. Er hat diese Erfahrungen in Bildern gemalt und sie beschrieben, um bewußt damit umgehen zu können. Wer dies nicht tut, verfällt nach Jung den negativen Kräften des Unbewußten. In diesen Jahren hätte Jung sich einen konkreten Guru – jemanden, der wissend und kundig über den Problemen stand – gewünscht, der ihm die ungewollten Schöpfungen seiner Phantasie hätte entwirren können. Das Risiko, das Jung auf sich nahm, hätten die Initianten der antiken Mysterien nie nehmen dürfen. Sie durften diesen Weg erst gehen, wenn sie ausreichend vorbereitet waren und Schein und Wirklichkeit, Verlockung und Auftrag unterscheiden konnten. Betritt der moderne Mensch diesen Weg nach innen ohne Vorbereitung, dann setzt er sich einer großen Gefahr für sein geistiges

Gleichgewicht aus. Viele suchen daher, wie damals auch Jung, nach einem Guru oder einem Führer auf diesem Weg.
Aber für den modernen Menschen ist ein neuer Weg möglich geworden. Ein positives Ergebnis unseres naturwissenschaftlich-technischen Zeitalters ist es, daß wir gelernt haben, wahrzunehmen und zu forschen. Zwar hat sich die Naturwissenschaft in ihrer bisherigen Entwicklung auf einem Auge blind gezeigt, sie hat nur Wahrnehmungen zugelassen, die durch ihren Apparat gefiltert waren, und nur Erklärungen akzeptiert, die durch materialistische Theorien eingeschränkt sind, aber das kann sich ändern.
Auch Wissenschaftszweige, die nicht von der Theorie des Materialismus ausgehen, können diese Methode, die die sinnliche Wahrnehmung intensiviert und fortwährend auf ihre Konsistenz überprüft, anwenden.
Die Phänomenologie ist ein erster Schritt in diese Richtung. Der erste große Phänomenologe auf dem Gebiet der Pflanzenwelt war Goethe. Durch endlose, immer eindringlichere Wahrnehmung entstand durch Verdichtung vor seinem geistigen Auge das Bild der Urpflanze, aus der unter der Einwirkung von Metamorphose und Steigerung alle anderen Pflanzenformen entstehen können. Manche meinen, diese Urpflanze sei eine Idee, für Goethe jedoch war es eine Idee, die er sogar »mit Augen sah«. Ich würde es eine »objektive Imagination« nennen.
Dieser *Weg nach außen,* auf dem die formend-schaffende Welt *in* den wahrgenommenen Dingen erkannt wird, ist ein Weg der persönlichen Entwicklung, den Rudolf Steiner in seiner sogenannten Goetheschen Weltanschauung ausgearbeitet hat. Die hierbei angewandten Forschungsmethoden setzen einen anderen Apparat voraus, man verwendet zum Beispiel Steigbilder und empfindliche Kristallisationen, wodurch andere Qualitäten des Trinkwassers, der Nahrungspflanzen und der Heilmittel erschlossen werden können als durch die herkömmliche, chemische Untersuchung. Im Bereich der Pädagogik und der Heilpädagogik führt der Ansatz Steiners zu einer verfeinerten

Diagnostik, Therapie und Unterrichtsmethode. Ich werde noch ausführlicher darauf eingehen, hier sei nur gesagt, daß es ein Weg ist, der nach mehr Imagination, Inspiration und Intuition strebt. Nicht die eigene Innenwelt mit ihren Komplexen und Hemmungen wird in erster Linie untersucht, sondern die Welt außerhalb des Menschen, die dadurch wieder als geistdurchdrungene Wirklichkeit gesehen werden kann. Daraus folgt eine andere soziale Haltung, die sich in Medizin, Landwirtschaft, Pädagogik, Heilpädagogik und Psychotherapie auswirkt.

Der *Weg nach innen,* der mit Hilfe dieser Methode ebenfalls beschritten werden kann, bekommt dann einen ganz anderen Stellenwert. Das eigene Innenleben wird ein Gebiet, das objektiv untersucht werden kann. Das ist weniger spannungsreich als der häufig zu einem vagen Mystizismus verwässerte Ansatz der alten Weisheitslehren und auch weniger mit Emotionen beladen als die Erfahrungen, die durch die Gruppentherapie freigesetzt werden. Hier weiß man genau, was man tut, man kann im klaren Licht des prüfenden Denkens Schritt für Schritt weiter vordringen.

Man hat mich oft gefragt, ob es denn wirklich nötig sei, daß sich der Mensch mit so hintergründigen, erschreckenden und offenbar auch gefährlichen Dingen wie der Erforschung des Unbewußten oder der Suche nach einer Realität jenseits der Realität beschäftigt. Warum gibt sich der Mensch nicht mit der meßbaren und nachprüfbaren, sinnlich faßbaren Welt zufrieden? Da gibt es doch für ehrgeizige, junge Wissenschaftler noch genug zu forschen. Warum muß man alles so schwierig machen? Wir haben gerade ein ansehnliches Maß an Aberglauben überwunden, warum sollten wir nun einen neuen Aberglauben an sogenannte höhere Kräfte verfallen?

Auf solche Fragen gibt es eine ganz einfache Antwort: Wer mit dem reduzierten Menschenbild vom nackten Affen zufrieden ist, der soll sich damit begnügen. Er wird feststellen, daß der Mensch die mittlere Phase seines Lebens mit einem solchen Konzept durchaus erfolgreich hinter sich bringen kann. Im letzten Drittel seines Lebens wird er allerdings in Schwierigkeiten geraten. Das biologisch-materialistische Menschenbild kennt als Zukunftsperspektive nur den biologischen Verfall, den Verlust alles dessen, was einmal Freude machte und sogar wertvoll erschien – dies ist der schwache Punkt des im übrigen guten Buches von Bergler über die Revolte der Fünfzigjährigen oder die Illusion der zweiten Jugend, das ich weiter oben erwähnt habe. Mit Fünfzig sollte der Mensch keine Illusionen mehr haben, er sollte sich vielmehr mit der Tatsache *abfinden,* daß sein Leben langsam verlischt. De facto steht er vor dem Nichts und muß das akzeptieren. Wer so leben will, für den bleibt eine ganze Phase, die für viele der wichtigste Teil des Lebens ist, ein Buch mit sieben Siegeln. Andere jedoch schöpfen hieraus die Kraft, sich vom biologischen Verfall zu lösen und ihrer Biographie eine neue, schöpferische Dimension hinzuzufügen. Hier scheiden sich die Geister; man kann über etwas, dessen Existenz der Gesprächspartner leugnet, nicht mehr sinnvoll diskutieren.

Eine Möglichkeit innerer Entwicklung

»Es schlummern in *jedem* Menschen Fähigkeiten durch die er sich Erkenntnisse über höhere Welten erwerben kann«, so lautet der erste Satz des Buches »Wie erlangt man Erkenntnisse der höheren Welten« von Rudolf Steiner. Nach nunmehr 50 Jahre dauernder Beschäftigung mit den Werken Steiners kann man bestätigen, daß hier der Zugang zu einem neuen Realismus erschlossen worden ist. Wer diesen Weg beschreitet, muß allerdings die Hoffnung auf schnelle Ergebnisse, »erweitertes Bewußtsein« oder »Erleuchtung« aufgeben. Ich habe schon beschrieben, wie in dieser Philosophie, ausgehend von den modernen naturwissenschaftlichen Methoden, das abstrakte Denken systematisch zur »Imagination« entwickelt wird. In dieser Imagination offenbart sich dem Menschen die Wirklichkeit in Bildern, die mehr erfassen als wissenschaftliche Definitionen.

Wenn man Kunst nicht mehr um des Ergebnisses willen betreibt, sondern um sich einzuüben in die Wahrnehmung der

Wirklichkeit hinter den äußeren Erscheinungen, wozu vor allem die Welt der Farben und die Musik den Zugang eröffnen, dann nimmt das Gefühlsleben den Charakter der Inspiration an. Der Wille nimmt den Charakter der Intuition an. »Geistesgegenwart« im eigentlichen Sinn des Wortes ist dabei das Ergebnis von Übung des Willens. Dies ist die Fähigkeit, das Wesentliche vom Unwesentlichen zu scheiden, der eigentliche intuitive Akt.

Aus der Imagination folgt die Einsicht in tiefere Wahrheit, aus der Inspiration das Erfassen der Schönheit und aus der Intuition das Tun des Guten, der in dieser Lage richtigen (guten) Tat. Dieser Weg kann die ganze Biographie eines Menschen durchziehen. In der Adoleszenz erwacht der junge Mensch, er sieht das Rätsel seiner Person und das Rätsel der Welt. Die Neigung, sich völlig in Idealen zu verlieren, ist groß, die Geduld noch gering, die Unterschätzung von Widerständen gewaltig. Und doch kann schon jetzt das Samenkorn gelegt werden, aus dem im Lauf der Biographie eine vollkommene Pflanze wird, die vielleicht erst vierzig Jahre später in voller Blüte steht.

In den zwanziger Jahren entfaltet sich die ganze Energie, mit der die eigene Entwicklung in Angriff genommen wird. Die Erfahrung im Umgang mit inneren und äußeren Widerständen führt in den dreißiger Jahren zu einer gesunden Ernüchterung. In dieser Ernüchterung liegt die Gefahr, daß der Mensch geneigt ist, den Weg der inneren Entwicklung zu verlassen. Das Leben bietet jetzt so viele Möglichkeiten, und man fühlt vor allem den Drang, aus Erfahrungen zu lernen.

Aber um die Vierzig herum wird es eine existenzielle Frage, ob man auf diesem Weg fortgefahren ist oder nicht. Davon hängt es nämlich ab, wie die dritte große Phase des Lebens verlaufen wird. Ich habe dies schon besprochen. Auch wer nicht den Weg systematischer Meditation eingeschlagen hat, muß sich jetzt Bereiche erschließen, die nicht nur materialistische Inhalte umfassen. Literatur, Kunst, soziale Verantwortung können schon zu reicher Innerlichkeit führen.

In der zweiten Hälfte der fünfziger Jahre wird die Gestaltung einer inneren Welt, die neben die Welt des Berufes treten muß, zur bitteren Notwendigkeit. Wie oft habe ich nicht Menschen in verantwortlichen Stellungen fragen müssen: »Was wären Sie als Mensch, wenn Sie irgendwie, zum Beispiel durch einen Unfall, plötzlich Ihre Arbeit verlieren würden?« Und wie oft war die Antwort unvermeidlicherweise: »Dann bliebe mir nichts mehr!« In dem Moment, wo jemand das ausspricht, wird für ihn ein Abgrund sichtbar, den er bisher nicht gesehen hat. *Nie* ist es zu spät, den Weg der inneren Entwicklung einzuschlagen. Wer dies mit 18 tut, hat zwar noch viele Illusionen, er hat aber auch mehr Zeit vor sich, zum Realismus vorzustoßen. Wer diesen Weg mit 60 betritt, hat viel Erfahrungen gesammelt und wird sich schneller orientieren können, weil er unbewußt schon vieles weiß.

Schlägt ein Mensch den Weg der inneren Entwicklung ein, dann hat das Konsequenzen für ihn selbst, seine Stellung in der Gemeinschaft, die Kultur und die höhere Welt. Die persönliche Entwicklung eines Menschen führt mit einem Begriff Neumanns zum Leben nach der »inneren Stimme«, man wird zum »Ketzer der inneren Stimme«. Unser Leben, unser Handeln und Denken wird nicht mehr gelenkt von dem, was Phrase, Konvention und tägliche Routine uns abverlangen, sondern von unserer inneren Stimme, von der sich *entfaltenden Intuition.* Es sind die »Ketzer der inneren Stimme«, die unsere Kultur erneuern. Man hat sie immer verfolgt und wird sie auch weiterhin verfolgen. Früher gab man ihnen den Giftbecher zu trinken oder verbrannte sie, heute schweigt man sie tot. Im sozialen Bereich sind sie diejenigen, die unbequem werden, die sich nicht mit dem Bestehenden zufrieden geben. Es gibt viele innere Stimmen, es gibt aber auch nihilistische Gewaltphilosophien, die uns utopische Paradiese auf Erden versprechen. Daher wird der Weg der Mitte, der Weg der Besinnung und der inneren Disziplin in Zukunft um so unentbehrlicher werden.

Die goldene Regel der inneren Bildung gilt besonders im sozialen Bereich. Sie lautet: Vermeide die Polarisierung, sei dir bewußt, daß alles zwei Seiten hat, daß die Dinge in Wirklichkeit immer gut *und* schlecht sind, und daß jeder strittige Punkt irgendwo zwischen zwei Extremen liegt.

Für das Individuum beginnt der Weg der inneren Prüfung mit der Gestaltung eines reichen Innenlebens, mit dem Sich-öffnen für Philosophie, Religion und Wissenschaft, Kunst, Natur und Pädagogik. Erst in einem solchen reichen Innenleben, das sich auch still in der Natur bilden kann – denn schließlich geht es nicht um die Vielfalt, sondern um die Tiefe der Erfahrung – kann ein Leben in Konzentration und Meditation zur vollen Reife kommen.

Die persönliche Entwicklung stellt den Menschen unwiderruflich vor die Frage, ob tatsächlich eine höhere Welt existiert oder ob diese höhere Welt nur eine Abstraktion oder Projektion ist. Man kann hier nicht mehr raten, jeder muß für sich selbst Gewißheit erlangen, wie immer die auch aussehen mag. Für viele führt der innere Weg zu der Gewißheit, daß es eine objektive, geistige Welt gibt, in der das menschliche Ich seine Heimat hat.

Und schließlich: Schon der Adoleszent stellt sich die Frage »Wer bin ich?« Diese Frage wird allmählich zum zentralen Punkt der persönlichen Entwicklung. Nicht etwa weil man sich selbst gern so wichtig nimmt, sondern weil man wissen will, »was man eigentlich tun muß«. Auch hier gibt es verschiedene Antworten. Schiller hat einmal in einem Brief folgendes Bild gebraucht: Wer abends mitten in einem Brief müde die Feder niederlegt und ins Bett geht, der findet morgens einen halbfertigen Brief auf dem Tisch. Darin ist er unfrei – er ist jedoch frei, diesen Brief zu zerreißen, wegzuwerfen oder ihn zu Ende zu schreiben und abzuschicken. Hier liegt seine Freiheit. Sollte es mit dem menschlichen Leben nicht ebenso sein? Finden wir nicht viele halbgeschriebenen Briefe auf unserem Lebensweg?

Wer dieses Bild weiterdenkt, findet vielleicht die Antwort auf unsere Fragen: »Wer bin ich? Woher komme ich? Welche Aufgaben habe ich eigentlich? Wo bin ich gebunden, wo bin ich frei? Wie steht es mit den halbgeschriebenen Briefen, die auch ich auf meinem Lebensweg finde? Muß ich mich allein durchschlagen oder bin ich Teil eines Netzes, geknüpft aus Verbundenheit, aus dem ich neben allem anderen auch Liebe empfange?«

Von der Antwort auf alle diese Fragen hängt es ab, mit wieviel Elan und wieviel Vertrauen der Mensch sich anschickt, seine Biographie zu komponieren.

Unsere Kultur steht an der Schwelle einer neuen Zeit. Der Materialismus ist sicher nicht die letzte Weltanschauung, die der Mensch geschaffen hat. Die eigentliche Aufgabe unserer Neuzeit muß noch vollbracht werden, sie wird in Umrissen aber schon sichtbar. Früher trat dem Menschen eine göttlich-geistige Welt entgegen, wenn er den Blick nach außen wandte, dieselbe Welt fand er auch in sich selbst in seinem eigenen Inneren. Allerdings war daher auch das Interesse an der materiellen Welt gering.

Allmählich jedoch wurde der Blick für die göttlich-geistige Welt blind. Die Götter waren nicht mehr sichtbar, die Götterdämmerung hatte eingesetzt. Nur noch in den alten Mysterienkulten, in der mystischen Einweihung konnte man sie erleben. Den Propheten, die als letzte diese Realität schauten, folgten die Schriftgelehrten, die über die Prophezeiung diskutierten. Die Philosophen brachten die Autonomie des menschlichen Denkens, sie selbst konnten jedoch keine Seher mehr sein. Zwischen der göttlichen und der sinnlich faßbaren Welt tat sich ein Graben auf, der eine zeitlang noch durch den Glauben überbrückt werden konnte.

Aber auch die eigene Innenwelt entfremdete sich dem Menschen, auch hier entstand ein Graben. Der Bereich der göttlichen Welt im Menschen, den als letzte noch die Mystiker im eigenen Unbewußten erfahren konnten, wurde für die »Forscher« der nachkommenden Generationen eine Welt der blinden, organischen Triebe, die man nur im chaotischen Traumleben erkennen konnte.

Nach innen wie nach außen steht der Mensch heute, wenn er

ehrlich ist, vor einem Graben, den er nicht mehr überwinden kann. Glaube und Traumbilder sind verblaßt. In dieser letzten Verlassenheit kann er nur in seinem eigenen Ich die Kraft finden, die ihm einen Weg über beide Gräben hinweg zu finden hilft. Was dem Menschen einst gegeben wurde, muß er jetzt selbst entwickeln. Er kann nicht länger passiv abwarten, er muß sich selbst auf den Weg machen.

Die sinnliche Welt nimmt der Mensch nur noch mit einem die Oberfläche erreichenden Bewußtsein wahr, er sieht Formen und Bewegungen, er kann Hypothesen und Theorien entwickeln, mit denen er die geschaffene Welt und ihre Gesetzmäßigkeiten manipulieren, aus alten Kombinationen neue Kombinationen machen kann, aber er kann sich in keiner Weise mehr über das *Sein* der Dinge äußern. »Ontologische Fragen« dürfen schon gar nicht mehr gestellt werden, sie gelten als unwissenschaftlich. Der Mensch hat sich zu einem Meister des Tötens entwickelt, wenn er jedoch das Leben nicht nur äußerlich beschreiben, sondern in seiner vollen Realität durchschauen soll, dann steht er vor einer Mauer von Beschränktheit. Er kann kein Leben erwecken, kein Bewußtsein erklären, keine Werte prüfen.

Den Schritt über den Graben, der ihn von der Außenwelt trennt, wird der Mensch erst tun können, wenn er neue Fähigkeiten entwickelt – Fähigkeiten, die zwar in ihm schlummern, die aber – wie jede andere Fähigkeit auch – geweckt und geübt werden müssen. Dies bedeutet, daß die Wahrnehmung nicht nur ein photographisches Bild ergeben sollte, sondern ein Bedeutungsbild, eine Imagination.

Der Künstler ist uns hier einen Schritt voraus: Das wirkliche Kunstwerk entstammt bereits Erfahrungen, die jenseits des Grabens gemacht sind; einerseits ist es sinnlich faßbar, andererseits aber eine Offenbarung dessen, was an Bedeutung hinter dem Faßbaren liegt. Noch einen Schritt weiter, dann werden die schöpferischen Kräfte selbst sichtbar und offenbaren uns den geistigen Hintergrund der Naturkräfte. Wissenschaft, Kunst und Religion, die unsere materialistische Auffassung in einander ausschließende Gebiete geschieden hat, müssen wieder eine Einheit werden. Zunächst müssen sich die Methoden von Wissenschaft und Kunst annähern, der Wissenschaftler muß dem Künstler Anschauung, der Künstler dem Wissenschaftler Einsicht geben. Dann erst wird eine neue Religion erwachen, und dies bedeutet wörtlich die Wiedervereinigung mit der göttlich-geistigen Welt. Von Goethe stammt das Wort:

»Wer Wissenschaft und Kunst besitzt,
Der hat auch Religion«,

mit dem er das Ziel seiner phänomenologischen Forschung umschrieb.

Die Naturwissenschaften können und müssen wieder neue Mysterienwissenschaften, spirituelle Wissenschaften werden. Dann kann die Technik auch wieder dem Leben dienen. Wir werden uns nicht nur der Zerstörung der Umwelt widersetzen, wir werden auch selbst Umwelt schaffen müssen.

Andererseits werden wir auf dem Weg nach innen auch wieder den Graben zwischen uns und der göttlich-geistigen Welt *in* uns überwinden müssen. Biologische Triebe werden dann zu göttlichen Geschenken, die in einer langen, geistigen Evolution entstanden sind. Man muß nicht nur lernen, sie zu akzeptieren und auszuleben, man wird sie auch zu neuen und höheren Formen entwickeln müssen. Und schließlich wird alle Begierde und alles Verlangen zur Liebe reifen müssen. In dem Ringen, das dieser Weg bedeutet, wird erneut auch eine Begegnung mit dem Christentum möglich werden – eine Begegnung, die uns aus der Einsamkeit erlöst und zur Gemeinschaft mit Mensch und Kosmos führt.

Wir selbst müssen diesen Weg gehen, wir müssen die Schwelle vom Tagesbewußtsein zum vollbewußten Nachtbewußtsein überschreiten. Auf diesem Weg leiten uns Konzentration und Meditation, Unbefangenheit und Toleranz, Mut und das Vertrauen in die Hand, die sich uns aus dem Dunkel entgegenstreckt.

Gesunde Entwicklung kann sich nur bei einem ausgewogenen

Verhältnis zwischen dem Weg nach außen und dem Weg nach innen vollziehen, wobei zunächst der Weg nach außen beschritten werden muß. Hier gewinnt nämlich das Denken die Stärke, mit der es den überwältigenden Erlebnissen auf dem Weg nach innen gewachsen ist. Die Grenzüberschreitung nach *außen* führt zu einer neuen spirituellen Naturwissenschaft, einer neuen Medizin und einer neuen Landwirtschaft, die Grenzüberschreitung nach *innen* zu einer neuen spirituellen Menschenkunde, einer neuen Pädagogik, einer neuen Psychiatrie. Beide Schritte zusammen bringen eine neue soziale Wissenschaft, deren zentraler Punkt die Erforschung der Entwicklung ist – einer Entwicklung, die in der Biographie jedes einzelnen Menschen und in der Gesellschaft sichtbar wird.
Wieder einmal hat uns die gesellschaftliche Entwicklung in eine kritische Phase geführt. Das wirkliche Problem ist in diesem Moment jedoch *nicht,* wie wir die größte materielle Wohlfahrt gerecht verteilen sollen. Das wirkliche Problem ist, ob wir den Mut haben, den Materialismus zu überwinden und zu einem neuen, geistigen Realismus vorzustoßen. Erst wenn wir das erreicht haben, können wir auch die materiellen Probleme neu in Angriff nehmen.

Literatur

Adler, A.: Individual Psychology of Alfred Adler, New York 1956

Adler, A.: Die Technik der Individualpsychologie I und II, Frankfurt 1974

Adler, A.: Praxis und Theorie der Individualpsychologie, Frankfurt 1974

Allport, G. W.: Werden der Persönlichkeit. Gedanken zur Grundlegung einer Psychologie der Persönlichkeit, München 1974

Andriessen, H. C. J.: Psychologie des Erwachsenenalters. Ein Beitrag zur Lebenslaufpsychologie, Köln 1972

Assagioli, R.: The Act of Will, New York 1973

Assagioli, R.: Psychosynthesis. A Manual of Principles and Techniques, New York 1971

Bergler, E.: Die Revolte der Fünfzigjährigen, Zürich, Stuttgart, Wien 1955

Blauner, R.: Alienation and Freedom, Chicago 1970

Bovet, Th.: Führung durch die Lebensalter, Bern 1955

Bühler, Ch.: Der menschliche Lebenslauf als psychologisches Problem Göttingen [2]1959

Buytendijk, F. C. J.: Mensch und Tier. Ein Beitrag zur vergleichenden Psychologie, Hamburg 1958

Cartwright, D. und Zander, A. (Hrsg.): Group Dynamics, New York [3]1968

Chorus, A. M. J.: Psychologie van de menselijke levensloop, Leiden 1959

Ciba Congress: Man and his Future, London 1963

Cole, L. und Hall, J. M.: Psychology of Adolescence, New York 1964

Dewey, J.: Erfahrung und Erziehung, Weinheim [2]1968

Dewey, J.: Demokratie und Erziehung, Braunschweig [3]1964

Dewey, J.: Psychologische Grundfragen der Erziehung. Der Mensch und sein Verhalten, Erfahrung und Erziehung, München 1974

Dreikurs, R.: Grundbegriffe der Individualpsychologie, Stuttgart [3]1975

Erikson, E. H.: »Das Problem der Identität«, Psyche 1956/7, 1–3/X
Erikson, E. H.: Wachstum und Krisen der gesunden Persönlichkeit, Stuttgart 1953
Evans, R. I.: Gespräche mit C. G. Jung und Äußerungen von Ernest Jones, Zürich 1967
Frankl, V. E.: Ärztliche Seelsorge. Grundlagen der Logotherapie und Existenzanalyse, München 1975
Frankl, V. E.: Homo Patiens, Wien 1950
Freud, S.: Studien zur Psychoanalyse der Neurosen, Wien 1926
Freud, S.: Zur Technik der Psychoanalyse und zur Metapsychologie, Wien 1924
Freud, S.: Abriß der Psychoanalyse. Das Unbehagen in der Kultur, Frankfurt [26]1976
Goethe, J. W. von: Glückliches Ereignis, in: Versuch, die Metamorphose der Pflanzen zu erklären
Guardini, R.: Die Lebensalter, Würzburg [9]1967
Hemleben, J.: Rudolf Steiner in Selbstzeugnissen und Bilddokumenten (rororo Monographien), Reinbek 1974
Hoffmann, B.: The Tyranny of Testing, New York 1962
Humbold Gesellschaft: Das Menschenbild der Gegenwart (Abh. Bd. 1), Mannheim 1964
Jacobi, J.: Die Psychologie von C. G. Jung, Frankfurt 1977
Jaffe, A.: Aus Leben und Werkstatt von C. G. Jung. Parapsychologie, Alchemie, Nationalsozialismus. Erinnerungen aus den letzten Jahren, Zürich, Stuttgart 1968
Jaffé, A.: Der Mythus vom Sinn im Werk von C. G. Jung. Zürich, Stuttgart 1967
Jaffé, A. (Hrsg.): Erinnerungen, Träume, Gedanken von C. G. Jung, Freiburg [8]1976
Jung, C. G.: Der Mensch und seine Symbole, Olten 1968
Kaufmann, R.: Die Menschenmacher, Hamburg 1964
Künkel, F.: Die Lebensalter, Konstanz 1957
Laing, R. D.: Phänomenologie der Erfahrung, Frankfurt 1975
Lauer, H. E.: Vom richtigen Altwerden. Der menschliche Lebenslauf, seine geschichtlichen Wandlungen und seine Gegenwartsprobleme, Freiburg–Schaffhausen 1972
Leent, J. A. A. van: Sociale psychologie in drie dimensies, Utrecht 1961
Lievegoed, B. C. J.: Entwicklungsphasen des Kindes, Stuttgart 1976

Lievegoed, B. C. J.: Organisationen im Wandel. Die praktische Führung sozialer Systeme in der Zukunft, Bern, Stuttgart 1974

Lievense, J.: Je rijpt je rot, Amsterdam 1975

McGregor, D.: Der Mensch im Unternehmen, Düsseldorf 1973

Maslow, A. H.: Motivation und Persönlichkeit, Olten, Freiburg 1977

Maslow, A. H.: Psychologie des Seins, München 1973

Maslow, A. H.: Religions, Values and Peak Experiences, Ohio 1964

Moers, M.: Die Entwicklungsphasen des menschlichen Lebens, Ratingen 1953

Moers, M.: Das weibliche Seelenleben, Bonn 1950

Morris, D.: Der nackte Affe, München 1970

Neumann, E.: Tiefenpsychologie und neue Ethik, Zürich 1949

Parker, E.: The Seven Ages of Woman, Baltimore 1960

Peter, L. J. und Hull, R.: Das Peter-Prinzip oder die Hierarchie der Unfähigen, Reinbek 1972

Portmann, A.: Zoologie und das Bild des Menschen, Reinbek 1959

Post, L. van der: C. G. Jung, der Mensch und seine Geschichte, Berlin 1977

Roethlisberger, F. J.: Management and the Worker, Cambridge Mass. 1950

Rogers, C. R.: Psychothérapie et relations humaines. Theorie et pratique de la thérapie non-directive, Louvain 1965

Rogers, C. R.: Die nicht-direktive Beratung. Counseling and Psychotherapy, München 1976

Rogers, C. R.: Die klientenzentrierte Gesprächspsychotherapie. Client-Centered Therapy, München 1976

Rümke, H. C.: Die Zeitabschnitte im Leben des Mannes, Köln 1974

Schiller, F.: Briefe über die ästhetische Erziehung des Menschen, Bad Heilbrunn 1960

Siroka, R. W.: Sensitivity Training and Group Encounter

Skinner, B. F.: Jenseits von Freiheit und Würde, Reinbek 1973

Steiner, R.: Wie erlangt man Erkenntnisse der höheren Welten? (Taschenbücher aus dem Gesamtwerk), Dornach 1977

Steiner, R.: Die Geheimwissenschaft im Umriß (Taschenbücher aus dem Gesamtwerk), Dornach 1976

Steiner, R.: Wahrheit und Wissenschaft/Grundlinien einer Erkenntnistheorie der Goetheschen Weltanschauung (Taschenbücher aus dem Gesamtwerk), Stuttgart 1961

Steiner, R.: Theosophie. Einführung in übersinnliche Welterkenntnis und Menschenbestimmung (Taschenbücher aus dem Gesamtwerk), Dornach 1978

Strasser, S.: Phänomenologie und Erfahrungswissenschaft vom Menschen, Berlin 1964

Trimbos, K.: Antipsychiatrie, Deventer 1975

Verbrugh, H. S.: Medizin auf totem Gleis. Das Menschenbild der Medizin als vorwissenschaftliche Ideologie, Stuttgart 1975

Watson, J. B.: Behaviorismus, Frankfurt [2]1976

Watzlawick, P., Weakland, J. H. und Fisch, R.: Lösungen. Zur Theorie und Praxis menschlichen Wandels. Bern, Stuttgart, Wien 1974

Wehr, G.: Carl Gustav Jung (rororo Monographien), Reinbek 1969

Wehr, G.: C. G. Jung und Rudolf Steiner, Konfrontation und Synopse, Stuttgart 1972

Wijngaarden, H. R.: Hoofdproblemen der volwassenheid, Utrecht 1950

Wulff, E. und Trimbos, C.: Kritische Psychiatrie, Frankfurt 1976